학원
없이
살기

학원 없이 살기

사교육걱정없는세상
노워리 상담넷 지음

죽을때까지
시킵니다.!!
새 학기가 시작되었으니
'집에서는 잠만 재우십시오'
방과후 전과목 끝장반
벌써부터 흔들리지 마
친구는 너의 공부를 대신해주지 않아
아브라카타브라
1등 학생들이 타고 있어요
이제 계산만 잘 하는
아이에게
지구종말과도 같은 일이
벌어집니다
대비하고 계십니까?
상업광고용
동문이 되시겠다면
선택은 단 하나 !!
최고 상위권 1%의 비밀
초중고 1:1 전문과외
THECLASS
Call us
NAVER
XX 학원
△△ 학원
OO 학원
학원
일등급(국·수·과) 학원
얘들아, 꿈이 무엇이든 공부가 우선이다!

No Worry, Be Happy!

학원은 아이에게 꿈이 없이 살라 하고
학원은 부모에게 돈을 달라 하네.
……
그러나 진실은?

그리고 노워리 프로젝트! **No Worry** 상담넷 등장!

국영수 전부 상담해 준다던데.

그렇게 하면 되는구나!

왕따 문제는 이렇게 푸네!

그럼 사교육 필요 없지!

학원 안 보내도 정말 괜찮은 걸까? (걱정이 태산이야.)

....

그래도 학원 가면 당장 효과가 있잖아요.

강남구 민수네 엄마

요즘 학원 안 다니면 왕따라던데.

노원구 효리네 엄마

맞벌이는 어찌하란 말인지…….

마포구 동건이네 엄마

좋은 방법이지만 못 따라하겠어요! 우린 전문가가 아니라 지극히 평범한 사람들이라고요!

네. 네.
걱정하지
마세요!

그래서
이 책이
나온 겁니다!

No
Worry~

No
Worry~

이 책은 지극히 평범한 엄마들이 할 수 있고

전문가를 찾는 것이 아니라
함께 고민하여 해법을 찾아
부모가 실천할 수 있는 방법을 제시하는

아이고
내 등꼴...

이리
와요
babe~

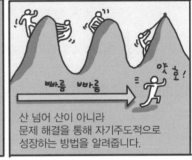

빠름 빠름

얏
호!

산 넘어 산이 아니라
문제 해결을 통해 자기주도적으로
성장하는 방법을 알려줍니다.

유기농으로 키우려면
처음에는 벌레도 생기고
마음도 불안하지만

그렇게 키운
식물은
무엇보다
건강합니다.

튼

튼

처음 그 마음 그대로의 정성과 노력이면 할 수 있습니다.

으아앙

아이고-
내
아가

건강한
아이
입니다!

부모력의 핵심은 경제력과
정보력이 아니라
아이와 소통하고
공감하는 능력입니다.

이 책은 서로 끌고 밀어주며
즐겁게 타는 넉넉한
수레입니다.

사교육
걱정 없는
세상

때론 사교육의 공포가 덮쳐오고
마음이 흔들리지만
그래도 할 수 있는 이유는

요걸 기냥
확!

사교육

안절
부절

멈추어라!

크오오오-

헉!

바로 우리가 혼자가 아니기 때문입니다.

으악

학원 없이 살기

이제 학원 앞에서 당당할 수 있습니다.

NO worry

NO worry

CONTENTS

3부 영어야, 영어야!

영어와 만나고 싸우고 헤어지고

사교육의 유혹

말하고 듣고 읽고 쓰고 게다가 문법까지

CONTENTS

4부 아이는 읽으면서 자란다

5부 사교육, 지배할 것이냐? 지배당할 것이냐!

6부 아이의 삶, 부모의 삶

CONTENTS

1부
학습법,
어찌하오리까

여기 답이 다 있네요!

어떻게 해야
공부할까?

'기다려줄까, 말까? 언제까지 잔소리해야 하나, 이럴 거면 그냥 학원에 보낼까? 기다리면 정말 될까? 아니면 아이가 좋아하는 일을 실컷 하게 해야 하나?'

'엄마표로 공부시키려면 굉장한 정보력과 노력이 따라야 한다는데 내가 할 수 있을까? 아이와 힘겨루기에서 이길 수 있는 힘이 나에게 있나? 아이가 하고 싶은 마음이 들었을 때는 이미 늦어서 못 따라가면 어쩌지?'

부모교육이나 상담을 통해 듣는 부모들의 고민이다. 정말 아이를 믿고 기다리면 될까?

이왕 기다리는 것, 마냥 기다리기만 하기보다 소통하는 부모-자녀 관계를 유지하는 것이 중요하다. 그리하여 아이의 꿈이 무엇이고 그 꿈을 이루는 과정에 무엇을 준비할지 알아보는 것이 필요하다.

공부를 비롯하여 어떤 뭔가를 이루기 위해서는 그만한 대가를 치러야 함을 알리는 것이 부모의 할 일이다.

소통이 시작이다

부모가 무의식적으로 하는 비판과 편견의 말 때문에 아이는 상처받고 마음을 닫는다. 아이가 마음을 닫는 순간, 부모가 하는 모든 말은 아이에게 듣기 싫은 잔소리일 뿐이다.

아이가 부모의 말을 의미 있게 받아들이지 않는 상황에서 부모는 과연 무엇을 할 수 있을까? 학습을 지도하는 데 어려움을 겪게 되는 것뿐만 아니라 일상적인 대화조차도 자연스럽게 이루어지지 않게 될 것이다.

부모와 자녀 관계에서 가장 중요한 것은 서로 공감하면서 이루어지는 소통이다. 아이는 부모와 소통된다고 느낄 때, 잔소리마저도 조언으로 받아들일 것이다.

Q 공부하기 싫어하는 아이, 어떻게 해야 공부할까요?

저는 직장에 다니기 때문에 아이에게 신경을 써줄 시간이 부족합니다. 그래서 매일 공책에 해야 할 일과 공부할 것을 써놓고 출근해요. 그런데 중간에 확인하지 않으면 아이는 늘 안 하고 놀고 있습니다. 저학년 때는 시키면 했는데, 이제 그것도 효과가 없네요. 아이가 초등학교 6학년이라 해야 할 공부가 산더미인데 말입니다.

어제는 왜 공부를 하지 않는지 물었더니 대뜸 한다는 말이 엄마 잔소리에 질려서 안 하는 거랍니다.

어렸을 때부터 책을 즐겨 읽어서인지 여태까지 공부를 많이 하지 않아도 시험은 잘 보는 편이었어요. 하지만 작년부터 성실히 하지 않은 결과가 수학에서 드러나고 있습니다. 그런데도 공부하라는 소리를 잔소리로만 들으니 어떻게 하면 좋을까요?

A 아이와 소통하여 학습동기를 갖게 해주세요

퇴근하고 나면 내 몸 하나 건사하기도 힘든데 아이 학교 숙제와 시험에 대한 부담까지 떠맡아야 하니 정말 하루하루 시간에 쫓겨 정신없습니다. 게다가 아이가 초등학교 6학년이면 사춘기가 시작되니 고분고분한 모습은 찾아볼래야 찾아볼 수가 없지요.

또 시간은 왜 이렇게 빨리 가는지 오자마자 저녁하고 치우고 세탁물 몇 개 챙기다보면 잠잘 시간입니다. 겨우 주말이나 되어야 여유가 있는 상황이니, 아이가 시키는 공부만이라도 알아서 해주었으면 하는 마음이 굴뚝 같지요.

하지만 학습동기는 잔소리와 야단, 엄격한 훈련으로 이루어지는 것이 아닙니다. 옆집 아이의 성공사례를 들이밀며 숙식제공 기숙사에 끌고 가도 아이 스스로 마음을 움직이지 않으면 절대 동기유발이 되지 않습니다. 학습동기는 참으로 신기한 마법과 같은 기폭제로, '하고 싶다, 잘되고 싶다, 누군가에게 인정받고 싶다, 칭찬받고 싶다, 하면 될 것 같다, 모르던 것을 알게 되어 기쁘다, 뭔가 뿌듯하다'는 복합적인 감정입니다.

아침에 바쁘게 나가면서 공책에 써놓은 당부가 그것을 대신할 리 없고, 확인하고 검사하며 야단치는 부모의 말에 그런 감정이 생길 리 없습니다. 아이의 반항은 앞으로 더더욱 거세어질지 모르며 그 반항을 혹시 억지로 잠재우면 무기력해질 수도 있습니다.

공책에 오늘 할 일을 써놓고만 갈 게 아니라 아이의 이야기를 먼저 들어주고 아이의 마음에 먼저 공감하는 자세를 갖도록 노력해야 합니다. 퇴근 후 몸이 고단하더라도 아이와 반갑게 인사하고 학교 이야기나 주변 이야기를 나누면서 친밀한 관계를 형성할 수 있는 계기를 만들어야 합니다. 아이와 친밀한 대화를 나누도록 끊임없이 노력하세요. 지금은 아이도 엄마의 말에 반항하는 심리가 강해 당장은 되지 않을 것입니다. 하지만 부모가 마음의 문을 열고 노력하는 모습을 보인다면 아이가 마음을 여는 것은 그리 오래 걸리지 않습니다.

아이와 친밀한 관계가 형성되었다면, 이제 아이의 학습에 관여해보세요. 아이가 요즘 읽고 있는 책이 있다면 무엇인지 알아보고, 그 책을 읽고 나서 어머님의 느낌도 이야기해주세요. 또 아이가 어떤 과목을 좋아하고 어려워하는지 이야기 나누고, 아이와 함께 학습계획을 세워보세요. 학습계획을 세울 때는 아이의 의견을 최대한 반영하며, 계획한 것을 해내는 데 무리가 되지 않는 정도여야 합니다.

아이가 계획한 것을 잘 지키면 이렇게 말해주세요. "네가 계획한 것을 잘 지켰구나. 처음에는 이 부분을 어려워하더니 일주일간 공부해서 알아냈네. 정말 대단한걸. 어떻게 알아냈니?"

아이는 성취감이 주는 기쁨을 조금씩 알게 될 것입니다. 자기주도학습은 어느 날 되는 것이 아니라 해냈다는 작은 기쁨이 쌓여 이루어지는 성입니다. 아이가 조금 더디게 가더라도 인정과 긍정, 자신이 계획한 것을 실천했을 때의 기쁨을 알 수 있도록 격려와 지지를 보내주세요.

학습동기를 찾아라

성취의 기쁨을 맛본 아이는 정말 시키지 않아도 스스로 공부한다. 자기가 이룬 것을 지키고 싶어 하기 때문이다. 시켜서 하는 공부는 죽을 맛이지만 원해서 하는 공부는 몇 시간이 지나 엉덩이에 땀이 차도 힘들지 않다.

공부하는 아이들은 정말 무섭게 하고 관심 없는 아이들은 밥상을 차려줘도 하지 않는다. 왜 해야 하는지, 자기 인생에 어떤 도움이 되는지 느끼지 못하기 때문이다. 공부는 스스로 해야 하는 영역이다. 아이에게 무엇을 공부시켜야 할지보다 어떻게 학습동기를 갖게 할지 고민해보자.

Q 학습동기는 어떻게 해야 생기나요?

딸은 초등학교 때도 공부를 열심히 하지 않았지만, 중학교에 들어가면 그래도 시험기간에는 공부를 하겠지 했어요. 그런데 시험기간 때마저도 초등학교 때처럼 공부를 전혀 하지 않는 딸을 보며 깊은 고민에 빠졌습니다.

딸아이는 초등학교 때 영어학원을 1년가량 다니다 지금은 다니지 않고 있어요. 학원에 다닐 필요 없다는 남편 때문에 끊게 되었죠. 다른 아이들은 다 학원에 다니는데 자기만 다니지 않아서 학습 의욕이 떨어진 것 같기도 해요.

딸은 성적에 욕심도 없고, 성적이 못 나와도 별로 아쉬워하지도 않습니다. 꿈이 뮤지컬 배우인데 그것도 공부를 해야 하는 거면 안 하겠답니다.

제가 아무리 이런저런 방법을 생각해봐도 아이 스스로 공부할 의지가 없다보니 모든 것이 무용지물입니다. 그 학습동기란 것은 어떻게 해야 생기는 걸까요?

Ⓐ 잘못을 야단치기보다 잘하는 것을 칭찬해주세요

상담내용을 읽어보니 아이의 학습동기가 낮은 이유는 여러 가지로 추정됩니다. '친구들은 다 다니는데 나만 학원에 안 다니니 어차피 공부를 잘할 수 없을 거야.'라는 생각 때문에 동기가 낮아질 수도 있고, 공부를 하다가 많이 혼난 과거의 경험 때문에 공부가 너무 싫어져서 동기가 떨어졌을 수도 있고, 현재 성적이 잘 나오지 않으니까 해도 안 될 것 같아서 동기가 떨어졌을 수도 있습니다. 부모가 눈치채지 못한 다른 요인이 있을 수도 있지요.

학원에 못 가게 되어서 동기가 낮아졌다면 이건 큰 문제는 아닙니다. 학원에 안 보내는 것이 벌이 아니고, 더 나은 방법으로 공부하도록 그렇게 했다고 설명해준 뒤, 스스로 공부할 수 있는 방법을 잘 안내해주면 이 문제는 해결될 수 있습니다. 오히려 동기를 더 높일 수 있는 기회죠.

아이들은 스스로의 힘으로 과제를 해결할 수 있다고 생각할 때 동기가 높아집니다. 자꾸 못한다고 야단치면 마음속으로 포기하게 되고 따라서 노력하지 않게 됩니다.

노력하면 나도 잘할 수 있을 거라는 생각이 들어야 열심히 해보지 않을까요? 그러니 잘못을 야단치기보다, 잘한 것을 찾아서 진심으로 칭찬해주는 것이 동기를 높일 수 있는 방법입니다. 많은 부모들이 '야단을 맞거나 절망적인 말을 들으면 겁이 나고 걱정이 되어서 열심히 하겠지.'라는 생각으로 아이를 몰아세우는데, 이것은 가장 나쁜 방법입니다.

아이가 희망을 가질 수 있도록 마음을 살펴주고 격려해주세요. 지금 상태에서 아이에게 공부를 시킬 수 있는 방법을 이리저리 강구하는 것은 별 효과가 없을 것 같습니다. 효과가 없을 때마다 아이와 부모 모두 낙담을 할 것이고, 실패의 경험이 쌓이겠지요.

지금 아이가 얼마나 힘들어 하고 있을지 한번 생각해보고, 마음을 읽어주는 대화를 시작해보세요. 진심으로 마음을 읽어주면, 아이는 곧 눈시울이 붉어질 것입니다. 이게 아이의 진심입니다.

학습동기가 낮은 아이들을 만나보면, 단 한 명도 '진심으로' 공부를 잘하고 싶지 않은 아이는 없습니다. 다만, 자신이 없어서 공부에 관심 없는 척하는 것입니다. 관심 갖고 열심히 했다가 실패하게 될 일이 두려워서 시도를 못하고 있는 경우가 많습니다.

어떻게 공부해야
하는가?

아이들은 누구나 공부를 잘하고 싶고, 그래서 인정받고 싶은 욕구를 가지고 있다. 이 욕구가 구체화되어 실제 스스로 공부할 때 학습동기를 갖게 되었다고 말할 수 있다. 학습동기는 아이가 스스로 공부하고, 계속 공부할 수 있게 해주는 중요한 요소임에는 틀림없다. 하지만 동기만으로 공부를 잘하게 되는 것은 사실 어렵다. 실제로 공부를 잘하려면 공부하는 방법을 잘 아는 것도 중요하다. 공부 방법을 아는 것이 아이의 학습동기를 지속시키는 역할을 할 것이다.

예습, 복습 지도

수능 만점자들, 유명 강사들은 한결같이 예습, 복습 잘하고 학교 수업을 충실히 들으면 공부를 잘할 수 있다고 말한다. '맞아, 맞아.'

라고 고개를 끄덕이다가도 '그것 가지고만 되겠어? 분명히 뒤에서 뭔가 시켰겠지.'라는 의심의 한줄기가 자녀를 학원에 보내는 부모들에게 방어기제가 된다.

그러다가 그렇게 오랜 시간을 학원에서 보내며 산더미 같은 숙제를 하는데도 성적이 오르지 않는 아이를 보면 또 '이건 아니지.'라는 생각이 들기도 한다. 정말 꾸준히 예습, 복습하는 방법이 효과가 있을까? 그러면 어떻게 지도해야 내 아이도 효과적으로 공부할 수 있는 것일까?

Q 예습, 복습 어떻게 지도하면 될까요?

초등학교 6학년 아들을 둔 엄마입니다. 전 예습, 복습 잘하는 것이 공부 잘하는 지름길이라고 여겨 아들에게 예습, 복습을 강조하고 있습니다. 예습은 교과서 한 번 읽기, 복습은 전과 한 번 읽고 전과에 있는 문제 풀기, 한 단원이 끝날 때마다 문제집 풀기의 방법으로 진행하고 있어요. 하루에 예습하는 시간은 10분 정도, 복습은 30분 정도예요.(하루 공부한 과목 전부 예습, 복습하는 데 드는 시간입니다.) 이렇게 진행하고 있는 예습, 복습의 방법이 효과적인지 궁금합니다.

A 하루, 일주일, 한 달을 주기로 복습하세요

독일의 심리학자 에빙하우스의 망각곡선 이론에 의하면 학습 후 10분부터 망각이 시작되어 한 시간 뒤에는 50%, 하루 뒤에는 70%, 한 달 뒤에는 80%를 잊어버린다고 합니다. 따라서 학습한 내용을 기억하기 위해서는 복습이 필요하며, 그 주기가 중요합니다. 학습한 뒤 10분 이내에 복습하면 한 시간, 하루 이내에 복습하면 일주일, 일주일 이내에 복습하면 한 달을 기억하고, 한 달 이내에 다시 복습하면 6개월 이상의 장기기억으로 저장됩니다.

이것을 공부 방법에 적용하면 수업 후 바로 책을 덮지 말고 배운 내용을 잠깐 훑어보며(10분 이내), 집에 와서 다시 한 번 읽어 보며(하루 이내), 주말에 다시 그동안 배운 것들을 복습하는(일주일 이내) 것이 좋습니다. 그러다보면 중간고사, 기말고사 기간이 되어 한 달 이내에 4회 복습하는 것이 가능해지지 않을까요?

지금 하고 있는 복습에 추가하여 주말에 일주일 동안 공부한 내용들을 다시 한 번 읽고, 틀린 문제 위주로 다시 풀어보고, 중요한 것들은 공책에 정리하는 습관을 잘 들인다면 자기주도적 학습 방법을 스스로 터득하게 되리라 생각합니다.

정말 실수일까?

아이들은 문제를 풀 때, 실수를 많이 한다. 그런데 틀린 문제를 다시 들여다보고 정답을 찾아내면 아는 문제인데 실수했다며 가볍게 넘긴다. 정말 아는 문제였을까? 다시 정답을 찾는 것을 보니 알고 있는 것처럼 보이기도 한다. 그런데 이러한 실수는 계속 반복되는 경향이 있다. 왜일까?

틀렸다는 것을 알고서 정답을 찾는 것은 개념을 완전히 이해했다고 볼 수 없다. 어렴풋이 본 기억이 떠올라 알고 있다고 착각하는 것이다. 그리고 이러한 실수의 반복은 많은 문제를 기계적으로 풀었을 때 나타나기 쉽다.

Q 문제를 풀 때 자주 하는 실수를 어떻게 줄일 수 있을까요?

초등학교 5학년 남자아이의 아빠입니다. 아들의 학습지 문제풀이 지도를 제가 하는 편인데, 아들은 한 번에 20문제를 풀면 몇 개씩 틀리고, 몇 문제씩 나누어서 풀면 잘 맞습니다. 한 번에 20문제를 풀어야 하는 게 아이한테 부담을 많이 주어서 이런 결과가 나오는 걸까요?

학년이 올라갈수록 문제 수가 점점 많아질 텐데, 어떻게 지도해야 할지 방법을 모르겠습니다.

A 집중력을 키우면서 오답노트를 정리하는 습관이 필요해요

문제를 푸는 집중력을 키우기 위해서 정해진 시간 안에 풀어야 할 문제의 수를 조금씩 늘려가는 방법을 써보세요. 아이가 보통 20문제 중에서 17문제 정도 맞힌다면, 17문제가 집중력의 한계입니다. 17문제만 주어서 자신감을 키운 다음, 한 문제씩 늘려서 연습하게 하세요.

하지만 이보다 중요한 것은 개념을 완전히 이해하여 문제에 숙달되도록 하는 것입니다. 아이가 문제를 틀렸을 땐 반드시 이전에 풀었던 방법에서 어떤 실수를 했는지 찾아내게 해야 합니다. 무엇 때문에 자꾸 같은 실수를 반복하는지 아이 스스로 알아내는 것이

이후의 수학공부에 훨씬 더 많은 도움을 줍니다. 그러므로 틀린 이유를 확인하는 오답노트 정리 습관을 갖도록 이끌어주세요.

덧붙이자면 초등학교 수학은 5학년부터 특히 어려워져요. 약분과 통분, 도형의 넓이 구하기 등 새로운 개념이 많이 나오기 때문이에요. 무조건 문제를 많이 푸는 것보다는 문제를 틀린 이유를 확인하여 개념을 확실하게 이해하는 것이 특히 필요한 때입니다.

자기주도학습, 그 머나먼 길

아이의 학년이 올라가면서 이제 더 이상 시켜서 하는 공부가 소용없다는 생각이 들면 부모의 마음은 더욱 조급해진다. 그래서 자기주도학습 학원, 명문대 대학생 멘토 등 여기저기 문을 두드려보지만 뾰족한 수가 보이는 것도 아니다.

각종 학원, 과외, 다양한 교재(학습지), 인터넷강의 등 학습을 지원하는 매체도 많아졌고, 과거보다 공부하는 시간도 더 늘어났는데, 요즘 아이들은 왜 오히려 학습능력이 떨어지고, 공부하는 것을 어려워하는 걸까? 그것은 스스로 공부해본 경험이 부족하기 때문이다. 위에서 말한 학습을 지원하는 매체라 하는 것들은 사실 남이 공부한 것을 전달해주는 방식에 지나지 않기 때문에 수동적인 학습이 될 수밖에 없다. 하지만 공부는 학습자가 능동적으로 학습할 때 그 효과가 드러난다. 여기서 능동적으로 학습하는 것을 흔히 자기주도학습이라고 한다.

Q 자기주도학습, 어떻게 해야 할 수 있나요?

직장에 다니는 엄마이지만, 퇴근 시간이 빠른 편이라서 오후에 아이의 학습을 직접 관리하고 있습니다. 그런데 계획대로 진행도 잘 안 되고, 너무 많은 시간이 소요되다보니 잠자리에 드는 시간도 늦어지게 되었습니다. 아이가 점점 지치는 것이 눈에 보여요. 몇 년 전만 해도 초등학생이 새벽 12시에 잔다는 얘기를 들으면 애를 혹사시킨다며 그 부모를 한심하게 생각했는데, 제가 그런 부모가 된 거죠.

그렇다고 성적이 잘 나오는 편도 아니며, 잘하고 못하는 과목이 일정치도 않고 점수도 기복이 심합니다. 공부하는 중간중간 확인하지 않으면 해야 할 것을 꼭 한두 개씩 빠뜨리고, 딴짓하거나 멍하게 있을 때도 많아요.

아이가 스스로 공부하지 않기 때문에 효과가 적은 것 같습니다. 시키지 않으면 공부를 시작할 생각도 안 하고, 하라는 것에 대해서 특별히 불만을 토로하지도 않아요. 제가 이 방법, 저 방법 해보고 아니다 싶으면 다른 방법을 쓰는데, 그러는 과정에서 아이의 의견을 물어보아도 대부분은 아이가 제 의견을 따르는 식입니다.

주말에는 바깥활동도 많이 하고 집에 있더라도 공부는 쉽게 해주고 싶지만 상황이 이러니 솔직히 불안해서 주말에도 공부를 해야 하지 않을까 하는 생각이 듭니다.

어떻게 하면 아이가 조금이라도 자기 스스로 공부를 하게 될까요? 요즘 다들 자기주도학습을 강조하던데, 저에게는 꿈만 같은 이야기입니다.

A 학습동기를 갖게 한 다음 독서로 기본학습능력을 길러주세요

서울대 학생들을 대상으로 '공부를 잘하게 된 원인'을 조사했는데, 많은 학생들이 가장 중요한 원인으로 '부모의 신뢰'를 들었다고 합니다. 즉, 부모가 자신을 믿고 격려해주며 주위 사람들에게 자신에 대해 자랑스럽게 이야기하거나 자신의 입장에서 이해하려 노력하고, 강요하기보다는 스스로 판단하여 행동하도록 지지해줄 때 강한 학습동기가 일어났다는 것입니다.

학습동기는 자기주도학습의 가장 중요한 힘입니다. 그러므로 아이가 학습동기를 갖도록 도와주는 게 가장 먼저 할 일이겠지요. 서울대 학생들이 말한 것처럼 아이는 부모가 자신을 이해하고 믿어줄 때 학습동기를 갖게 됩니다. 아이를 다그치고 몰아세우는 대화를 멈추고, 힘들어 하는 아이의 마음을 이해하고 있으며 스스로 잘 해내리라 믿고 있다는 마음을 전하세요. 동시에 아이의 흥미를 파악하여 공부에 재미를 붙일 수 있는 방법을 고민해보세요.

그다음 중요한 것은 기본학습능력입니다. 초등학교까지는 부모 의욕으로 자녀를 끌고 갈 수도 있습니다. 하지만 중·고등학교에 올라가서는 쉽지 않습니다. 그럼 어떤 아이가 중·고등학교에 가서도 꾸준히 공부하게 될까요? 현장에서 지켜본 바로는 풍부한 독서가 뒷받침되어 뒷심이 있는 아이들입니다.

초등학교 때 성적은 사실 그리 중요하지 않습니다. 성적보다는 공부하는 힘을 기르는 게 더 중요하지요. 학습하는 데 필요한 모든 능력의 기본은 독서에서 나옵니다. 책을 많이 읽은 아이는 생각하

는 힘이 생기지요. 또한 집중력이 부족한 아이들은 책상 앞에 앉아서 좋아하는 책을 읽는 것 자체가 집중력을 기르는 훈련이 됩니다.

제 아들도 초등학교 때 성적이 별로 좋지 않았습니다. 하지만 지금도 제가 가장 잘했다고 생각하는 것은 책을 마음껏 읽도록 지원해준 것입니다. 공부하는 힘을 길러준다는 부수적인 목적을 떠나서 독서야말로 아이가 평생을 살아가는 데 필요한 내면의 힘이 되어줄 것이기 때문입니다.

더불어 아이에게 스스로 선택하고 계획할 수 있는 기회를 충분히 주세요. 요즘, 학원에 다니지 않으면 어떻게 공부해야 할지 모르는 아이들, 어떻게 친구를 사귀어야 하는지 몰라서 힘들어 하는 아이들이 많습니다. 스스로 무언가를 해본 경험이 별로 없기 때문입니다.

학원이 중요한 게 아니다

어떤 목표를 이루기 위해서는 계획을 세우고 끊임없이 수정하고 성찰하는 과정이 필요하다. 물론 이 과정에서 이런 방법, 저런 방법으로 계획을 세웠지만 실패하는 경우도 있다.

그러나 실패한 이유를 반성하고 살피는 과정이 있으면 그 계획은 실패가 아니라 성공을 위한 또 하나의 계획이 된다. 이런 과정을 통해 아이는 결국 자신에게 가장 적합한 계획표를 만들게 되고 인생을 살아가는 데 필요한 정말 중요한 전략을 배우게 된다.

사교육을 통해 세워지는 타율적인 계획은 이러한 역할을 하지 못한다. 처음에는 일방적으로 배운 지식이 우위를 차지할 수 있을지도 모르지만 그 지식은 오래가지 못한다. 타인이 주도한 삶이 즐거울 리 없기 때문이다. 아이들이 삶을 적극적으로 살게 하는 방법은 학원이나 극성스러운 엄마에게 있지 않다.

엄마가 끼고 앉아서 떠먹여주거나 학원에만 의존하여 공부하는 것은 자기가 이렇게도 해보고 저렇게도 해보면서 스스로 시행착오 끝에 무언가를 터득할 수 있는 기회를 봉쇄해버리므로 마치 과다한 항생제 섭취가 점점 면역력을 잃게 만드는 것과 같다.

요즘, 가정형편도 좋고 공부도 잘하지만 어떻게 친구를 사귀는지 몰라서 힘들어 하는 자녀 때문에 전전긍긍하는 부모들이 많다. 심지어 지하철 타고 견학을 가야 하는데, 지하철 타는 법도 모르고 같이 갈 친구도 없어 교사가 따로 만나 데리고 가야 하는 아이도 있다.

왜일까? 자기가 스스로 무언가를 해본 경험이 별로 없기 때문이다. 작은 일부터 스스로 선택해보는 경험이 필요하다. 더불어 실패의 경험이 아이들에게는 아주 중요한 공부가 된다.

Q 학원을 그만두게 하고 직접 가르쳐보고 싶어요

맞벌이 부부라 공부를 봐줄 형편이 되지 않기 때문에 아들을 4년째 보습학원에 보내고 있습니다. 지금 초등학교 4학년인데, 학년이 올라갈수록 과목이 어려워져서 그런지 시험기간만 되면 학원에 있는 시간이 세 시간이나 돼요. 그게 다른 친구들은 다 집에 가고 우리 아이만 문제 푸는 게 느려서 늦게까지 하는 겁니다. 처음에는 솔직히 충격이었어요.

아이가 문제를 푸는 데 시간이 오래 걸리는 건 아니에요. 딴짓을 하는 거죠. 낙서하기, 지우개 가지고 놀기 등의 딴짓 말이에요. 주의를 줘도 소용없어요. 학원에서 그렇게 늦게까지 공부하고, 저녁에 제가 틀린 문제를 확인시켜주는데도 별 효과가 없는 것을 보면, 아이가 집중해서 듣지 않아 그런 거 같아요.

선행학습이 오히려 학습의욕을 꺾었나 하는 생각이 들어서 학원을 끊어볼까 싶기도 한데, 아이는 학원에 다녀도 성적이 중위권인데 안 다니면 더 떨어질까 봐 겁나서 못 끊겠다는 거예요.

학원을 끊고 제가 저녁에 조금씩이나마 가르쳐보고 싶은데 아이 말대로 될 것 같은 불안감에 어떻게 해야 할지 답답해요. 아이의 집중력을 높이기 위한 좋은 방법이 있을까요?

A 불필요한 학원을 줄이고, 원하는 것을 마음껏 하게 해주세요

아이가 문제 풀 때 시간을 끈다는 것은 일단 학습내용이 재미없고 지겹기 때문일 것입니다. 제안을 하나 드리자면 우선 갑자기 모든 공부를 혼자 하기는 어려울 수 있으므로 차차 학원 가는 시간을 조금씩 줄여보면 어떨까 합니다.

학원에는 일주일에 두세 번, 한두 시간 정도 다녀오고 나머지 시간에는 친구들과 밖에서 실컷 땀 흘리며 놀거나 좋아하는 운동을 하게 해주는 것입니다. 이 시기 남자아이들의 신체활동은 대단한 효과를 가지고 있어서 어느 정도 충족이 되면 두뇌에 산소 공급도

잘되고 오히려 공부도 효과적으로 할 수 있습니다.

어머니가 퇴근하기 전까지 책 한 권 정도 읽기, 학교 공부 복습(복습 공책을 만들어 요약하거나 문제집 풀기 등)을 하고, 그 외엔 마음껏 운동하고 뛰어놀면 가장 좋을 것 같은데 아이의 성향 등을 잘 파악하여 매일 할 수 있는 최소한의 양부터 시작하도록 권합니다.

다른 무엇보다 낮 동안 혼자 지내며 힘들었을 아이의 마음을 부모가 어루만져주고 믿어주며 격려해주고 보듬어준 후에야 아이도 공부할 준비를 할 수 있습니다.

늘 함께 있어주지 못하더라도 우리 부모님은 나를 언제나 믿어주고 내 편이라는 사실 하나만은 마음에 새길 수 있게 해주면 좋겠습니다. 쑥스럽다는 생각은 버리고 말로도 사랑을 표현해주고 하루한 번씩은 꼭 안아주세요. 그런 안정감이 먼저이고 그다음이 공부입니다. 초등학교 때는 너무 많은 공부 욕심은 미루어두기 바랍니다. 요약하자면,

① 무엇보다 아이의 마음을 보듬어주고 부모와 안정된 관계를 맺는 것을 최우선으로 하세요.

② 불필요한 학원 수강을 줄이고, 스스로 공부할 수 있는 시간을 확보하도록 합니다.

③ 학원에 안 가는 날은 복습 위주로 최소량의 공부를 하고 나서 나머지 시간에는 독서와 운동을 충분히 할 수 있게 해주세요.

④ 게임이나 스마트폰 등의 사용은 철저히 통제합니다.

말이 쉽지 막상 실천하긴 어려울 수 있습니다. 하지만 아직 4학년이니 시간은 충분합니다. 단기간에 되리라는 생각은 버리세요. 여러 차례의 시행착오를 겪는 가운데 분명 노하우도 생길 테니 한 번 도전해보세요.

피할 수 없는
시험

　기나긴 인생의 과정에는 치러야 할 시험이 많다. 시험은 그 순간에는 매우 커보이지만 지나면 일정한 선을 이루는 작은 점들일 뿐이다. 정말 더 큰 목표는 당장의 점들에 집중하는 것이 아니라 그 점들을 이어나갈 방법을 연구하는 데 있다. 그때그때 생기는 문제가 무엇인지 확인하고 수정하고 해결해나가는 방법을 배우는 과정 말이다.

　그런데 우리가 집중하고 있는 모든 시험들은 '결과'라는 점 하나로 아이의 인생이 결정될 만큼 큰 좌절과 불안, 포기를 만들어놓고 있다. 내 인생의 선을 만들기 위해선 어떤 문제를 해결하는 나만의 방법이 필요할 수 있는데 실패한 계획에 대한 격려가 시험의 결과 앞에서는 무용지물이 되고 만다.

아니면 '무엇을 어떻게 다시 수정하고 잘못 준비했던 것은 무엇이었나.' 생각할 시간도 주지 않는다. 시험은 그렇게 아이들을 몰아가고 경쟁에서 뒤처진 낙오자들의 집합체라는 낙인을 찍는다. 그리하여 불안해진 아이들은 더욱더 시험에서 실패하게 된다.

시험에 대처하는 자세

대부분의 아이들은 결과가 좋지 않으면 좌절하고 자신에 대한 능력을 의심한다. 그래서 그 과정을 가장 가까이서 지켜본 부모의 태도가 매우 중요하다.

아이들은 "괜찮아, 노력하면 돼."라는 엉성한 말 대신 눈빛, 말투, 한숨, 질문 하나하나에서 더 많은 답을 얻는다. 어쩌면 나를 더 확실하게 잡아줄 수 있는 더 강한 힘을 갖고 있는 부모에게서 안정감을 찾고 싶어 할지 모른다. 그래서 시험점수를 묻는 대신 이번 시험에서 어떤 준비가 잘되었고 어떤 점이 미흡했는지를 이야기하고 어떤 과정에서 틀린 답을 쓰게 됐는지 구체적으로 의논해주고 앞을 보며 격려해줄 수 있는 힘을 기다리고 있는지 모른다. 아이들은 추상적인 미래의 분석이 필요한 게 아니라 현재의 상태를 함께 이야기하고 들어줄 수 있는 따스한 조언자를 기다리고 있는 것이다.

인생을 살다보면 정말 많은 것을 배우고 많은 어려움을 겪게 될 것이다. 그럴 때마다 아이가 어렵다고 포기하고 재능이 없다고 그만두길 바라는가, 도전하고 계획하고 수정하며 내 것을 만들어가는 과정을 즐기길 바라는가?

아이가 좌절하게 될지, 끊임없이 긍정적인 수정 과정을 거치며 앞으로 나아가게 될지는 아이를 대하는 부모의 현재 태도에 달려 있다. 그리고 이런 부모의 태도가 자기주도학습의 질적인 요소가 됨을 분명히 알아야 한다.

Q 달달 외우는 능력만 요구하는 시험, 신뢰가 안 가요

아이가 학교에서 보는 국어 단원평가나 사회 단원평가 문제를 보면 시험문제 형태가 제가 학교 다닐 때와 달라진 것이 없고, 이런 시험에서 100점 맞는 것이 어떤 의미가 있을까 하는 생각이 들어요. 학년이 올라갈수록 어떤 시험에서 100점을 맞으려면, 물론 지식의 양과 정확도는 전제로 해야겠지만, 함정에 절대 걸려들지 않는 어떤 강박적 성향을 가져야 할 것 같다는 생각이 들더라고요.

이런 시험에서 100점을 맞도록 공부하는 것은 아이의 진정한 사고력 발달을 돕는 게 아니라는 생각까지 들어요. 하지만 시험점수가 낮으면 자신감도 떨어지고, 또 일단 그 점수로 학업성취도가 평가되는 것이기 때문에 시험과 시험점수를 무시할 수는 없죠.

시험을 잘 보기 위해서는 기본 실력에 더하여 알파의 실력이 요구된다고 보여지는데, 그게 정말 필요한 능력인가요? 교육선진국, 예를 들면 핀란드나 스웨덴도 우리나라와 비슷한 형태의 시험을 보나요? 공부를 하면 할수록, 시험을 보면 볼수록 고차원의 사고력이 키워지는 것이 아니라 아주 작은 것에 집착하고 문제에 속지 않기 위해 경계하고, 무조건 달달 외우는 그런 기술만 키워지지 않을까,

그런 기술을 키우느라 정작 중요한 것은 놓친 채 아이는 지쳐가고 삶의 만족도는 떨어지지 않을까, 아이가 어처구니없이 혹사되는 것은 아닐까 하는 염려들이 자꾸 생겨요. 제가 우리나라 학교 시험에 너무 부정적인가요?

A 시험문제의 개선이 필요한 건 사실이에요

비단 초등학교뿐 아니라 중·고등학교에서도 답이 명료하게 딱 떨어지는 수학 등을 제외하고 나머지 과목에서는 교사가 보기에도 다양하게 생각할 수 있는 여지를 남기지 않고 교과서의 틀 안에서만 생각하도록 하는 문제가 적지 않습니다. 함정에 걸리지 않는 강박적 성향. 그런 부분이 충분히 있을 수 있다고 봅니다. 하지만 초등학교의 시험 출제도 중·고등학교에서처럼 여러 교사들이 함께 검토하는 과정이 반드시 있으리라 생각합니다.

사실 시험문제 출제가 어렵긴 합니다. 왜냐하면 정답에 대해 이견이 있게 되면 학생 및 학부모들의 항의가 있기 마련이고 시험 후 그러한 항의를 받으면 학생 전체의 점수를 수정해야 하는 번거로운 일이 생깁니다. 그리고 상급 학교를 위한 내신 성적에 워낙 민감할 수밖에 없는 지금의 교육 상황에서는 학교 내에서도 출제를 놓고 관리자들 그리고 교육청으로부터 이러저러한 제재와 규약을 매우 심하게 받을 수밖에 없는 것이 현실입니다.

평균이 너무 낮으면 학업성취도에서 문제가 되고 반대로 너무 높으면 우수한 학생들의 변별력이 떨어져 역시 문제가 됩니다. 게

다가 한 과목을 여러 교사가 가르치다보면 교사들 간에도 의견이 다른 경우가 있어 제대로 출제하려면 교사들의 스트레스가 이만저만이 아닙니다. 그러다보니 의문의 여지 없이, 정답이 딱 떨어지는 문제를 선호하는 경향이 있고 그러려면 교과서가 바이블이 되는 것이지요.

교육선진국에서는 우리나라와 달리 객관식 의존도가 높지 않은 것으로 알고 있습니다. 다음은 스웨덴에서 교육 관료를 지내다 온 황선준 교육연구정보원장이 소개해준 그곳의 중학교 3학년 평가 방법 중 하나입니다.

'하나의 주제를 담고 있는 시, 소설, 희곡 등 다양한 장르의 글이 수록된 자료집을 배부한다. 학생들은 그 자료집을 읽고 시와 어울리는 그림을 고르고 왜 그렇게 생각하는지 서술한다. 또 학생들은 그 자료집의 전체 주제와 관련 있는 영화를 보고 작가의 생각이 드러나는 대목을 찾아 자신의 생각을 서술한다.'

물론 이러한 평가를 위해서 방대한 분량의 평가기준서가 제작되어 채점의 공정성 시비를 방지할 수 있도록 국가가 지원해준다고 하네요. 한마디로 부러웠습니다. 이런 능력들은 달달 외우고 학원에서 찍어준 문제를 푼다고 될 것이 아니죠. 지식정보사회에서는 과거 산업사회에서 요구되던 지식의 암기 능력을 측정하는 것이 아닌, 주어진 지식을 어떻게 통합하고 활용할 수 있는지를 가르치는 교육이 이루어져야 하므로 앞으로 우리나라의 교육의 방향도 이렇게 가야 한다고 봅니다. 또 그렇게 될 것이라고 확신합니다.

초등학교와 중학교의 차이

부모가 대신 준비해주고 물어보는 것에 어느 정도 답해줄 수 있었던 초등과정을 지나면, 이제 부모가 대답을 해주려면 한참 고민하는 중등과정에 이르게 된다. 본격적으로 학원을 고민하기도 하고 또 이전에 기초를 잘 쌓아놓지 못해서 후회하는 한숨 소리가 여기저기서 들린다.

보통 서너 과목을 시험 보던 초등학교 때와 달리, 중학교에서는 과목 수도 많고 교과목마다 전담 선생님이 있어서 어느 한 분한테 아이를 상담하기도 그리 녹록하지가 않다. 알림장이라는 것도 없는데다 수행평가라는 항목도 구체적으로 성적에 반영되니 아이 뒤통수에 잔소리만 늘어날 뿐이다.

그동안 혼자서 공부하는 방법을 배워오지 않았던 아이가 늘어나는 과목, 혼자 공부해야 하는 과목들을 준비나 할 수 있을까? 아니면 과목마다 학원을 보내야 할까? 사춘기 절정에 이르러 아침잠도 많고 늘 피곤해하는 아이가 시키면 잘 따를까? 공부만이 아닌 여러 생활면에서 날선 신경전을 벌이지 않으려면 부모는 어떤 자세로 무엇을 준비해야 할까?

Q 중학교 1학년 시험을 어떻게 준비해야 할까요?

드디어 중학교 1학년 첫 중간고사를 치렀습니다. 초등학교 4학년 때부터 사교육 없이 교과서 위주로 공부했고, 점수보다는 공부 습관과 독서에 더 신경 쓰려고 노력했어요. 아주 잘하지는 않아도 나름 성실하게 지냈습니다. 여러 갈등도 있었지만 아이와 의논한 후 수학만 학교방과후에서 하기로 하고 나머지 과목은 교과서 위주로 예습, 복습을 하기로 했지요.

그런데 시험기간에 10시도 안 돼서 자고, 자기 전까지 놀더라고요. 한 시간 정도 책상에 앉아서, 제 눈엔 공부하는 척만 하고 문제집도 제대로 안 푸는 거예요. 그냥 책장을 넘겨가며 눈으로만 훑는 정도예요. 시험 둘째 날에는 이렇게 공부 안 하고 준비 안 해도 자신 있냐고 물으니 아주 시건방진 얼굴로 자신 있다고, 학교에서 열심히 선생님들이 준비시키셨다고, 평소에 학습태도 좋다고 칭찬받는다고 항변합니다. 그래서 "알았다. 한번 보자." 했어요.

결과는 제가 예상했던 점수보다도 형편없었습니다. 저도 아이도 충격이었습니다. 그래도 학원에 보내지 않겠다는 생각엔 변함없지만, 앞으로 어떻게 공부하도록 이끌어야 할지 막막하네요. 시험이 끝난 후 아이에게 스스로 어떤 문제가 있는지 고민해보라고 했습니다.

하루에 한두 시간은 책상에 앉는 훈련, 집중하는 훈련을 해야 한다고 잔소리를 했지만 한편으로는 이런 교육환경에서 자라는 아이가 불쌍하게 느껴져서 갈등이 됩니다. 더 많은 경험을 하고 사색하고 넓은 세상을 봐야 할 소중한 청소년기에 공부하라고 하지 않을 수 없는 현실이 안타깝고요.

A 대부분의 아이들이 중학교 첫 시험에서 성적이 떨어져요

중학교 첫 시험에서 초등학교 때보다 성적이 떨어지는 대략의

이유는 다음과 같습니다.

① 초등학교 교과과정과 중학교 교과과정의 난이도 차가 큽니다.

가장 차이가 많은 과목이 '수학'이고 영어, 국어, 과학, 사회 등
도 만만치 않습니다. 초등학교 때는 시험 전날 열심히 문제집을
풀고만 가도 통할 수 있었던 것들이 중학교에서는 그렇지 않습
니다.

② 각종 수행평가 및 서술형 문제가 만만치 않습니다.

많은 아이들이 성적 하락의 원인으로 수행평가를 꼽습니다. 과
목별 수행평가가 특히 한꺼번에 몰리는 경우도 있는데, 여차하
여 과제 제출을 잊거나 다른 시험과 맞물리게 되면 미처 다 소
화할 수가 없어 충분한 준비 없이 임하게 됩니다. 특히 아이들
중에는 아직까지 지필평가에만 비중을 두고 평소 수업시간에
이루어지는 수행평가나 과제 제출은 그다지 중요하게 여기지
않는 경우도 있습니다. 여러 과목에서 이런 모습이 반복되면 전
체적 결과는 당연히 좋지 않겠지요. 게다가 과목에 따라서 '수
업 참여도'라는 항목이 있어 교과서를 비롯한 각종 준비물을 가
져오지 않거나 잡담을 많이 하거나 수업태도가 좋지 않으면 감
점을 받기도 합니다. 각종 서술형 문항 등에 대해서도 엄격한
기준이 적용되고요.

③ 공부 방법 자체에 문제가 있을 수 있습니다.

해야 할 공부의 양은 늘었는데 여전히 초등학생 때 했던 방법으로 건성건성 한다든지 혹은 정확한 개념에 대한 이해 없이 무작정 문제풀이만 한다든지, 평소 수업시간에 집중하지 않아 중요한 내용을 놓친다거나 선생님들이 나눠주는 과목별 각종 프린트 등을 빼놓고 자습서나 교과서만 본다든지, 수없이 많은 실수의 원인들이 있을 수 있습니다.

그렇다면 어떻게 바꿔야 할까요?

① 매일 알림장을 성실히 써서 각종 준비물과 과제를 꼭 적어오는 습관을 길러주세요.

② 시험이 끝난 후 과목별로 시험 실패의 원인을 짚어보고 원인과 앞으로의 대책, 보완법 등에 대해 조목조목 정리해보는 것이 꼭 필요합니다. 말로만 하면 또 같은 실수를 반복할 수 있기 때문에 복습 공책 등에 정리하는 것이 꼭 필요하다고 봅니다. 특히 수업시간에 선생님들께서 자체 제작하여 나눠주는 정리용 프린트 등은 파일을 따로 마련하여 빠진 부분 없이 모아둔 후 시험 때 반드시 확인해야 합니다.

③ 매일매일 복습하고 주말에 일주일 동안 공부한 내용을 복습해

야 합니다. 학교 공부 복습이 충분히 되고 나서 여유가 있다면 그때 학원 수강을 해야 합니다. 아이들이 방과후에 너무 많은 것을 하면 스스로 공부할 시간 자체가 주어지지 않습니다.

오래도록 나름대로의 방법을 찾다보면 아이들도 스스로 터득하는 그 무엇이 있어요. 이 방법, 저 방법 등을 충분히 시도해본 후 아이에게 가장 잘 맞는 방법을 알아내는 것이 중학교 과정에서의 가장 큰 목표가 되어도 좋을 것입니다.

아직 실망하기엔 이릅니다. 이번 결과의 충격을 거울로 삼아 전반적인 공부습관을 점검해본다면 반전의 기회는 얼마든지 있습니다.

부모의 생각과 아이의 마음

'공부습관을 기르기 위해 학습지를 꾸준히 풀어야 한다는 부모의
생각과 지겨운 학습지보다는 하고 싶은 일에만 열심인 아이의 마음!'

우리나라 부모들처럼 고민하고 걱정하고 불안한 부모들이 또 있
을까요? 우리나라처럼 엄청난 사교육비 부담은 물론 자녀교육과
관련된 고민과 갈등을 학부모들에게 떠넘기는 나라는 없습니다. 우
리는 학습지 하나를 놓고도 아이들과 갈등하고 부모로서 어떻게 하
는 것이 옳은지 고민해야만 합니다. 아이들의 일상과 공부에 시시
콜콜 간섭하는 것을 좋아하는 부모들이 누가 있겠습니까. 분명 '이
건 아닌데.' 싶다가도 습관적으로 잔소리하기 마련이지요. 과연 가
장 바람직한 해법은 무엇일까요?

부모의 생각이 강하면 그만큼 아이의 자존감은 떨어집니다

부모가 아이를 잘 설득하여 자신의 생각을 충분히 납득시켰다고
가정해보겠습니다. 당장 문제가 생기지는 않겠지요. 하지만 아이는
자존감 발달에 결정적인 장애를 겪을 수 있습니다. 부모의 생각을

이성적으로는 충분히 이해하고 수용했지만 그렇다고 자신의 마음까지 모두 부모의 생각에 맞출 수는 없습니다. 자신만의 욕구가 있고 제대로 충족되지 않으면 불만이 생기기 마련인데 논리적으로 우월한 위치에 있는 부모에게 계속 설득을 당하게 되면 당연히 욕구 불만은 커질 수밖에 없지 않을까요? 결국 고분고분 말 잘 듣고 순종적인 아이가 어느 날 갑자기 부모에게 반기를 듭니다. 그것도 매우 충격적인 형태로 말입니다. 짧게 요약하자면 자신의 마음에 차곡차곡 쌓인 불만이 반발하고 싶은 충동을 일으키고, 동시에 논리적인 부모에게 맞설 합리적인 방법을 찾지 못해 결국 순간적인 충동을 그대로 표출하는 상황에 도달했다고 보는 게 맞습니다. 어느날 갑자기 아이가 변한 것이 결코 아닙니다. 부모와의 관계에서 자신의 마음이 부모에게 설득당해 결국 무시되어왔던 역사의 지극히 자연스러운 귀결이라고 봐야 하겠지요.

아이의 감정보다 부모의 생각이 강하면 당연히 아이의 자존감은 떨어집니다. 자존감이 떨어진 아이는 더욱 부모의 생각에 지배를 받기 마련이고, 그 결과 다시 자존감에 손상을 입고 다시 부모의 생각에 의존하는 악순환에 빠질 수 있습니다. 아이의 감정보다 자신의 생각을 앞세우는 부모들이 보통 초반에는 기세등등합니다. 하지만 아이 스스로 자신의 생각을 갖기 시작하는 사춘기를 거치면서 기세등등했던 부모들은 풀이 죽은 표정을 하게 되지요. 자신의 감정을 무시당해왔던 아이들의 반격이 시작되면 정말 난감한 처지가 되니까요.

아이의 마음을 무조건 수용하면 아이의 성장은 멈춥니다

아이의 마음을 무조건 존중하는 경우는 어떨까요? 역시 당장 갈등할 이유는 없겠지만 심각한 부작용을 걱정해야 합니다. 아이의 감정은 아직 사회화 과정을 거치지 않은 상태이기 때문에 본능에 보다 충실하기 십상입니다. 가끔 아이들이 보이는 충동적인 행동은 감정적 미성숙 상태에서 보이는 자연스러운 모습일 수 있습니다.

아이들은 성장과정에서 자신의 감정을 표출하고 그에 대한 반응을 학습하면서 인격적인 면모를 하나하나 쌓아갑니다. 그 과정에서 가장 중요한 것이 바로 아이의 감정에 대한 피드백인데 친절하고 자세한 피드백이 매우 중요합니다. 시끄럽게 떠들지 말라는 주의나 경고보다는 자신의 행동이 다른 사람들에게 어떤 피해를 주는지 이해하기 쉽게 설명해주면 훨씬 효과적입니다.

사람은 애나 어른이나 모두 자신이 주변으로부터 형편없는 존재로 인식되는 걸 결코 원치 않습니다. 아이의 감정을 무시하는 것이 아이의 성장을 방해한다면, 아이의 감정을 그대로 수용하는 것 또한 아이가 성장할 수 있는 기회를 빼앗는 것이라고 할 수 있습니다. 이 세상에서 아직 인격적으로 다듬어지지 않은 아이들의 감정 표현에 대해 짜증을 내지 않고 진지하게 피드백할 수 있는 사람은 과연 누구일까요? 아이의 감정을 소중하게 생각하지만 무조건 수용하는 것이 아니라 절제되지 않은 아이의 감정이 그대로 표출될 경우 어떤 문제가 생길 수 있는지 하나하나 친절하고 자세하게, 거부감 없이 피드백해준 부모 밑에서 성장한 아이들은 정말 다르더군요. 자신의 감정 조절은 물론 다른 사람의 감정도 존중하는 훌륭한 인격체로 자라나게 됩니다.

아이의 마음을 존중하면서 부모의 생각을 전달하는 방법

우리나라 부모들은 대부분 아이에게 자신의 생각이나 감정을 전달하는 데 매우 서툰 편입니다. 왜일까요?

> 현실에서 부모 구실에 고전하고 있는 부모들은 대다수 자신에게 무엇이 부족한지 알아차리지 못한다. 의도적으로 아이의 인격을 무시하거나 자존감을 망가뜨리려는 부모는 없다는 얘기다. 주범은 동양의 전통적인 가부장제 문화에 있다. 가부장제 문화가 아이에게 잔소리를 하거나 인격을 무시하는 언행을 거리낌 없이 하게 만들었다. 현재의 기성세대들은 부모에게서 존중은커녕 심한 모욕과 폭력에 시달리며 자랐음에도 불구하고 그것을 지극히 자연스러운 자녀교육의 방식으로 알고 있다. 가부장제 문화를 내면화한 셈이다.
>
> (〈한겨레신문〉, 박재원의 공감학습 6회차, 2012년 10월 29일)

최근 유행하는 감정코칭이나 대화법 교육을 통해 많은 부모들이 도전하고 있지만 대부분 아이들과의 대화에 실패하고 있습니다. 부모와 자녀 관계가 수평적인 서양문화와 달리 우리는 특히 부모와 아이 관계를 수직적으로 바라봅니다. 상호존중하는 문화에서 탄생한 부모역할 이론이 수직적인 문화에서 힘을 잃는 것입니다. 정말 열심히 이론을 공부하고 실습도 게을리하지 않았지만 아이를 대할 때마다 치미는 화를 어떻게 처리하지 못해 도로아미타불이 되지요. 부모역할 교육을 받고 대화법을 연습해 잘 참다가 한 번에 무너졌다는 하소연을 들으면 정말 안타깝습니다. 한국 부모들에게 유난히 강한 '화'라는 감정, 아이들에게 자신의 감정을 아무런 거리낌 없이 표출했던 사회적 습관을 만만히 본 결과라고나 할까요.

화를 참거나 아이 이야기를 경청하려고 노력하기 전에 부모로서 자신의 감정을 조절하고 전달할 수 있는 수단을 마련해야 합니다. 가장 쉽고 효과도 탁월한 방법은 바로 메모를 통해 자신의 감정과 생각을 전달하는 것입니다. 아이와 마주하는 장면에서 순식간에 일어나는 부정적인 감정을 조절하는 것은 사실상 불가능에 가깝습니다. 부모와 아이 모두, 서로 하고 싶은 이야기를 글로 옮겨 전하는 방법을 활용하면 그 효과는 정말 탁월합니다. 소모적인 감정 충돌을 예방할 수 있으며 서로를 이해할 수 있는 폭과 깊이를 더해 서로 흔쾌히 합의할 수 있는 가능성을 넓혀줍니다. 특히 자신의 생각이나 감정을 별다른 거리낌 없이 던지던 부모가 메모를 통해 자신의 의사를 전달하면 아이 입장에서는 정말 존중받는다는 느낌을 갖게 되기 때문에 부모를 적극적으로 이해하려는 의욕이 생긴다는 점에 주목하기 바랍니다.

종종 상담을 하다보면 아이들의 마음속으로 들어가게 됩니다. 우선 부모의 생각이 강한 경우에, 아이들은 대부분 부모 눈치를 보느라 자기 할 일을 제대로 찾지 못하는 모습을 확인할 수 있습니다.

부모 입장에서는 아이가 고분고분 말 잘 듣는 모범생이라고 생각하지만 사실은 눈칫밥을 먹고 있는 경우가 훨씬 많습니다. 반대로 부모가 아이의 마음을 대부분 수용하는 경우, 아이들은 나이를 먹어도 여전히 떼를 쓰고 있습니다. 부모는 아이를 위해 애를 쓰고 있다고 생각하겠지만 사실은 충동적인 인격을 조장하는 것으로 봐야 옳습니다. 아이의 마음속에 부모에 대한 고마움이 차곡차곡 쌓여가는 경우도 드물지만 있습니다. 자신의 어린 마음에 성숙한 부모의 생각이 더해져 결국 자신에게 도움이 된 경험을 하다보면 당연히 자신을 도와준 부모를 고맙게 생각합니다.

아이의 마음을 존중하지만 그렇다고 무조건 수용하는 것이 아니라 자신의 생각을 아이가 쉽게 수용할 수 있도록 전달하는 데 능숙한 부모들을 보면 정말 행복합니다. 이들은 아이 마음과 부모 생각이 어긋날 때 서로 충돌하는 것이 아니라 화학적인 융합을 통해 아이 스스로 성장할 수 있게 합니다. 재미없는 학습지보다는 재미있는 놀이를 좋아하는 아이의 마음을 최대한 존중하면서, 하지만 뭔가 꾸준히 하는 습관도 소중하다는 부모의 생각을 아이에게 어떻게 잘 전달할 것인가. 이런 고민을 하다보면 분명 부모도 아이도 모두 행복하게 성공할 것입니다. 아이의 마음을 부모가 존중하는 만큼 부모의 생각이 아이의 마음속에 잘 스며들게 되어 있답니다.

2부

수학을
마주하다

만나고 대화하고
생각하는 수학

　　상대방을 가장 잘 이해할 수 있는 방법 중 하나는 직접 대화를 나
눠보는 것이다. 주변의 소문이나 인상을 통해 얻은 판단은 상대방
에 대한 오해를 키울 수 있다. 우리는 한두 번쯤 그러한 경험을 가
지고 있다. 하지만 대화를 나누다보면 본래 가지고 있던 인상, 정보
등을 수정할 기회를 얻게 된다. 무뚝뚝하고 이기적일 줄 알았는데
막상 대화를 나눠보면 자상하고 재미있는 사람인 경우도 있다. 물
론 그 반대인 사람도 있다. 이렇듯 대화를 통해 상대방과 직접적으
로 만나는 것이 상대방을 이해할 수 있는 중요한 방법임에는 틀림
없다. 문제는, 대화를 할 수 있는 역량이다. 진심 어린 대화는 상대
방의 마음을 열고 깊은 공감과 이해의 통로가 되지만, 잘못된 대화
는 오히려 오해를 키운다. 서로에게 상처를 남길 수도 있다.

수학을 잘하기 위해서는 수학과 혼자서 만나야 한다. 만나서 대화를 나눌 수 있어야 한다. 그런데 많은 학생들이 수학이라는 녀석의 소문만 듣고 수학과 만나는 것을 두려워한다. 그래서 학원, 과외, 인터넷강의 등에 지나치게 의존하게 되는 것이다. 그리고 이렇게 '듣는' 사교육에 의존한 결과, 이제는 혼자 공부하는 법을 잊어버리고 말았다. 자신이 직접 만나야 한다. 수학문제를 마주하고는 혼자 고민하고, 시행착오를 반복해야 한다. 수학을 잘한다는 것은 이러한 경험이 쌓이는 것이다. 이것이 수학학습의 기본이다.

수학공부에도 정석이 있다. 기초체력 없이 기술만 익힌 운동선수는 오래갈 수 없다. 기초체력은 체질을 개선해야 나아진다. 그런데 하루아침에 개선할 수는 없다. 올바른 방법으로 꾸준히 노력하며 시간을 들일 때 가능해진다. 수학도 마찬가지이다. 당장의 결과에 일희일비할 것이 아니라 기초체력부터 점검해야 한다. 기본 개념과 용어를 꼼꼼히 정리하고 익혀야 한다. 학교든 학원이든 수업시간에 배운 것을 바탕으로 혼자 생각하고 고민하는 시간을 충분히 가져야 한다. 많은 문제를 혼자 힘으로 풀어봐야 한다. 처음에는 '좋은 점수'가 목표가 아니다. 수학에 대해 '좋은 감정'을 갖는 것이 목표이다. 자! 이제 기초체력을 키워보자.

사교육이 수학점수를 높여줄까?

초등학교 때는 수학공부를 조금만 열심히 해도 어느 정도 점수가 나온다. 그러니 정말 열심히 하면 언제든 상위권에 오를 수 있다는 착각에 빠진다. 그러다가 중학생이 된다. 이제 긴장도 하고 새로운 각오로 첫 중간고사를 준비한다. 그런데 기대한 점수가 나오지 않는다. 처음으로 각오를 다지며 노력했는데도 말이다. 차츰 자신감이 떨어지기 시작한다. 그리고 사교육을 받지 않는 학생의 경우, 대안으로 사교육을 찾는다. 반에서 수학 잘하는 아이들은 수년을 선행하고 있으니 주눅도 든다. 그런데 이것은 일종의 착시이다. 1등인 아이뿐만 아니라 꼴찌인 아이도 학원에 다닌다. 학원이 좋은 성적을 내는 절대적 변수가 아닌 것이다.

Q 사교육 없이 수학을 잘하는 게 가능할까요?

중학교 2학년인 아들을 둔 엄마이고, 직장에 다니고 있어요. 오늘 아들의 기말고사 성적이 나왔는데, 수학점수를 보니 입이 다물어지지 않아요. 아이 말로는 수학학원에 다니지 않는 애는 반에서 자기 혼자랍니다. 선생님이 설명하기도 전에 다른 애들은 척척 풀어낸대요. 우리 아이만 수학시간에 소외되고 있다는 게 무척이나 속상합니다.

선행학습 없이 학교진도에 따라 공부하는 게 맞다고 생각한 엄마 때문에 아이만 바보가 된 것 같아요. 원래 계획은 이번 여름방학에 1학기 내용을 복습하는 것이었는데, 2학기 내용을 선행해야겠다는 생각이 듭니다. 하지만 학원의 도움은 받지 않고 제가 도와주고 싶어요. 사교육 없이 효과적으로 공부할 수 있는 방법이 궁금합니다.

A 결과를 성급히 기대하지 마세요

아직 중학교 2학년이니 마음의 여유를 가지세요. 차근차근 다시 시작할 수 있습니다. 빨리 가는 것보다 제대로 가는 것이 중요합니다. 현재 수학점수가 원하는 만큼 나오지 않는다면 원인이 무엇인지 거슬러 추적해보세요.

수학은 단계적으로 조직되어 있습니다. 초등학교 6학년 과정을 잘 이해했다면 중학교 1학년 과정을 어렵지 않게 이해할 수 있습니다. 그런데 중학교 1학년 때 대충 공부했다면, 그 결과가 2학년 때 나타납니다. 시험기간에 열심히 공부했어도 성적은 바로 오르지 않습니다. 현재의 점수는 시험기간에 공부한 결과가 아니라 짧게는 6개월, 길게는 몇 년 치의 학습이 누적된 결과입니다. 따라서 성적을 올리고 싶으면 6개월 이상 꾸준히 공부해야 합니다.

너무 멀다고요? 많은 학생들이 노력하는 만큼 수학점수가 오르지 않는다고 생각합니다. 그것은 단기간에 성적이 오를 것이란 기대 때문입니다. 하지만 중간고사 후 열심히 한다고 당장 기말고사 때 점수가 오르는 경우는 드뭅니다. 눈에 보이는 성과가 없는데도 6개월간 꾸준히 한다는 것은 쉽지 않지요. 그러나 일단 6개월 뒤에 점수가 오르기 시작하면 이제 계속 오를 가능성이 있습니다. 반대로, 지금 수학성적이 좋다면 지난 몇 년간 수학을 잘했을 가능성이 높습니다. 꾸준히 공부한 결과입니다. 이런 경우에는 갑자기 성적이 떨어지지도 않습니다.

선행학습을 하지 않다가 성적이 떨어지게 되면 선행을 하지 않은 탓이라고 생각하기 쉽습니다. 그리고 학교진도에 맞추어 공부하면 뒤처진다고 생각합니다. 그러나 교사로서의 경험을 말씀드리면 대부분의 학생은 학원 수강 여부와 상관없이 학교 수업 내용을 제대로 이해하지 못합니다. 이는 우리나라 수학교육의 문제점이기도 합니다. 깊이 있는 사고 과정을 경험하며 수업하기에 공부할 양이 결코 적지 않기 때문에 학교수업을 따라가는 것은 절대 쉽지 않습니다. 선행학습보다는 복습을 철저히 할 필요가 있습니다.

우선은 복습에 더 많은 시간과 노력을 투자하라고 말씀드리고 싶습니다. 2학기에 받을 수학성적은 2학기 내용을 공부한 결과가 아니라 1학기와 이전 학년 내용을 잘 다진 결과이거든요. 꼼꼼히 복습을 한 다음, 여유가 있다면 2학기 내용을 예습하세요. 그리고 점수가 기대만큼 안 나오더라도 실망하지 말고 꾸준히 노력하도록 아이를 격려해주세요. 특히 수학은 목표에 도달하는 시간을 길게 잡아야 합니다.

속도와 정확성

수학을 잘한다는 것은 두 가지 요소에 좌우된다. 하나는 정확히 푸는 것이고, 다른 하나는 빠르게 푸는 것이다. 왜냐하면 시험을 통해 실력을 평가받기 때문이다. 수학시험은 결국 정확성과 속도를 측정하는 것이라고 볼 수 있다. 정확하게는 풀지만 시간 내에 풀지 못하거나 빠르게는 푸는데 답이 틀린다면 원하는 점수가 나오지 않는다. 대개 빠르게 푸는 아이들이 정확히 푼다. 빠르게 푼다는 것은 이해하고 있다는 뜻이기 때문이다.

Q 문제 푸는 속도를 높이는 방법이 있나요?

중학교 3학년인 아들은 학원, 과외, 인터넷강의 등 다른 도움 없이 학교수업만으로 공부하고 있습니다. 그러다보니 학습량이 적습니다. 그래서인지 문제 푸는 속도가 느려요. 시험시간 45분 동안 24~25문제 정도를 아주 빠듯하게 풉니다. 간혹 한두 문제를 못 풀기도 한답니다. 하지만 '실수'는 거의 없어요. 그리고 틀린 문제에 대해서는 틀린 이유를 잘 파악합니다. 속도가 느린 것에 다른 이유가 있는지, 해결 방법은 있는지 궁금합니다.

A 수학문제를 빨리 풀려면 많이 풀어봐야 해요

학교마다 시험문제 난이도가 다르긴 하지만, 평균적으로는 문제 푸는 속도가 느린 것은 아니라고 생각됩니다. 제시간에 25문제를 풀지 못하는 아이들이 많거든요. 45분 동안 25문제를 푼다는 것은 사실 교사에게도 쉽지 않은 일입니다. 하지만 시험을 더 잘 보려면 문제를 더 빨리 풀어야겠지요.

문제 푸는 속도를 높이는 핵심은 '숙달'입니다. 숙달은 같은 것을 '반복'할 때 생기는 익숙함이죠. 반복하여 익숙해지면 정확하고 빠르게 반응할 수 있습니다. 축구, 골프, 탁구와 같은 운동이 대표적인 예입니다. 수학은 논리적 사고를 필요로 하지만 습관적이고 직관적인 능력도 있어야 합니다. 사실 40~50분 동안 25문제를 깊이 생각하게 되면 20문제도 풀기 어렵습니다. 소위 기계적으로 푼다고 하지요. 이를 위해서는 쉬운 문제든 어려운 문제든 많이 푸는 것이 필요합니다. 단 개념과 원리를 충분히 이해한 다음에 빨리 푸는 것을 연습해야 합니다. 처음부터 빠르게 많이 푸는 것에 초점을 두면 실수나 오개념이 많아지게 됩니다. 문제 푸는 속도를 높이기 위해서는 다음을 알아두세요.

① 유형을 파악해 익숙해져야 합니다.

문제를 많이 접하다보면 유형이 보입니다. 예를 들어, 방정식에서 농도를 구하는 문제는 다양해 보이지만 잘 보면 몇 가지 유형으로 분류할 수 있습니다. 유형을 파악하지 않으면 문제를 풀 때마다 헷갈리게 됩니다. 문제만 풀 것이 아니라 메타적 사고방식을 통해 유형을 찾아내고 풀이 방법에 접근하는 것이 필요합니다. 옷을 종류별로 서랍에 분류하면 찾기 쉽듯이 유형을 익히면 더 빨리 풀 수 있습니다.

② 해답집을 활용합니다.

해답집은 누가 만든 것일까요? 당연히 해당 문제집의 저자입니다. 즉 수학을 잘하는 사람의 풀이 방법이지요. 단지 답을 확인하려 해답집을 펴볼 것이 아니라 '나보다 잘하는 사람은 이 문제를 어떻게 풀었을까?' 하고 생각하며 해답집의 풀이와 자신의 풀이 과정을 비교해보는 것도 좋은 방법입니다. 보통은 해답

집에서 틀린 문제만 확인하고 마는데, 답이 맞았더라도 자신의 풀이 방법과 비교해보세요. 단순히 답만 보는 것이 아니라 풀이 과정을 보는 것입니다. 그 과정을 통해 자신과 다르게 푼 부분이 있는지, 왜 그렇게 풀었는지를 생각해보세요.

③ 푸는 순서를 달리합니다.

시험지를 받으면 쭉 훑으면서 어려워 보이는 문제를 표시합니다. 그러고 나서 쉬운 문제부터 풉니다. 그러면 효율적으로 시간을 안배할 수 있습니다. 시간이 덜 걸리겠지요. 시간이 부족해서 아는 문제를 풀지 못하는 경우도 줄어들 테고요.

④ 푸는 시간을 정해놓습니다.

집에서 혼자 풀 때는 긴장감이 떨어져 시간을 넉넉히 쓰게 되는데, 실제 시험시간과 동일한 조건에서 풀어보는 연습이 필요합니다. 보통 학교 시험문제는 25문제 이하, 시험시간은 45분입니다. 그럼 한 문제당 1.8분을 배분해야 합니다. 문제집에서 15문제를 푼다면 15(문제)×1.8(분)=27(분)이므로 15문제를 27분만에 푼다고 생각해야 하는 것입니다. 하지만 이 방법은 문제푸는 속도를 높이기 위해 연습할 때만 제한적으로 사용해야 부작용을 예방할 수 있습니다. 평소 공부할 때는 개념 이해나 사고 연습에 방해가 되지 않는 속도로, 그러니까 집중하는 데 어려움이 없는 속도를 유지해야 합니다.

⑤ 뭐니 뭐니 해도 많이 풀어보는 것이 유리합니다.

수학적 사고력이 뛰어나지 않은 경우, 처음 보는 유형의 문제를 바로 풀 수 있는 학생은 많지 않습니다. 그런데 25문제를 45분에 풀어내려면 문제를 읽자마자 바로 손이 움직여야 합니다. 대부분의 유형에 익숙해져 있어야 하는 것입니다. 정확히 푸는 것도 중요하지만 제시간 안에 풀지 못하면 아무 의미가 없습니다. 물론 효율도 중요하겠지요. 노련미는 다양한 연습에서 나옵니다. 덧붙이자면 무작정 많은 문제를 풀라고 요구하기보다는 자투리 시간을 활용하는 등 자연스럽게 문제 푸는 시간을 늘릴 수 있는 방법을 아이와 함께 찾아 시도하기 바랍니다.

수학학습에서의 페이스 조절

결승선에 먼저 도착하는 방법에는 두 가지가 있다. 첫째, 먼저 뛴다. 여유 부릴 것 없이 한 발이라도 먼저 내딛는 것이다. 먼저 뛰면 먼저 들어올 수 있다는 단순한 생각 때문에 많은 아이들이 '선행학습' 경쟁에 내몰린다. 둘째, 더 빨리 뛴다. 똑같이 출발한다면 더 빨리 뛰어야만 결승선에 먼저 도착한다. 그러나 빨리 뛰는 것만이 능사가 아니다. 핵심은 '페이스 조절'이다. 선수의 역량을 시합에 모두 쏟아내려면 페이스를 조절해야 한다. 너무 빨리 지치거나 결승선에 도착해서도 전혀 힘들지 않다면, 페이스 조절에 실패한 것이다.

수학은 예민한 경기이다. 먼저 뛴다고 해서, 빨리 뛴다고 해서 쉽게 우승할 수 있는 경기가 아니다. 어느 초등학교 야구부 감독이 이런 이야기를 했다.

"어릴 때 두각을 나타내다가 갑자기 사라지는 선수가 있어요. 감독 중에는 우승 실적 때문에 어린 투수들을 혹사시키는 경우가 있는데, 직구보다 변화구를 많이 연습시켜요. 아직 어린 선수들은 변화구에 익숙하지 않으니까 변화구만 잘 써도 우승 확률이 높아지거든요. 그런데 아직 근육과 뼈가 다 자라지 않았기 때문에 변화구 연습을 많이 하면 몸이 상할 수밖에 없지요. 한창 뛰어야 할 20대 이후에 전성기를 뒤로하고 내리막을 타는 이유가 됩니다."

다른 아이들보다 더 먼저, 더 빨리 뛰게 하려는 부모의 욕심 때문에 아직 준비가 덜된 우리 아이들이 변화구를 연습하고 있는 것은 아닐까?

다른 아이 얘기에 휩쓸리다보면 길을 잃게 된다. 다른 아이가 아니라 내 아이의 학습 수준과 흥미를 고려해야 한다. 최고가 되게 하는 것보다 내 아이가 잠재력을 최대로 발휘할 수 있게 도와주는 것이 정석이다.

수포자(수학포기자) 방지하기

급할수록 돌아가라는 말이 있다. 자녀교육에 있어서도 기다림과 인내가 필요하다. 학습에 대한 지나친 기대와 학습량은 수학에 대한 거부감을 키울 수 있다. '학습 정서'가 건강해야 한다. 키를 키우겠다고 과식하면 비만이 되는 것처럼 공부에도 적당한 양이 있다.

Q 학교진도를 따라가지 못하는 아이, 어떻게 도와야 할까요?

아들이 이제 초등학교 2학년이 됩니다. 수학 방문학습지를 하고 있는데 학교진도보다 낮은 단계여서 어려워하지는 않습니다. 그래도 시험점수가 잘 나오지 않아서 제가 가르쳐보다가 수학학원에 보냈습니다. 두 자리 수 더하기를 어려워하는데 설명을 해줘도 다시 제자리입니다. 10이 넘어가면 자기 손가락 열 개에 제 손가락까지 보태서 계산하려고 합니다.

선생님의 설명이 어렵다며 학원을 그만두고 싶어 하지만 그래도 꾸준히 보내야 학교진도를 따라가지 않을까요?

A 독서를 통해 수학적 이해력을 키우고 흥미를 유지하는 게 중요해요

초등학교 1학년 때 배우는 기본적인 수학 개념은 사실 학교에 입학하기 전에 습득한 것입니다. 일상생활에서 장난감이나 먹을 것의 개수를 세어보고 더하고 빼면서 자연스럽게 알아낸 개념이지요. 그런데도 이 기본적인 수학 개념을 잘 이해하지 못한다면 그 이유는 무엇일까요?

① 정형화된 문체나 물음에 답하는 것이 어렵기 때문입니다.

교과서의 글은 정돈된 형태로 제시됩니다. 답도 정돈된 형태여야 하지요. 형식화된 문체나 물음을 익히는 데 가장 좋은 방법은 두말할 것도 없이 '독서'입니다. 지금 당장의 점수에 흔들리지 말고, 장기적으로 독서를 통해 사고력과 이해력을 길러야 합니다. 넓게 파야 깊이 팔 수 있으니까요.

② 추상화 능력이 부족하기 때문입니다.

'나무에 파랑새 한 마리가 앉아 있는데 노랑 새, 빨강 새가 한 마리씩 날아와 앉았습니다. 나무에는 몇 마리의 새가 있을까요?' 이 문장을 추상화하는 과정이 수학입니다. 이 긴 문장이 수학에서는 '1+1+1'로 간단하게 표현됩니다. 이것이 기호화입니다. 수학은 결국 긴 문장으로 표현할 것을 '+, −, =' 등의 기호를 사용하여 상징적으로 나타냅니다.

아이의 수학점수를 높이기 위해 무엇이 필요한지를 생각하기 전에 무엇이 부족해 수학점수가 낮은지를 살펴보세요. 지금은 당장 열매를 맺으려고 애쓰기보다 비옥한 토양을 만들어야 하는 중요한 시기입니다. 무엇보다 수학에 흥미를 잃으면 치명적입니다. 몰입할 수 있는 힘을 길러주기 위해 아이가 생활리듬 안에서 규칙적으로 활동할 수 있게 해주고 공부가 재미있다는 것을 느낄 수 있도록 해주세요.

방임과 자기주도 사이에서

　스스로 공부하는 것보다 더 좋은 방법은 없다. 스스로 공부하면 아이는 행복해지고 공부의 효율성도 높아진다. 하지만 스스로 하는 것은 웬만한 의지가 아니고는 어렵다. 그래서 자기주도학습을 위해 내버려두는 것이 자칫 방임이 될 수 있다. 아이가 어리거나 의지가 약하다면 공부의 틀이 잡힐 때까지 부모가 도와주어야 한다. 물론 쉽지 않다. 제일 쉬운 방법은 남에게 맡기는 것이다. 즉 사교육에 맡기는 것이다. 그러나 사교육에 맡긴다고 다 되는 것이 아니다. 잘하고 있는지 부모가 점검해주고 도와주어야 한다.

Q 사교육 없이 혼자 하는 학습, 잘하고 있는 건가요?

　초등학교 2학년 아이입니다. 1학년 땐 연산을 힘들어 해서 학원에 보냈는데, 지금은 무리 없이 잘 따라가는 것 같아 안 보내고 있습니다. 집에서 문제집만 한 권 풀게 하고 있는데, 잘하고 있는 건지 모르겠어요. 그것도 매일 몇 장씩 풀라고만 하고 풀었는지 확인은 안 합니다. 다른 엄마들은 매일 붙들고 앉아서 시킨다는데, 그렇게 하면 아이도 싫어하는 것 같고 저도 스트레스를 받아서 '스스로 하겠지?'라고 생각하고 있는데 잘하고 있는 건가요?

A 많이 하는 것보다 스스로 할 수 있도록 도와주세요

　다른 엄마들처럼 매일 곁에서 지도해주지 않으니 걱정되시죠? 아이가 스스로 알아서 하길 바라는 것은 모든 부모의 바람일 것입니

다. 그런데 아이들이 스스로 잘하는 것은 거의 '노는 것'뿐입니다. 아이들은 내버려두면 노는 것 외에는 잘 하려고 하지 않습니다. 보통의 아이들은 언제 공부할까요?

① 부모가 강제로 시킬 때
② 공부를 통해 뭔가 얻게 될 때(예를 들어 공부를 하면 보상이 있는 경우)
③ 공부가 재미있을 때(가장 이상적인 최종 목표겠죠.)

그런데 부모에게는 넷째 이유가 있습니다. 아이의 '미래'입니다. '지금 잘하지 않으면 고학년이 돼서, 중·고등학교에 가서 어려울 텐데.' 하며 미래를 걱정합니다. 하지만 아이들은 미래를 생각할 만큼 조급하지도, 멀리 볼 능력도 없습니다. 이 부분에서 부모와 갈등이 생기지요. 고등학생들도 다들 공부가 필요한 것은 알지만 거부감과 스트레스가 크기 때문에 자포자기하는 학생이 많은 것입니다.

미래의 일을 들먹이며 '공포심'을 주면서 공부를 시키는 것은 부작용이 더 큽니다. 예컨대, '그렇게 공부해서 앞으로 뭐가 되겠니?' 등의 말은 공부를 스스로 하도록 만드는 데 별 효과가 없습니다. 그러나 부모들이 실제로 많이 하는 말입니다.

아이의 공부도 부모가 뿌린 대로 거둡니다. 자기주도학습도 좋지만 습관이 들 때까지는 부모의 노력이 필요합니다. 공짜가 없지요. 처음에는 다음의 세 가지 정도를 할 수 있도록 점검해주세요.

① 계획 세우기

자신을 잘 알아야 학습계획을 세울 수 있습니다. 따라서 시행착오를 거치게 됩니다. 대부분의 아이들은 자신의 능력을 벗어나는 범위의 계획을 세워 실패합니다. 계획을 세울 때는 '실천 가능한 양'을 '구체적으로' 세우는 것이 중요합니다. 공부 잘하는 아이들은 계획표만 봐도 알 수 있어요.

② 결과 점검하기

반성은 자신을 발전시키는 좋은 기회입니다. 따라서 계획대로 공부했는지 확인하고, 공부한 것을 다시 풀고 검토하는 일은 매우 중요합니다. 여기에서 자신의 부족한 점을 발견하게 되지요. 그러나 반성이 없는 학생은 늘 똑같은 실수를 반복합니다.

③ 문제점을 해결하기 위해 상의하기

이 과정은 아이에게 부모가 나의 든든한 지원자라는 인식을 심어줍니다. '부모님은 나를 늘 도와주고 믿어주고 격려해주고 칭찬해주는 분이구나.'라는 생각을 갖게 해야 합니다. 이런 생각을 가진 아이는 자존감이 높고 부모의 꾸중에도 쉽게 수긍합니다. 처음부터 꾸중만 들으며 큰 아이는 남의 비판에 쉽게 흥분하고, 울고, 분노하며, 잘못을 고치려고 하지 않습니다.

물론 이 모두가 쉬운 일이 아닙니다. 그러나 이러한 과정 없이 혼자서 잘하기도 어려운 일입니다. 처음에는 부모가 도와주는 영역이 많다가 차츰 익숙해지면 아이 스스로 위의 일들을 할 수 있도록 해주세요. 힘들다고 어릴 때부터 방치하거나 타인에 의해 짜여진 사교육에 의존하게 하면 나중에 가서는 혼자서 아무것도 할 수 없는 아이가 됩니다.

부모는 좋은 환경이 되어주어야 합니다. 한석봉의 어머니는 직접 한석봉을 가르치진 않았지만 옆에서 늘 열심히 떡을 써는 모습을 몸소 보여주었습니다. 떡을 써는 정성이나 붓을 놀리는 정성이나 다 같은 정성이 필요하겠지요.

습관의 힘

약한 의지를 대신할 수 있는 것은 무엇일까? 바로 습관이다. 습관은 행동의 경향성이다. 무의식적으로 일정한 행동을 반복하는 것이 습관이다. 의지가 약한 아이의 공부를 잡아주기 위해서는 초기에 습관을 들여야 한다.

사교육을 적절하게 활용할 수도 있다. 예를 들어 엄마가 7시에 퇴근한다면 5~7시에 학교방과후 수업, 학습지, 학원 등을 선택해서 활용한다. 그리고 7시에 식사를 하고, 휴식 시간을 갖고, 8시 이후에는 혼자서 공부한다. 한두 시간 후인 9~10시에는 부모가 자녀의 학습을 점검하고 도와줄 수 있다. 하지만 학원에 다니는 경우, 학원수업은 두 시간 이내로 최소화하고, 학교 공부 복습시간을 매일 갖는 것이 좋다. 학원에서 공부하는 시간이 두 시간 이상 되면 수동적인 학습자가 되기 쉽다.

또 집중을 방해하는 것들을 통제해야 한다. 아이들이 집에서 공부에 집중할 수 없는 이유가 있다. 텔레비전, 컴퓨터, 핸드폰만이 아니다. 애완동물, 냉장고, 형제, 침대, 부모의 목소리, 공부 중간에 가져다주는 간식, 책상 위의 여러 가지 공부와 상관없는 물건 등이 집중을 방해한다고 아이들은 말한다. 일단 공부방에는 공부와 상관없는 불필요한 물건들을 치우자. 핸드폰은 공부방에 가져가지 말고 늘 거실에 두는 습관을 가져야 한다. 혼자 공부할 때는 심심하고 외롭기 때문에 계속 핸드폰을 확인하게 된다. 바로 누울 수 있는 침대보다는 이불을 사용하고, 컴퓨터는 거실에 둔다. 집에 혼자 있는 시간이 많은 아이일수록 컴퓨터게임이 큰 유혹이 될 것이다. 텔레비전은 안방으로 옮겨 소리가 공부방까지 새어나가지 않도록 한다.

부모도 집에 오면 쉬고 싶은 마음에 긴장이 풀어진다. 텔레비전을 틀고 소파에 파묻혀 늘어지기 쉽다. 특히 아빠들이 더 그렇다. 하지만 이러한 상황마저도 아이의 집중을 방해한다. 부모도 낮에 하루 종일 일하고 와서 피곤하지만 그건 아이도 마찬가지이다. 공부도 일이다.

선행학습의
유혹

　선행학습의 대표주자 하면 바로 수학이다. 교육열이 높은 지역일수록 수학 선행학습에 더 많은 시간과 비용을 쏟는다. 한 사교육 업체는 초등학생에게 고액의 수강료를 받으며 고등학교 수학을 가르치다가 적발되기도 했다. 하이힐이 아무리 예뻐도 초등학생에게 신겨서는 안 된다. 그것을 바라보는 부모의 마음은 흐뭇할지 몰라도 아이는 그것을 신고 뛰다가 발목이 삐끗하거나 부러질 뿐이다. 부모의 기대 안에 아이를 가둔다면 아이의 마음이 자유로울 수 없다. 마음이 자유롭지 않은 아이는 행복할 수 없다. 창의적일 수도 없다. 자기주도적일 수도 없다.

　아이들의 가장 큰 특징 중 하나는 활동성이다. 아이들은 잠시도 가만히 있지 못한다. 그러한 성향이 어른들을 힘들게 하지만 그것이 자연스러운 아이의 모습이다. 아이에게는 마음껏 뛰놀 힘과 권리가 있으며, 그 속에서 건강한 정서와 풍부한 감성을 키우고, 뇌를 발달시킨다. 이러한 아이들에게 지나친 선행학습은 많은 부작용을 가져올 수밖에 없다. 타고난 영재가 아닌 이상 해당 연령을 넘어서는 학습을 감당하기란 쉽지 않다. 그 과정에서 '아이다움'이 사라진다.

수많은 일정을 소화하는 슈퍼키드의 원동력은 무엇일까? 아이들은 호기심 주머니를 가지고 태어난다. 그들이 보는 세상은 놀라움과 경이로 가득하다. 그래서 아이들은 질문을 달고 산다. '이건 뭐야? 저건 뭐야? 그건 왜 그런데?' 그 호기심이 배움의 원동력이 된다. 그런데 건물 안에 갇혀 문제풀이와 지식 암기만을 점검받는다면 아이들의 호기심은 채워질 수 없다. 호기심이 없는 아이는 세상에 질문을 던지지 않는다. 결국 지나친 선행학습은 수동적인 학습자, 지식의 암기자를 만들어낼 뿐이다.

수학, 빠를수록 좋다?

아이들은 재미있으면 하고 싶어 하고 재미없으면 하기 싫어한다. 어른들이 설명하는 동기나 가치는 쇠귀에 경 읽기이다. 그래서 싫어하는 활동을 강요하면 아이들은 그 활동에 대해서 부정적인 인식을 갖게 되고 시간이 지나도 그러한 인식은 쉽게 바뀌지 않는다.

Q 초등학교 입학 전에 수학공부를 얼마나 해야 할까요?

딸이 다니는 유치원에서는 아이들에게 수학을 가르치는데, 월요

일에는 같은 반 아이들끼리 수업하고, 수요일에는 상중하로 나누어서 수업합니다. 딸아이는 특별히 수학 사교육(학습지, 학원 등)을 받지 않아서인지 중급반에서 수업을 받고 있어요.

그런데 어느 날, 유치원에 다녀오더니 수학시간이 싫다고 하네요. 수학시간에 문제를 푸는데 잘 몰라서 선생님께 물었더니 "몇 번을 말해줘야 하니?"라고 했다는 거예요. 선생님의 그 말이 속상해서 울었답니다. 아이가 원래 뭐든지 잘하고 싶어 하는 성격이에요. 그런데 벌써부터 수학을 싫어하게 되면 흥미를 잃을까 걱정입니다.

현재 유아용 수학 문제집을 풀고 있고, 수학동화를 열심히 읽어주고 있습니다. 초등학교에 입학하기 전에 수학을 어느 정도나 알고 가야 하나요? 그리고 재미있게 접근하여 흥미를 잃지 않게 하는 방법은 무엇일까요?

A 아이의 발달단계에 맞는 경험을 제공해주세요

짧은 글이지만 아이가 받았을 상처가 다 느껴지는 듯합니다. 그리고 그 상처 때문에 또 상처받았을 엄마의 마음도 느껴집니다.

초등학교 입학 전에 많은 아이들이 사교육을 받으니 무조건 준비시킬 필요 없다고 하기도 어려운 현실인 것 같습니다. 그리고 일부겠지만 사교육을 받은 학생들 수준에 맞추어 수업을 나가는 경우도 있다고 하니 마음이 무겁습니다. 무엇보다 어린 나이에 벌써 수학에 대한 거부감을 갖는 것과, 다른 친구들과 비교하여 자신의 가치를 평가받는 상황에서 받은 상처가 걱정됩니다.

대부분의 사람들은 자신이 좋아하는 것을 계속하려 하고 잘할 수 있습니다. 반대로 싫어하는 것은 하기 싫고 잘할 수도 없겠지요. 따라서 어린아이일수록 재미있게 활동할 수 있도록 해야 합니다. 어떻게 해야 할까요?

첫째, 난이도가 적절해야 합니다. 사람의 뇌는 너무 쉬운 것에는 흥미를 느끼지 못하고 금세 싫증을 내게 됩니다. 반면 너무 어려운 것에는 거부감을 느끼거나 포기하게 됩니다. 따라서 일곱 살 수준 (집중력, 흥미, 인지적 수준, 학습량)을 고려한 과제가 주어져야 합니다. 이때 뛰어나게 잘하는 아이들과 비교하면 정확한 수준을 파악하기 어렵습니다.

둘째, 스스로 해야 합니다. 아무리 재미있는 일도 주변에서 강요하면 하기 싫은 법입니다. 물론 스스로 하게 한다고 해서 마냥 내버려두는 것도 안 됩니다. 아이들은 내버려두면 그냥 매일 놀 것입니다. 어른들도 내버려두면 마냥 놉니다. 따라서 스스로 할 수 있는 외적 환경을 부모가 만들어줘야 합니다. 스스로 할 수 있게 하기 위해 부모가 해야 할 가장 중요한 것은 '기다림'입니다. 답답한 마음에 자꾸 개입하면 강요하게 되고 짜증 부리게 되고 실망하게 되고 그런 감정이 아이에게 전이되어 아이는 자신을 무능하고 가치 없는 존재로 인식하게 됩니다. 물론 자신감도 잃고 맙니다.

빨리 하라고 다그치지 말고 아이가 하고 싶어 하는 때를 기다리고, 그 마음을 존중해주세요. 동시에 아이의 흥미를 자극하여 하고자 하는 마음이 들도록 도와주세요.

아이의 인지적 특성에 맞지 않는 설명이 문제가 될 수도 있습니다. 이 나이의 아이들은 구체물을 통해서 사물의 특성을 인지합니다. 따라서 많이 조작해보는 활동을 통해서 수학을 배워야 합니다. 그러나 진도를 나가는 것에 급급하여 문제풀이가 주가 될 때는 조작활동을 많이 할 수 없습니다. 따라서 아이에게 아무리 설명을 반복해도 알 수 없는 것입니다.

부모가 가르쳐야 할 것은 선행학습이 아니라 학습할 수 있는 마음가짐입니다. 그것은 세상에 대한 긍정적인 마음, 집중력, 도덕성, 바른 자세입니다. 이것이 갖춰지지 않으면 모래 위에 성을 쌓는 것입니다. 주변의 아이들이 앞서 간다고 불안해하지 마세요. 언 발에 오줌 누기처럼 당장은 효과를 볼지 모르나 더 큰 어려움을 겪을 수 있습니다. 아이가 수학을 '더 즐거워하며 잘하길' 기대한다면 '지금 당장 잘하길' 바라는 것은 포기하세요.

선행학습의 착각

중학교 입학을 앞두고 있는 초등학교 6학년 교실에서는 중학교 수학문제를 푸는 아이들을 심심찮게 볼 수 있다. 우리 아이는 학교수업도 제대로 못 따라가는 것 같은데 다른 아이들은 벌써 중학교, 고등학교 수학을 하고 있다면 불안하지 않을 수 없다. 이러한 불안감으로 선행학습의 대열에 동참하게 된다.

한 대학교수는 선행학습을 '극장에서 서서 보기'라 표현했다. 모두가 앉아서 볼 수 있는 영화를 앞사람이 서서 보는 바람에 바로 뒷사람이 서게 되고, 이러한 현상이 연쇄적으로 일어나면서 결국 극장의 모든 사람이 서서 영화를 보게 된다는 것이다. 자기만 앉아 있으면 영화를 볼 수 없으니 울며 겨자 먹기로 일어설 수밖에 없는 것이다.

그런데 여기에서 우리가 놓치지 말아야 할 점이 있다. 실제 초등학교에서 중학교 또는 고등학교 수학을 공부하는 아이가 항상 그 반에서 수학을 제일 잘하는 아이가 아니란 사실이다. 이상하게도 중·고등학교 수학문제를 푸는 아이들이 제 학년의 수학 단원평가를 보면 두세 개씩 틀리거나 평균 이하의 점수를 받는 경우가 있다. 보통 한 반에 다 맞는 아이가 서너 명은 나오는 정도의 난이도인데 말이다. 이 사실은 무엇을 말해줄까?

선행학습을 하는 많은 아이들이 기본적인 개념이나 원리도 모른 채 상위 학년 수학의 문제풀이 과정만을 모방하고 있는 것이다. 많은 부모들은 이러한 자녀들이 중·고등학교에 가면 수학성적이 쑥 오를 것이라 기대한다. 설상가상으로 지나친 선행학습에 길들여진 아이들은 다 이해했다는 착각에 수업을 소홀히 하게 된다. 모든 피해는 결국 아이의 몫이다. 이 아이들은 학교수업도 따라가지 못하고, 학원에서는 또 다른 선행학습으로 무의미한 시간을 보내게 된다. 결국 어디에서도 도움을 받지 못하는 최악의 상황에 빠지게 된다.

그래서 '사교육걱정없는세상'에서는 선행학습(교육)을 '효과 없고', '반칙이며', '학교 교육을 망치는' 나쁜 관행이라 보고 규제하는 운동을 하고 있다. 학습자 개인을 규제하는 것이 아니라 선행학습을 유발하는 요인인 학교의 빠른 진도, 진도를 넘어선 어려운 학교 시험, 대학입시의 고교 진도 바깥 시험, 학원 등 사교육 기관의 선행학습 광고 등을 규제할 수 있는 법안을 만들어 정상적인 교육과정을 벗어나 진도 경쟁을 부추기는 선행학습(교육) 관행을 바로잡으려 한다. 이러한 제도적인 개혁이 뒷받침될 때 아이들이 진도 경쟁의 부담을 덜고 정상적인 교육과정에 맞춰 정정당당하게 실력을 쌓아나갈 수 있을 것이다. 혹 모두가 다 진도 경쟁을 하고 있는 지금은 어쩔 수 없이 선행학습을 해야 하지 않느냐고 억울함을 호소할 수도 있겠다. 그러나 아무도 멈추려 하지 않는다면 도대체 언제, 어떻게 공교육의 회복을 꿈꿀 수 있을까? 또 부모의 양심적인 태도와 선택이 아이에게 어떤 인격적인 영향을 줄 것인지를 생각해보자. 옆집도 하니까 나도 해야겠다며 불안해하는 모습이 아이의 눈에 어떻게 비춰질지 돌아보자. 좋은 성적은 학습기술과 학습량에만 달려 있지 않다. 삶에 대한 긍정과 정직한 태도가 바탕이 되어야 학습기술과 학습량을 뛰어넘는 좋은 결과를 낼 수 있다는 것을 기억하자.

〈선행교육 규제에 관한 법률〉 제2조에서는 '선행교육'을 교육과학기술부가 정한 교육과정(이하 '국가 교육과정') 및 이에 근거하여 편성·운영되는 학교 교육과정(이하 '학교 교육과정')에 앞서서 교육 관련 기관이 제공하는 교육(예·체능, 기술·가정은 제외한다.)으로 정의하고 있다. 동시에 '선행학습'은 학습자가 학교 교육과정에 앞서서 하는 예습이 아닌 학습을 말한다. 따라서 학교와 학원 등에서는 다음 시간(내지 다다음 시간)에 학습할 사항을 미리 조사하고 연구하는 예습의 행위를 넘어 학교진도에 앞서 제공되는 일체의 교육 프로그램은 제공하면 안 된다. 6개월, 1년 선행은 말할 것도 없고 1개월 앞선 선행교육도 제공하지 말라는 것이다. 이를 위해서 학교 및 사교육 기관은 학교의 정상적 교육과정에 맞추어 학생들의 부족한 부분을 보충해주는 교육 프로그램을 제공하는 일에만 서비스를 집중해야 할 것이다. 이는 학원이 학생들의 학습에 실질적인 도움을 제공하라는 요구인 동시에 학원이 본래 제 역할을 찾는 길이 될 것이다.

방학은 선행학습의 계절?

자기 주관 없이 남이 한다고 덩달아 따라하는 사람을 가리켜 '남이 장에 간다고 하니 거름 지고 나선다.'고 한다. 선행학습을 하는 많은 경우가 이렇지 않은가. 교육열이 높은 지역일수록 선행학습은 선택이 아닌 필수가 된다. 선행학습이 도움이 된다는 주변 엄마들의 이야기가 들리면 우리 아이도 선행학습을 시켜야 하는지 고민하지 않을 수 없다. 그런데 여기에서 따져봐야 할 것이 있다. 선행학습은 현재 배우는 내용보다 더 어렵고 더 많은 내용을 소화해야 한다는 것인데, 선행학습이 보통의 아이도 할 수 있는 것일까? 선행학습에 앞서 고려할 것은, 우리 아이가 현재 학교수업을 잘 이해하고 따라 하고 있느냐이다. 많은 부모들이 이러한 판단 없이 남이 하니까 덩달아 따라 하고 있다.

Q 중학교 2학년 겨울방학을 어떻게 보내면 좋을까요?

제 주변 사람들은 거의 모두라고 해도 과언이 아닐 정도로 아이에게 학원, 과외 등의 사교육을 시키고 있습니다. 사교육의 힘을 빌리지 않고 스스로 공부하려면 아이나 부모에게 얼마나 엄청난 인내심이 필요한지 큰아이를 지켜보며 많이 느끼고 있습니다.

아이가 가끔, 공부 잘한다는 친구들 대부분은 수학 고등 선행학습을 중학교 1학년 때부터 시작했으니 진도가 많이 나갔을 거라는 이야기를 합니다. 그럴 때마다 전 그 아이들이 고등학교에 가서 모두 100점 맞는 것은 아니라고 말해주지만 돌아서서는 불안해하는 모순을 가진 엄마입니다.

아들은 개념, 응용, 심화의 순서를 두세 번 반복하면서 한 학기 예습은 꼭 하지만 그 이상은 더 할 엄두를 내지 못하고 있어요. 다른 과목 공부에 독서도 해야 하니까요.

이제 서서히 고등수학까지 생각하지 않을 수 없으니 고민입니다. 중학교 3학년이 되기 전 겨울방학 때 어떻게 준비하면 고등학교에 진학하고서도 수학에서 좋은 결과를 얻을 수 있을까요?

A 냉정한 판단 후에 아이에게 맞는 선택을 하세요

아이가 수학을 착실히 공부해왔으니, 이번 방학에는 수학 관련 독서에 집중하면서 문제풀이를 하도록 지도하면 좋을 것 같습니다. 앞으로는 인문학적 배경이 모든 과목에서 중요하게 적용된다고 합니다. 고등학교에 가면 독서할 시간이 매우 부족할 테니 방학 때 수학, 과학 관련 책을 읽어두면 실제 입시에서도 이과형 면접에 대비할 힘이 생깁니다.

어머님의 판단대로 제 학년 심화학습까지 충분히 소화되어 있다면 다행입니다. 제가 현장에 있을 때, 선행학습을 하면서도 정작 제 학년 서술형 평가를 풀어내지 못하는 아이들을 많이 만나봤거든요. 선행학습을 통해 대충 아는 것인지 아니면 아이가 학습과 반복을 통해 자기 것으로 습득한 것인지 냉정히 판단해야 합니다. 혹 이미 알고 있다고 생각하는 내용에 허점이 있다면 난이도가 있는 문제로 다지기를 해야 할 것입니다.

또한 아이 스스로 매일 한 문제라도 끝까지 포기하지 않고 풀어내는 힘을 길러야 합니다. 얼마나 많이 선행학습을 했느냐가 중요한 것이 아니라 하나라도 스스로의 힘으로 해내는 것이 더 중요하겠지요.

한 가지 더, 교재 선정의 원칙만을 나누겠습니다. 아이의 상황을 고려하여 아이가 선행학습보다 심화학습으로 기본기를 탄탄하게 다져나가도록 하는 데 도움이 되면 좋겠습니다.

① 개념서

교과서와 개념을 찬찬히 설명해주는 교재 한 권을 병행하는 게 좋습니다. 한 권을 두세 번 복습하여 개념을 자기 것으로 만들어야 해요.

② 응용서

사실 개념서의 모든 문제를 풀다보면 응용력도 어느 정도는 키울 수 있지만, 문제를 다양하게 풀어보는 것이 필요하겠지요.

③ 도전할 수 있는 수준의 문제집

자기 수준보다 높은 문제로 훈련하는 단계이지요. 양보다 질입니다. 한 문제라도 스스로 풀어가야 합니다. 한 문제씩 자기 것으로 하다보면 어느 순간 속도도 나기 시작할 것입니다.

'개념-응용-도전 문제', 이렇게 3종 세트로 구비해야겠지요. 문제집은 아이와 함께 대형서점에 들러서 스스로 선택하는 것이 동기 부여가 됩니다. 모든 아이는 자기만의 방법과 속도가 있습니다. 아이들 중에도 수학적 이해는 느린데 어학이 강한 아이가 있고 수학적 이해는 빠른데 문학, 비문학이 너무 어렵다는 아이도 있습니다. 다른 아이와 비교하지 말고 내 아이에게 필요한 것이 무엇인지 파악하고 채우는 노력이 필요합니다.

수학,
혼자 힘으로 서다

　돌아가는 것이 지름길일 때가 있다. 먼 길을 걸어온 사람은 더 많은 것을 경험하게 된다. 아이들마다 운동, 미술, 음악 등에서 재능의 차이를 보인다. 그렇다면 수학은 어떨까? 똑같은 밥을 먹고도 더 빨리 달리는 아이가 있듯이, 똑같이 배워도 수학을 더 쉽게 이해하는 아이들이 있다. 수학적 이해가 뛰어난 것이다. 반면에 이해가 더딘 아이들도 있다. 그런데 왜 우리는 수학에도 재능의 차이가 있다는 것을 인정하지 못하는 것일까? 그것은 입시에서 수학의 비중이 너무 크기 때문이다.

　수학을 넘지 않고서는 학교에서 제대로 인정받기 어렵고, 원하는 대학에 입학하는 것도 거의 불가능하다. 운동이야 조금 못해도 운동선수가 되지 않는 한 크게 문제될 것이 없고, 미술을 못해도 화가

가 될 것이 아니라면 걱정할 것이 없다. 그러나 수학을 못하면 제약이 너무 많다. 그래서 아이의 수학적 재능에 상관없이 수학을 잘하길 바라고 그렇게 가르치는 것이다. 그 결과 수학을 잘하지 못하는 아이들은 좌절하고 자존감마저 꺾이게 된다. 그 아이들은 '수포자(수학포기자)'라는 이름으로 불리기도 한다.

그렇다면 수학을 못하는 아이들은 수학을 포기해야 할까? 달리기를 시켜보면 못 뛰는 아이들은 그 나름의 이유가 있다. 자신감 부족, 잘못된 자세, 맞지 않는 신발 등등 말이다. 이러한 문제점을 개선해주면 아이는 더 잘 뛸 수 있다. 그리고 나서 아이가 최선을 다해 뛰었다면 그 결과에 대해서는 격려해주고 만족할 수 있어야 한다. 이러한 태도가 수학에도 필요하다고 생각한다. 우리 아이가 최선을 다했다면 혹은 다하고 있다면 그 결과에 대해서 실망의 눈빛을 보여줘서는 안 된다.

모든 일에 있어 자신감이 반이다. 수학은 다른 어떤 과목보다도 주도적이고 자신감 있는 태도가 필요하다. 흥미와 자신감을 갖지 못하면 공부하는 시간을 아무리 늘려도 원하는 성과를 얻기 어렵다. 따라서 최선을 다하는 아이에게는 '격려'와 '기다림'이 필요하다.

스스로 하는 수학

아이가 사교육 없이 잘하고 있다 해도 부모의 불안은 어쩔 수 없다. '지금은 잘하지만 나중에 뒤처지는 것은 아닐까? 사교육을 하면 지금보다 더 잘할 수 있는 아이인데 그 기회를 빼앗는 것은 아닐까? 다들 하고 있는데 혼자만 안 해도 될까?' 등등의 질문이 마음을 어지럽힌다. 그런데 모든 활동에는 동기와 과정이 중요하다. 단순히 더 많은 사람들이 선택한다고 항상 최선은 아니다.

Q 잘하는 아이, 더 잘하게 도와주고 싶어요

중학교 2학년인 아들은 학원에 안 다니고 집에서 혼자 문제집을 풀면서 수학을 공부하고 있어요. 학원에 안 다니니까 시간적 여유가 있어서 축구, 독서 등 하고 싶은 것을 충분히 하고 있어요. 성적도 잘 나오는 편으로, 이번에는 전교 2등을 했어요.

전 아이가 나이에 맞는 생활을 해야 한다고 생각해요. 안 그러면 뭔가 부작용이 있을 것 같다는 생각이 들어요. 그런데 한편으로는 더 잘할 수 있는 아이를 그냥 두는 것이 아닌가, 지금 안 하면 고등학교 가서 뒤처지지 않을까 하는 걱정도 있습니다.

아이가 수학을 잘하는 편인데도 수학이 재미있다는 얘기를 안 하니, 더 걱정이 되네요. 좀 느슨해도 지금도 잘하고 있으니 혼자 하는 것이 좋을까요? 아니면 과외를 하면서 실력을 쌓아주어야 할까요? 실력이 더 쌓이면 수학에 재미를 느끼게 되지 않을까요?

A 수학은 스스로 문제를 해결하면서 재미를 느끼는 과목이에요

수학을 잘하려면 시행착오를 많이 거쳐야 합니다. 시행착오를 거치면서 다양한 문제에 대응하는 힘이 생기지요. 그런데 일방적으로 듣는 학습은 '시행'은 있지만 '착오'는 없습니다. 그 시행도 교사나 강사의 시행이지 학생의 시행이 아닙니다. 교사는 미리 답을 알고 준비해오기 때문에 착오가 없습니다. 이런 수업을 듣다보면 강사의 실력을 자신의 것으로 착각합니다.

수학을 공부한다는 것은 시행착오의 과정을 반복하며 답을 찾을 수 있는 안목을 기르는 것입니다. 따라서 지금처럼 계속 지도하는 것도 좋습니다. 다만, 혼자 공부하는 학생들이 극복해야 할 세 가지 문제가 있습니다.

① 꾸준히 공부하지 않는다는 것입니다.

꾸준히 한다는 것은 매일 규칙적으로 한다는 뜻과 일정한 분량의 공부를 한다는 것을 의미합니다. 혼자 공부하는 학생들은 외부의 간섭이나 정해진 시간 안에 해야 할 과업이 적기 때문에 상대적으로 느슨하게 공부하기 쉽습니다.

② 학습량이 상대적으로 적습니다.

혼자 공부하는 경우 목표량을 본인이 정하기 때문에 자신에게 관대해지기 쉽습니다. 그래서 적당히 하고선 '이 정도면 많이 했지.' 하며 스스로 위안합니다. 주변에 경쟁자도 보이지 않으니 조급함도 덜하고요.

③ 어려운 문제를 회피하는 경향이 있습니다.

혼자 문제를 풀 때는 도와주는 사람이 없기 때문에 어려운 문제가 생겨도 주변의 도움을 쉽게 받을 수 없습니다. 따라서 어려운 문제는 넘어가거나 조금 시도하다 정답을 보는 경우가 많습니다. 이렇게 되면 아는 문제, 쉬운 문제만 풀게 되고 그 결과 공부한 만큼 성적이 안 나오게 됩니다. 왜냐하면 실제 시험에서는 변별도를 위해 보통 두세 문제는 조금 더 어렵게 내는데 어려운 문제를 기피하는 학생은 이러한 문제를 풀 수 없기 때문입니다.

수학을 혼자 공부하더라도 이 세 가지 문제만 극복한다면 사교육에 의존하는 경우보다 훨씬 높은 성취도를 얻을 수 있습니다. 대부분의 학생은 이것들이 안 되기 때문에 학원에 다니는 것입니다. 운동을 하지 않는다고 영양제를 먹어 건강을 지키려는 방법은 어리석은 것이지요. 수학은 스스로 문제를 해결할 때 참 재미를 느끼는 과목입니다. 또한 그러한 과정을 거쳐야만 실력이 쌓일 것입니다.

집중력과 수학

집중력은 자신이 좋아하지 않아도 가치(필요) 있다고 판단하는 일에 몰두할 수 있는 능력이다. 많은 부모들이 아이가 자신이 좋아하는 일에 몰두할 때 집중력이 있다고 생각한다. 그런데 그런 아이들도 교실에서는 '산만한' 경우가 많다. 즉 자신이 관심 있는 것에는 집중을 잘하지만 그렇지 않은 경우에는 산만해지는 것이다. 교실은 학생들의 선택에 의해서가 아니라 주어진 교육과정에 따라 집단적인 학습이 이루어지는 공간이다.

관심 없는 것에 집중하기 위해서는 만족지연능력이 필요하다. '만족지연능력'은 더 큰 만족을 위해 현재의 만족을 포기할 수 있는 능력이다. 만족지연능력이 높은 아이일수록 공부를 잘한다. 공부를 잘하는 아이들은 노는 것을 싫어하는 것이 아니라 더 큰 가치를 위해 놀고 싶은 것을 참는 것이다. 작은 만족을 포기하면 더 큰 만족이 기다리고 있다는 사실을 체득했기 때문이다.

Q 수학에 흥미가 없는 아이, 방법이 있을까요?

딸이 초등학교 3학년인데, 며칠 전 중간고사 시험 중에 딴생각을 하면서 발장난을 하다가 시험지 뒷장을 거의 못 풀었나봅니다. 원래 아이들이 연산을 싫어하긴 하지만 제 딸은 유난히 싫어하고 시험 전에도 수학 공부를 하지 않으려고 온갖 잔꾀를 쓰더라고요. 그래서 그냥 하는 대로 놔두었더니 이런 결과가 나왔네요. 수업시간에 손장난과 딴생각을 하며 특히 흥미 없는 수업에서는 그것이 심한 걸 알고는 있었는데, 이번 시험 때문에 수학에서 아예 멀어지게 될까 봐 두렵습니다. 아직 시간은 있다고 생각하지만요.

책 읽을 때는 속도와 양 면에서 저보다 더 앞서기 때문에 어른들이 읽는 활자가 작고 두꺼운 책도 제법 오래 읽습니다. 역사책이나 철학책의 경우는 대충 읽는다고 생각했는데 내용을 저보다 잘 기억하고 '왜 그랬을까?' 하는 질문도 많이 합니다.

뇌가 어느 부분에 치우친 경우는 아닐까 생각되어 뇌훈련센터에도 다녀보았습니다. 수학에 흥미가 없다고 해서 어떻게든 재미있게 해보려고 노력하였는데, 잘 되지 않네요. 사실 수학은 연산 훈련이 되어야 하는데, 단순 반복되는 게 너무 재미없고 귀찮다니, 어떻게 해야 할까요?

배운 걸 스스로 익혀서 자기 것으로 만드는 게 공부라고 차근차근 설명하니 잘 알아듣긴 하는데, 막상 책상에 앉아서 문제를 대하면 싫증부터 내는 표정이에요.

A 규칙적인 생활습관을 갖게 하여 집중력을 길러주세요

아이가 좋아하는 것에는 집중을 잘하는데 수학에는 집중하지 못해서 걱정이시군요. 아직 초등학교 3학년이니 앞으로 좋아질 수 있는 기회는 많다고 봅니다.

대부분의 아이들이 좋아하는 것에는 오랫동안 집중하지만, 싫어하는 것에는 잠시도 집중하지 못하는 경향이 있습니다. 좋아하는 것은 주변에서 말려도 더 하려 하고, 싫어하는 것은 아무리 시켜도 하지 않는 것이지요. 하지만 아이들에 따라 정도의 차이는 있지만 나이를 먹을수록 싫어하는 것도 하려는 의지가 커집니다.

집중력은 어떤 일을 해내는 데 있어서 핵심적인 요인입니다. 집중력이 없으면 어떤 일도 이루기 어렵지요. 특히 공부에 있어서 집중력은 성패를 결정짓는 중요한 요소입니다. 집중력은 어떤 일에 몰입하여 결과를 만들어내는 능력입니다. 즉 몰입할 수 있어야 하며 동시에 그 몰입을 지속시킬 수 있어야 합니다. 그런데 여기에서 주의해야 할 점이 있습니다. 집중력이 환경에 따라 의미가 있을 수

도 없을 수도 있다는 것입니다. 따라서 자녀를 키울 때는 좋아하는 것뿐만 아니라 싫어하는 것에도 몰입할 수 있는 자세와 태도를 길러주어야 합니다.

제가 자세와 태도라고 말씀드린 것은 이것이 가정환경 안에서 교육될 수 있기 때문입니다. 싫어하는 것을 할 수 있는 능력을 길러주기 위해서는 '가정에도 학교나 사회처럼 규칙이 있어야' 합니다. 학교에서 산만한 아이들의 경우 맞벌이 가정이 적지 않습니다. 특히 부모가 늦게 귀가하는 맞벌이 가정의 아이인 경우가 더 심합니다. 이런 가정의 아이들은 통제를 많이 받지 않기 때문에 자신이 하고 싶은 것만 하는 경향이 생기기 쉽습니다. 따라서 하기 싫은 것을 하지 않게 되고 이것이 결국 습관이 되는 것입니다. 그리고 이러한 습관은 장기적으로 만족지연능력과 집중력을 떨어뜨려 학습부진으로 이어질 수 있습니다.

요컨대, 집중력이 높은 아이로 키우기 위해서는 자신이 좋아하는 일뿐만 아니라 싫어하는 일도 할 수 있도록 해야 합니다. 물론 싫어하는 일을 무조건 한다는 의미가 아니고 싫지만 가치 있는 일을 할 수 있어야 하겠지요. 가치는 도덕적인 문제입니다. 또한 꿈의 문제입니다. 가치 있는 것을 위해 희생할 줄 알아야 도덕적인 판단을 내릴 수 있습니다. 많은 임상실험에서 도덕성이 학업성취도와 관련이 있다는 것을 보여주는 것과 같은 맥락입니다. 가정에서도 좀 더 규칙적으로 생활할 수 있도록 해주고 비전을 그릴 수 있는 경험을 많이 제공해주기 바랍니다.

심화학습의 효과

아이가 현재 공부를 잘하고 있다면 방법을 바꾸는 것보다 하고 있던 것들을 심화시키는 것이 좋다. 그 과정에서 새로운 방법을 발견하기도 하고 좀 더 효율적으로 공부하는 습관도 길러진다. 가장 의미 있고 도움이 되는 것은 이 모든 과정을 아이 스스로 찾아가는 것이다. 그것이 아이에게 가장 알맞은 것이다.

Q 중학교 수학, 어떻게 대비해야 할까요?

딸은 내년에 중학교 입학을 앞둔 초등학교 6학년입니다. 한 번도 수학 사교육을 받은 적은 없고 3학년 때부터 꾸준히 하루에 두세 장씩 문제집 문제풀이를 해왔고 6학년이 되어서는 한두 시간씩 수학을 스스로 공부하고 있습니다. 예습은 한두 단원을 미리 개념 위주 문제집으로 준비했고, 주로 복습 중심으로 공부해왔어요. 다행히 중요 과목 중에서 수학을 제일 좋아하고 잘합니다. 수시로 보는 단원평가나 학교 시험도 다 맞거나 한두 개 정도 틀립니다. 수학에선 '도형'을 가장 좋아하며 잘하고, 요새 배우는 '경우의 수'를 어려워하는 편입니다.

지금 잘하고는 있지만, 큰아이다 보니 중학교 입학을 앞두고 어떤 준비를 해야 하나 고민이 됩니다. 대부분 듣는 이야기가 중학교 수학인데, 주변에선 여름방학 때부터 선행학습을 시작하고 중학교 2학년 과정을 겨울방학 때 나간다고 하는 아이들도 많아 여러모로 긴장하고 있는 중입니다.

중학교 개념서를 사서 방학 때 예습을 좀 하려고 하는데 이런 식으로 해도 정말 괜찮은 걸까요? 혼자서 공부하니 개념을 정확히 알고 가는지 잘 확인이 안 되거든요. 초등수학까지는 사칙연산이 기본이라 열심히 문제 풀면 어느 정도 해결이 되었는데 사고력을 요하는 부분이 나오기 시작하니 힘들어 하는 게 보이네요.

또 하나 문제는 해결될 때까지 진득하니 앉아서 물고 늘어지는 버릇이 들어 정작 시험 때는 시간이 모자라 검토하기 어렵다는 것입니다. 지금은 검토하지 못해도 좋은 점수가 나오지만 이제 갈수록 더욱 시간이 모자랄 텐데 어떻게 해야 할지 고민입니다.

중학교 입학을 앞두고 수학을 어떻게 대비하면 좋을까요? 제가 고등학교 때 수학 앞에서 무릎 꿇은 경험이 있어 늘 조심스럽습니다. 효과적인 대비책 부탁드립니다.

Ⓐ 개념을 다진 후에 심화문제에 도전해보세요

초등학교 수학시험은 수학 개념 이해의 정도를 알아보기 위한 시험입니다. 그러나 중학교 시험부터는 상급학교 진학을 위해 서열을 매기는 중요한 목적이 추가되기 때문에 수학의 난이도가 높아집니다.

학원에 다니며 선행학습을 한 아이들은 잘하든 못하든 그러한 시험문제를 많이 풀어봐서 체감 난이도가 상대적으로 높지 않지만 집에서 혼자 공부한 아이들은 자신감을 잃거나 방향을 잃을 수도 있습니다. 그렇다고 학원에 보내는 것이 만사를 해결하는 방법은 아닙니다. 지금의 습관을 견고하게 유지하고 중학교에 가서도 현재의 수준을 유지하기 위해선 좀 더 난이도 높은 문제에 도전해야 합니다. 학교마다 차이는 있지만 초등학교 시험은 난이도로 따지자면 '보통-70%, 조금 어려움-20%, 어려움-10%'입니다. 그러나 중학교에 가면 난이도가 높아집니다. 당연히 시험문제를 45분 안에 다 풀기 어렵습니다. 시간만 좀 더 있으면 풀 수 있는 문제도 시간이 부족하여 못 풀게 됩니다. 따라서 실제 난이도보다 어렵다고 느끼게 됩니다.

초등학교 때는 어려운 문제를 일단 넘기고 쉬운 앞쪽의 문제만 성실히 풀어도 학교 시험은 잘 볼 수 있었을 거예요. 그래서 보통 혼자서 공부하는 학생들의 경우 난이도가 높은 문제는 안 풀고 넘어가는 경우가 많습니다. 한번 아이의 문제집을 점검해보세요.

초등학교 6학년 때 성실히 공부했다면 중학교 1학년 수학을 혼자서 하는 것도 크게 어렵지는 않다고 봅니다. 참고로 이렇게 해보세요.

① 개념정리공책을 따로 만들고 이해되지 않는 것은 빈칸으로 두었다가 이해되면 그때 정리합니다. 빈칸으로 두는 것은 자신이 모르는 것을 시각적으로 확인해서 나중에라도 해결되면 정리하기 위해서입니다.

② 개념을 정확히 아는지 모르는지는 남에게 설명할 때 분명해집니다. 가정에서 도움받을 수 있는 사람이 있다면 직접 개념을 설명해보고(교사 되어보기 체험) 듣는 사람은 뭐든지 궁금하면

물어봅니다.

③ 수학문제를 직접 풀어보고 틀린 문제와 관련된 개념을 찾아 대충 이해하거나 오해한 부분의 개념을 정리합니다. 개념을 정확히 이해하지 못하면 난이도가 높은 문제에서 어려움을 겪을 것입니다. 이것은 오답노트와는 조금 다릅니다. 개념을 정확히 하고자 하는 것이므로 개념을 정리하는 데 초점을 둡니다.

④ 가정에 화이트보드가 있다면 개념을 써가며 설명해보는 시간을 갖습니다.

보통 혼자서 잘하던 아이가 중학생이 되면 학원에 보내달라는 경우가 많습니다. 수학에 대한 부담감을 해결하기 위한 방법 중 하나입니다. 즉, 중학교 수학에 부담을 느끼고 있음을 보여주는 것입니다. 그러나 학원에 다닌다고 모든 문제가 해결되지 않습니다. 물론 혼자서 한다고 문제가 없는 것도 아니지요. 혼자서 공부하면서 가장 어려운 것이 개념을 정리하는 문제일 겁니다. 보통 혼자서 하게 되면 대충하거나 중요한 것과 덜 중요한 것을 구분하지 못하고 공부하게 됩니다. 그런데 이것은 학원에 가서도 크게 개선되지 않습니다. 학원은 진도가 빠르기 때문에 간략하게 설명하고 많은 문제를 푸는 데 초점을 두는 경우가 많습니다. 또, 학원에 안 다니다 다니면 기분전환도 되고 실력 있는 강사에게 배우면 수학이 쉽다고 느껴지기도 합니다. 그러나 이건 착각일 경우가 많습니다. 강사의 실력을 자신의 실력이라고 착각하는 경향이 있습니다. 그래서 유명한 강사들을 쫓아다니지요.

그러나 수학은 혼자서 문제와 일대일로 대면하여 스스로 풀어나갈 때 실력이 느는 과목이지요. 다른 지름길은 없습니다. 학원에 많이 다닌 아이가 수학을 잘하는 것이 아닙니다. 문제를 스스로 해결해본 경험이 많은 아이가 결국 수학을 잘하게 되는 것입니다.

포기냐 희망이냐

기초가 부족할수록 욕심을 버리고 차근차근 시작해야 한다. 처음부터 전체를 복습하려고 하지 말고 부족한 단원을 중심으로 부분적으로 접근해야 부담이 적다. 일단 자신감을 찾게 되면 나머지 부분도 처음보다 힘들지 않다.

Q 하위권 수학, 방법을 모르겠어요

중학교 1학년인 딸은 다른 과목은 그나마 괜찮은데 수학은 2학기 들어서 30~40점을 겨우 받고 있습니다.

예습과 복습을 하고 약간 어려운 문제를 반복해서 풀어 자기 것으로 만드는 등등의 혼자 수학을 공부하는 방법들이 딸아이처럼 점수가 안 나오는 아이들에게도 해당될까요? 지켜보던 남편도 "이번 방학에는 사교육이든 뭐든 도움을 줘야 하는 거 아닌가?" 하며 걱정을 합니다.

초등학교 때는 그럭저럭 80점 전후의 점수를 받아와서 큰 걱정을 하지 않고 있었는데, 수학 때문에 고생했던 제 고등학교 시절이 떠올라서 한층 더 걱정이 앞서나 봅니다. 혼자서 해보자고 시도한 게 6개월쯤 됐는데 '기다리지 못하는 조급함일까? 아니면 우리 아이는 혼자서는 어려운 아이일까?' 하는 생각에 혼란스럽습니다.

아이도 다른 과목에 비해서 열심히 하지 않았다고 말합니다. 기본적으로 수학이라면 진저리를 치니까요. 분명히 초등수학에서 결손이 크기에 이런 결과가 있는 걸 텐데 그게 어디서부터 얼마만큼인지 알 수가 없네요.

좋은 방법이 있으면 도와주세요. 그리고 사교육 없이 수학을 잘할 수 있는 건 어느 정도 실력이 돼야 가능한 건지, 아직 노력이 부족하니 더 노력하고 기다리면 좋은 결과를 얻을 수 있는 건지 조언을 바랍니다.

A 욕심을 버리고 차근차근 복습해보세요

솔직한 고민 나눔에 고개가 끄덕여집니다. 그리고 문제의 핵심을 잘 파악했다는 점에 박수를 보내드립니다. '분명히 초등수학에서 결손이 크기에 이런 결과가 있는 걸 텐데 그게 어디서부터 얼마만큼인지 알 수가 없네요.' 이 대목을 강조하고 싶습니다. 맞습니다. 수학은 계단과 같은 학문이라고 하지요. 한 계단 한 계단 건너뛰는 칸이 없어야 현 상태에서 안정감을 가질 수 있습니다.

우선, 초등수학 전체를 다 복습하는 것은 효과적이지 않을 겁니다.

중학교 1학년 1학기 내용과 직접 연계되는 초등학교 5, 6학년 1학기 부분을 한번 짚어보길 바랍니다. 아이의 상태에 따라 학년을 더 내려가서 점검할 수도 있겠지요. 그것도 교과서 전체를 보려면 힘들어요. 교과서나 문제집이 있으면 맨 마지막 총정리 문제를 한번 풀어보게 하세요. 그래서 못 푸는 부분이 있으면 그 부분을 확실히 짚고 (내용 이해+문제풀이) 넘어가야 합니다.

일단 이번 방학에는 초등수학에서 부족했던 부분을 점검한 다음에 중학교 1학년 1학기 내용을 단단히 복습하세요. 그런 후에 2월까지 시간이 좀 있으니 2학년 1학기 것을 예습하면 좋겠습니다. 제가 1학기 것만 복습, 예습하도록 권하는 이유는, 아이가 수학을 힘들어하는데 모든 범위를 다 챙기려면 아이도 부모도 지치기 때문입니다. 수학은 초등부터 중등까지 1학기 내용들이 연관되니, 일단 그렇게 초등수학 점검과 중학교 1학년 1학기 복습으로 겨울방학을 보내면 좋겠습니다. 초등수학 문제풀이의 경우, 수학익힘책으로 해도 좋을 듯합니다.

자기주도학습은 자전거 타기에 비유될 수 있습니다. 처음에는 뒤에서 붙잡아주면서 자전거를 가르치지요. 자기주도학습도 처음에 아이를 격려하며 함께 길을 찾는 작업은 부모님이 함께해야 된다고 생각합니다. 그러다 아이가 길을 찾았을 때 달리는 자전거에서 손을 슬그머니 놓듯이 혼자 공부하게 해야겠지요.

학교 시험만 보면
평상시보다 점수가 안 나오는 경우

지나친 긴장

평상시에는 어려운 문제도 잘 푸는데 시험만 보면 쉬운 문제도 못 풀어 좋은 점수를 받지 못하는 학생이 있다. 심지어 시험 감독하는 교사가 옆에만 오면 더욱 긴장해서 시험을 망치는 학생도 보았다. 시험문제를 풀 때는 더 잘 봐야 한다는 생각을 하게 된다. 시험장의 분위기도 한몫을 한다. 이렇게 되면 더욱 긴장하게 되는데 수학은 다른 과목에 비하여 긴장의 정도가 결과에 영향을 많이 미친다. 연습은 시합처럼, 시합은 연습처럼 하라는 말이 있다. 잘 봐야겠다는 생각보다는 공부한 만큼 풀자는 생각을 가져야 한다.

자신의 실력을 과대평가

평소 자신의 실력을 지나치게 높게 여기는 아이들이 있다. 자신의 실력을 객관적으로 보지 못하는 것이다. 그래서 시험점수가 기대한 것보다 낮게 나오면 아는 문제인데 실수로 틀렸다고 생각한다. 이런 아이들은 시험 결과를 통해 자신을 되돌아보는 것이 필요하다.

난이도의 차이

평소 혼자 공부할 때는 난이도 '중' 수준의 문제만 풀었는데 학교 시험에서 '상' 수준의 문제가 섞여 나온다면 좋은 점수를 받을 수 없다. 심화학습을 소홀히 할 수 없는 이유이다.

환경의 문제

학교 시험은 집에서 문제를 풀 때와는 환경이 많이 다르다. 우선, 시간이 철저하게 제한된다. 혼자 문제를 풀 때는 대개 넉넉히 시간을 두고 푼다. 그러나 시험 볼 때는 여유가 없다. 시험지를 나눠주는 데도 1~2분이 걸린다. 뒤에 앉은 학생은 10~20초 더 불리하다. 또 시험지에 반, 번호, 이름을 쓰는 데도 시간이 걸린다. OMR카드를 쓰게 되면 마킹하는 데 시간이 추가로 소요된다. 이렇게 가정에서 혼자 풀 때와 다른 변수들이 많다. 그러니 평상시 풀 수 있는 문제도 더욱 어렵고 낯설게 보여 결국 실력보다 낮게 나오는 것이다. 시험시간으로 초등학교 40분, 중학교 45분, 고등학교 50분이 주어진다면 문제집의 문제를 풀 때 같은 문제 수일 경우 3~5분 적은 시간 동안 풀도록 연습하는 것이 좋다.

후한 채점

학생들이 시험지를 채점하다 보면 풀이 과정은 맞는데 엉뚱한 답을 써놓거나, 답에 단위를 잘못 써놓거나, 심지어 풀고서는 답을 써놓지 않고 제출하는 등 아쉬운 경우가 많이 있다. 그런데 본인이 채점할 때는 이런 문제를 '맞은 것으로' 채점하게 된다. 팔이 안으로 굽는 것이다. 그러나 학교에서 교사가 채점할 때는 어림없다. 가정에서 이러한 문제를 해결하기 위해 자녀가 문제를 풀고 부모가 채점을 해주어 긴장감을 높이고 객관적으로 자신의 실력을 평가하게 할 수 있다.

수학을 알고 나를 알면 백전불태

학교? 학습지? 인강? 학원?

낭비 없이 효율적으로 학습자원을 활용해야 수학이 위태롭지 않다. 수학을 알고 나를 알면 백전불태, 백번 싸워도 위태롭지 않은 것이다.

엄마들은 보통 어디에서 정보를 얻을까? 바로 '옆집 엄마'이다. 옆집 엄마에게서 교육 정보를 듣다보면 자신이 지금껏 얼마나 교육에 무지했는지 실감하게 된다. 그리고 아이를 방치했다는 생각에 미안한 마음마저 든다. 옆집 엄마에게서 듣는 정보 하나하나에 마음이 흔들린다. 특히 맞벌이 부모의 경우 교육에 신경 쓸 여유가 적으니 친한 옆집 엄마에게서 듣는 정보가 여간 도움되는 것이 아니다. 그런데 그 정보가 정말 내 아이에게 도움이 될까?

옆집 엄마에게서 듣는 정보들이 솔깃한 이유는 희망을 주기 때문이다. 족집게 과외선생을 만나 몇 개월 만에 몇 십 점을 올린 사례, 학원 설명회에서 내부 비밀이라며 들었다는 각종 정보, 특정한 강의를 듣고 수학이 5등급에서 1등급으로 올랐다는 사례 등을 듣고 있노라면 마치 우리 아이가 그 대열에 합류한 것 같은 희망에 잠시라도 위안이 된다. 한낮에 학교 주변 카페를 가보면 이런 이야기로 꽃을 피우는 옆집 엄마들을 쉽게 볼 수 있다. 그러니 그 무리에 속하지 않고는 불안하다.

그러나 대개 성공은 과장되고, 실패는 축소되고 잊힌다. 사람은 자신이 보고 싶은 것만 보고 듣고 싶은 것만 듣는 경향이 있다. 자신의 행동, 신념을 뒷받침하는 증거에 끌리게 되는 것을 '확신 편향'(confirmation bias)이라고 한다. 이러한 확신 편향이 학습정보에서도 강하게 작용한다. 그래서 많은 부모들이 성공한 사례들을 쫓아다니고 그 사례를 자신의 자녀에게 적용하며 희망을 품는 것이다.

개념 정리는 어떻게

'뿌리 깊은 나무는 바람에 움직이지 않으므로 꽃이 좋고 열매가 많다.'《용비어천가》의 한 구절이다. 수학에서의 뿌리는 개념과 원리이다. 개념과 원리를 충실히 하지 않고 문제만 많이 푼다면 한계를 넘기 힘들다. 이는 영어단어를 외우지 않고 영어를 잘하기를 바라는 것과 같다.

Q 개념 정리에 효과적인 교재는 무엇인가요?

아이가 초등학교 5학년인데, 학교 수학 수업시간에 교과서 한 단원을 이틀에 나갑니다. 교과서로 수업하니 거의 기본 개념을 배우겠지요? 그런데 바로 심화와 경시대회 수준의 쪽지시험을 봅니다. 그러니 아이가 잘 볼 리 없습니다. 아이로선 난생 처음 보는 문제가 허다하니 쪽지시험은 반 정도 맞히면 다행이에요.

이런 상황 때문에 아이가 요즘 말로 '멘붕'입니다. 초등학교 5학년 올라와서 계속 그렇습니다. 문제는 담임선생님이 쪽지시험 문제에 대한 설명도 해주지 않는다는 겁니다. 스스로 고민해서 오답노트를 만들라고 하신대요. 저는 매우 당황스러웠는데, 오히려 아이들이 쪽지시험 보고 스스로 학원에 가겠다고 하니 좋아하는 엄마들도 있다는군요.

겨우겨우 아이와 함께 오답노트 정리하고 설명해주고 하면서 버티고 있습니다. 학원에 보낼까 하는 생각도 했지만 초등학교 때부터 학원 도움을 받게 하자니 앞으로 남은 긴긴 학교생활이 깜깜해서 오기로 버팁니다. 쪽지시험 점수는 엉망이지만 그걸 반복해서 재학습시키니 4학년 때보다는 낮지만 그럭저럭 시험점수가 나오고 있습니다. 그런데 찬찬히 챙겨보니 아이가 단원별로 개념 이해도 부족하고, 수학에 자신감을 잃고 있는 게 보입니다.

결국 오늘 수학학원 상담을 받았습니다. 학원마다 이미 2학기 진도를 한 번 훑은 상황이더군요. 결론적으로 아이를 받아줄 학원은 없었고, 1학기 단원을 복습해주는 것은 보습학원에서나 가능하다는 이야기를 들었습니다.

어떻게 해야 할지 고민입니다. 개념을 다시 정리하고, 개념을 다양하게 해석하는 방식을 아이에게 알려주고 싶습니다. 혼자서 공부할 때 개념을 잘 알려주는 교재는 무엇인가요? 엄마표로 한다는 게 정말 쉽지 않습니다. 학원에 의존하지 않으려면, 교재부터 교수법까지 엄마가 선정하고 배우고 익혀서 가르쳐야 하니 말이에요.

Ⓐ 개념을 익히는 데는 교과서가 기본이에요

아이의 학교생활 내내 내 마음에 딱 맞는 선생님을 몇 분이나 만날 수 있을까요? 청출어람이라는 말도 있으니 어려운 환경에서도 지혜롭게 대처하면 좋은 결과가 있으리라 생각됩니다. 일단, 잘 가르치는 선생님을 만나면 좋지만 그렇다고 그 반 아이들이 수학을 다 잘하게 되는 것은 아닙니다. 반 평균이 조금 높을 수는 있지요. 개념과 원리를 잘 가르쳐줘도 아이가 스스로 공부하지 않으면 결과는 크게 달라지지 않습니다. 물론 선생님이 중요하지 않다는 것은 아닙니다. 단지, 생각보다 담임선생님의 영향을 적게 받는다는 것을 말씀드리고자 합니다. 그러니 조금 답답하고 속상해도 '중요한 건 우리 아이야.' 하는 생각으로 이겨내면 어떨까요?

담임선생님이 진도를 빨리 나가니 예습과 복습에 많은 시간을 쏟아야 할 것 같습니다. 이 기회에 스스로 공부하는 습관을 만든다면 전화위복이 될 수 있습니다. 단, 보통 복습은 학교에서 배운 내용이 중심이 되는데 그것이 부실하니 스스로 해결해야 할 부분이 상대적으로 많아짐을 각오해야 할 것 같습니다.

　5학년 교과서는 5학년 아이 수준에 맞게 만들어진 것입니다. 그러니 스스로 하다보면 개념과 원리를 깨달을 수 있습니다. 물론 자세히 가르쳐주는 선생님에게서 배우는 것보다 힘들겠지요. 그런데 개념과 원리를 잘 가르쳐주는 선생님이 오히려 아이에게 부정적인 영향을 줄 수도 있습니다. 본질적으로 개념과 원리는 스스로 깨우칠 때 가장 효과가 있는데 아이들이 생각도 하기 전에 자세히 가르쳐주면 생각하는 힘이 약해질 수도 있습니다. 이렇게 일장일단이 있으니 단점을 장점으로 살리면 앞으로 수학을 공부할 때 스스로 잘할 수 있지 않을까 생각합니다.

　공부 잘하는 아이들의 얘길 들어보면, 좋은 선생님 만나서 쉽게 공부했다는 것보다는 어려움을 스스로 잘 극복하여 수학을 잘할 수 있었다고 말하는 사례가 훨씬 더 많습니다. 교사 요인보다 학생 요인이 훨씬 크게 작용하는 것입니다.

　우선, 학교에서 보는 시험에 연연하지 마세요. 배운 내용보다 훨씬 어려운 문제로 시험을 보니 당연히 성적은 안 나오고 자신감만 떨어지는 것 같습니다. 그러니 아이가 그 성적에 크게 마음 상하지 않게 격려해주세요. 그리고 그 시험을 잘 본다고 앞으로 수학을 무조건 잘하는 것도 아닙니다. 그 시험을 잘 보는 아이들은 선행학습과 학원의 문제풀이에 익숙해진 아이들일 가능성이 높고 그 효과가 그리 오래가지 않습니다. 당분간 힘들겠지만 학교 평가는 참고하는 정도로만 인식하고 교과서 중심으로 개념과 원리를 익히고 꾸준히 문제를 풀도록 아이와 함께 계획을 세우세요.

수학을 잘하려면 먼저 개념과 원리를 정확하게 알아야 합니다. 학원에 많이 다닌 아이일수록 오히려 이게 안 됩니다. 짧은 시간에 많은 진도를 나가다보니 문제풀이에만 익숙한 것이지요. 저학년일수록 학원에 다닌 아이들 성적이 높습니다. 그러나 학년이 올라갈수록 스스로 하는 아이들이 역전합니다. 길게 보세요.

개념과 원리를 익히는 교재로는 교과서가 가장 좋습니다. 많은 학부모와 아이들이 이를 간과합니다. 교과서는 제목부터 예시문제 등을 잘 따라가면 개념과 원리가 익혀지도록 구성되어 있습니다. 교과서로 시작하세요.

다음으로 공부에 대한 접근 방식이 변해야 합니다. 보통의 경우 아이들은 한 번 보고 안다고 생각합니다. 그러나 막상 물어보면 제대로 설명을 못하지요. 그래서 '스스로에게 물어보고 스스로 설명하는 습관'을 가져야 합니다. 예컨대, 학교에서 '직사각형의 넓이=가로의 길이×세로의 길이'라고 배웠으면 스스로 '왜 가로의 길이와 세로의 길이를 곱하면 넓이가 되지?' 하고 물어보아야 합니다.

학원에 다니면서 수학을 잘하는 아이들은 단지 학원에서 배웠기 때문이 아니라 더 많은 시간과 노력을 수학에 쏟았기 때문입니다. 집에서 혼자 한다고 대충하면서 자기주도학습이라고 착각하는 경우가 의외로 많습니다. 장소가 어디든 열심히 많이 효율적으로 공부한 아이가 수학을 잘하게 됩니다.

내 아이에게 맞는 방법

다른 아이가 성적을 올린 그 방법이 내 아이에게도 맞을 것이라고 쉽게 단정해선 안 된다. 아이들의 생김새가 다르듯 각자에게 맞는 학습방법이 있고, 같은 방법을 적용할 때도 아이들의 역량에 따라 성과가 다르다는 것을 인정해야 시행착오를 줄일 수 있다.

단순히 옆집 엄마의 핑크빛 이야기만 듣고 학원, 강사, 학습지, 문제집 등을 고를 것이 아니라, 먼저 내 아이의 특성을 이해하고 맞는 방법을 찾아나가야 한다. 이 과정에서 필요한 것이 '대화', '이해', '격려', '기다림'이다. 교육의 성과는 쉽고 빠르게 나타나지 않는다. 그런 경우도 간혹 있지만 내 아이가 그럴 것이라고 기대하지 않는 것이 좋다. 인내하며 기다려주고 격려하는 부모가 되자.

Q 어떤 자습서와 문제집을 골라야 하나요?

고등학교 1학년인 딸은 딱 6개월간 학원에 다녔고, 공부도 많이 하고 독서도 많이 하는데 성적이 안 나와서 매우 힘들어 합니다. 검사가 되고 싶어 하는데, 성적은 중하위권이에요. 수학은 기본 개념부터 시작해야 할 것 같은데 어떤 자습서와 문제집이 좋을지 잘 모르겠어요.

A 내 아이와 맞는 교재가 좋은 교재입니다

많은 아이들이 보는 교재라고 해서 무조건 좋은 것은 아닙니다. 교재도 내 아이와 맞아야 하지요. 따라서 아이가 직접 고르는 것이 좋습니다. 또 본인이 직접 골라야 '애착'도 생기고, 열심히 풀어야겠다는 '책임감'도 생깁니다. 남이 골라준 문제집은 흥미를 잃거나 하기 싫으면 핑계 대고 싶은 마음이 들게 하지요. '왜 이런 걸 추천해 줬지?' 하고 '변명'하는 것이에요. 시중에 나와 있는 문제집들은 대동소이합니다. 다 잘 만들어져 있어요. 다만 선호도의 차이가 있을 뿐입니다. 이런 생각을 염두에 두고 다음을 기준으로 선택해보세요.

① 아이가 직접 골라야 합니다.

심리적으로 자신의 눈에 편안해 보이거나 끌리는 것이 좋습니다. 성적이 하위권일수록 이런 외적인 조건이 더 영향을 미칩니다.

② 아이의 수준을 고려해야 합니다.

남들이 무조건 좋다는 문제집을 고르면 대체로 자신의 수준보다 높은 문제집을 고르게 됩니다. 중하위권이라면 개념을 확실히 다룰 수 있는 문제집을 골라야 합니다. 보통 중위권만 되도 자신의 실력을 과신하여 어려운 문제집을 선호하는데, 중위권도 개념을 확실히 다루어야 합니다.

또 일단 문제집을 사면 처음부터 끝까지 푸는 것이 중요합니다. 어려운 것을 사서 어려운 문제는 거의 틀리거나 안 풀고 넘어가는 것보다 조금 쉬운 문제집을 사서 다 푸는 것이 더 효과가 있습니다.

대부분의 출판사는 단계별로 문제집을 만듭니다. 기본 개념 중심의 문제집부터 심화 문제집까지 있습니다. 중하위권이라면 기본 개념을 중심으로 만들어진 문제집을 구입하고, 개념을 이해한 수준이라면 심화 문제집을 사면 됩니다. 학생들은 문제집도 서로 의식하며 풀기 때문에 자신의 수준보다 난이도가 높은 문제집을 푸는 경향이 있는데 그러면 안 됩니다.

뭐니 뭐니 해도 개념을 가장 잘 정리한 교재는 교과서입니다. 대부분의 학생들이 이를 무시하는 경향이 있습니다. 도서관에서 공부하는 것만 봐도 교과서를 붙들고 있는 학생을 거의 볼 수가 없습니다. 물론 교과서는 설명이 조금 부족한 경우도 있습니다. 그래서 학생들이 어려울 수도 있습니다. 그러나 무시해서는 안 됩니다.

서점에 문의를 하거나 인터넷 검색을 통해 쉬운 문제집 또는 개념 중심 문제집 네다섯 권을 후보로 정하세요. 그리고 아이가 서점에 가서 직접 보고 그중에서 마음에 드는 것을 한두 권 고릅니다. 그다음에는 열심히 푸는 일만 남아 있습니다.

자습서도 위와 같은 기준으로 고르면 크게 문제없을 거예요. 목적지까지 가는 데 있어 경차와 대형차의 차이는 크지 않습니다. 승차감이 조금 다를 뿐이지요. 중요한 것은 길을 잃지 않고 끝까지 운전할 수 있는 '운전자(학습자)의 의지'입니다.

학원은 그저 학원일 뿐

사교육 없이 스스로 하는 것이 가장 좋지만 그렇다고 무조건 학원을 안 보내는 것도 최선의 방법은 아니다. 아이의 특성과 여건을 고려하는 것이 중요하다. 또한 학원에 간다면 가려는 이유를, 가지 않으려 한다면 가지 않으려는 이유를 정확히 알고 있어야 대처가 가능하다.

Q 아이가 학원에 다니고 싶어 해요

저는 강릉에 살며 초등학교 5학년인 아들을 두었습다. 아이가 학원에 보내달라고 해서 보낸 지 6개월쯤 되었습니다.

원래는 제가 가르쳤는데 자주 언성도 높아지고 마침 아이가 학원에 다니고 싶다고 해서 보내게 되었습니다. 그런데 학원에서도 학교진도 빼기 바쁘더군요. 아이가 연산에서 잘 틀리고 심화문제를 어려워하는데 틀린 문제를 계속해서 틀리니 제가 집에서 다시 학원 문제집을 설명해주고 있어요. 학원선생님은 아이가 성격이 급해서 그렇다고만 해서 답답해요.

학원에 보내도 상황이 보내기 전과 다르지 않은데 아이는 다니고 싶어 하니 어떻게 해야 할까요?

A 학원에 가고 싶어 하는 이유를 알아보세요

아이 가르치기 쉽지 않죠? 공자도 자기 자식 못 가르친다는 말이 있는 걸 보면 제 자식 가르치는 건 정말 쉽지 않나 봅니다.

요즘 아이들은 공부의 홍수 속에 삽니다. 학교에 오면 체육시간만을 목 빠져라 기다립니다. 쉬는 시간에 생기를 찾았다가 다시 수업시간이 되면 스위치를 내린 기계처럼 생각이 멈춰버립니다. 눈 뜨고 졸고 있는 것이지요. 이런 아이들이 학교와 별반 다르지 않은 학원을 좋아할 리가 없지요. 아이가 학원에 가고 싶어 한다면 다음 과 같은 이유 때문일 것입니다.

① 또래 친구들과 어울리고 싶기 때문입니다.

옛말에 친구 따라 강남 간다고 하잖아요. 이 경우, 아이들은 학 원수업보다는 오고 가는 시간 속에서 친구들과 함께 이야기하 고 쉬는 시간 등에 간식을 사 먹으며 사회적 안정감을 찾습니다. 친구들과 시간을 공유하고 싶어 하는 것은 자연스러운 감정이 죠. 문제는 학원에 가는 본질적인 목적이 뒷전이라는 것입니다.

② 혼자 공부하는 습관이 형성되어 있지 않기 때문입니다.

혼자 공부하는 습관이 없다는 것은 '스스로 생각할 힘'이 없다 는 것입니다. 이런 경우 학원에 가도 큰 효과를 보지 못하는 경 우가 많습니다. 스스로 하지 않는 공부는 실력으로 쌓이기 어렵 기 때문입니다.

③ 집에 있기 싫어서입니다.

부모가 맞벌이인 경우, 텅 빈 집에 있는 게 아이들에게 쉬운 일 이 아닙니다. 또 가정에서 부모의 일방적 간섭, 강요 등으로 부 모와 갈등을 겪는 아이들은 학원을 피난처로 삼기도 합니다.

④ 학교수업을 보충하거나 실력을 쌓고 싶어 하는 경우입니다.

바람직한 경우이지만 많지 않아요.

①~③의 이유로 학원에 가는 아이들은 학원에서 도움을 받기보다 과도한 학습 부담 때문에 자신감만 잃을 수 있습니다. 대개의 경우 학원은 학교보다 진도도 빠르고 학습량도 많기 때문에 무기력을 학습하게 되는 것이지요.

아이가 학습동기를 가지려면 '관계'가 먼저 회복되어야 합니다. 아이의 마음을 상하게 해서는 아무것도 가르칠 수 없습니다. 먼저, 아이가 왜 학원에 가려고 하는지 대화를 나누길 바랍니다. 중요한 건 대화입니다. 중간에 참지 못하고 화를 내거나 빈정거려서는 안 됩니다. 그리고 그 원인을 찾은 후에 거기에 맞춰 그 욕구를 해소할 수 있는 방안을 찾거나 대안을 제공해주어야 합니다.

아이의 수준에 맞는 학원으로 옮기는 것도 대안이 될 수 있습니다. 보통 학원은 어려운 문제 위주로, 공부 잘하는 아이 위주로 가르칩니다. 그래야 실력 있는 학원처럼 보이니까요. 가정에서 좀 더 여유로운 마음으로 공부를 도와주기 바랍니다. 학원을 다니는 것 자체가 문제는 아닙니다.

스토리텔링 수학?

2013년부터 초등학교 1, 2학년과 중학교 1학년에 '스토리텔링 수학'이 도입된다. 내년에는 초등학교 3, 4학년, 내후년에는 5, 6학년 수학에 스토리텔링 수학이 도입될 예정이다. 초등학교 수학의 단원별 구성 체제를 보면 다음과 같다. 단원 도입 단계에서 스토리를 제시하여 학습동기를 유발하고, 재미있게 수업에 참여할 수 있도록 교과서가 구성되어 있다.

1. 단원도입	2. 개별 차시	3. 문제 해결	4. 창의 마당	5. 단원평가
· 스토리텔링 (이야기)	· 생각열기 · 활동 · 약속하기 · 마무리	· 이야기 마당 · 놀이 마당 · 체험 마당		· 공부를 잘했는지 알아봅시다

스토리텔링 수학은 말 그대로 이야기와 수학을 결합한 것이다. 이야기는 어른이고 아이고 할 것 없이 누구나 좋아한다. 이야기 속에 등장하는 인물들을 통해 펼쳐지는 갈등과 메시지는 사람을 끌어들이는 힘이 있다. 이러한 이야기의 매력을 수학에 접목한 것이다.

학생들이 딱딱하고 추상적인 수학적 개념과 원리를 재미있게 배울 수 있도록 도입된 만큼, 스토리텔링 수학에서는 다양한 분야와 접목하여 스토리를 만들었다. 이는 융합적이고 창의적인 사고를 키울 수 있도록 한 것이다. 1990년대부터 미국에서는 학생들에게 창의적 사고력을 키워주기 위해 과학(Science), 기술(Technology), 공학(Engineering), 예술(Arts), 수학(Mathematics)을 융합하여 가르쳤다. 이것을 각 분야의 앞 글자를 따서 'STEAM(융합교육)'이라고 한다. 스토리텔링 수학은 이것의 한 형태라고 볼 수 있다. 요컨대 스토리텔링 수학은 과학, 예술 등 다양한 분야의 이야기 속에 수학적 개념과 원리를 담아 재밌고 쉽고 가르치고 있다.

그런데 안타깝게도 스토리텔링 수학을 따로 준비해야 한다며 학부모들의 불안감을 부추기는 현상을 보게 된다. 스토리텔링 수학이라는 낯선 용어가 도입됨으로 인해 그 배경을 정확히 이해하지 못하는 다수의 학부모와 학생들은 혼란에 빠질 수밖에 없다. 스토리텔링 수학은 수학을 좀 더 쉽고 재밌게 공부하기 위해 도입되었다. 이는 수학에 대한 거부감과 부담감을 줄이기 위한 학생 중심의 교과 구성이라고 볼 수 있다. 더불어 학습내용을 20%나 감축했다. 스토리텔링 수학을 대비하라는 여러 사교육 기관의 광고는, 더 쉬워진 수학을 위해 따로 더 대비하라는 것과 다르지 않다. 어불성설이다. 수학 교과의 내용이 쉬워지고 감축된 만큼 스스로 공부하며 흥미를 갖도록 하는 것이 필요하다.

학원이 해결해주지 못하는 대부분의 것들

학원의 도움을 받으면 일시적으로는 성적이 향상될 수 있지만 장기적으로는 오히려 어려움을 겪을 수 있다. 문제가 어려워질수록, 서술형 문제일수록 기본 개념과 원리를 충실히 공부해야 한다.

Q 수학학원, 이제 '약발'이 떨어진 걸까요?

저는 올해 중학교 2학년인 남학생입니다. 초등학교 때도 수학을 별로 좋아하지 않았고 성적도 그리 좋지 않았어요. 중학교 1학년이 되어서 수학점수가 너무 낮아지는 바람에 2학기부터 수학학원에 다니게 되었습니다. 학원이 효과가 있었는지 일시적으로 성적은 올랐어요. 2학기 중간·기말고사 모두 90점을 넘었습니다. 1학기 때는 72점, 59점 맞았었는데 말이죠.

그런데 2학년이 되어 학교 시험에 서술형이 도입되니까 수학점수가 뚝뚝 떨어지더군요. 저희 학교는 서술형 문제가 29점이나 반영되는 데다가 점수 배점이 올라가면서 난이도가 엄청나게 높아졌어요. 시험 볼 때는 시간이 모자라서 서술형은 늘 한 문제를 포기하곤 합니다. 그래서인지 1학기 중간·기말고사 수학점수가 72점, 82점입니다. 학원에서 배우는 건 똑같은데 점수가 왜 떨어진 걸까요? 사교육이 서술형에 취약한 걸까요, 아니면 단기 성적 상승의 '약발'이 떨어진 걸까요? 제 성적은 전교 3%에 근접할 정도로 상위권인데, 늘 수학점수가 발목을 잡습니다. 어떻게 해야 할지 좀 알려주세요!

A 학원의 '약발'은 오래가지 않아요

중학교 1학년 때 수학점수가 낮은 이유는 초등학교 5, 6학년 과정에 결손이 있기 때문일 가능성이 높습니다. 모든 과목이 그렇지만 수학은 특히 선수학습(이전 학년, 이전 단원에서 알아야 할 개념과 공식에 대한 이해)이 부족하면 진도를 따라가는 것 자체가 쉽지 않습니다. 마찬가지로 중학교 1학년 1학기와 2학년 1학기, 3학년 1학기는 긴밀히 연관되어 있습니다. 중간에 결손이 생기면 방학 등을 이용해 선행학습이 아닌 선수(또는 후행)학습을 진행하는 것이 좋습니다. 따라서 점수가 나오지 않는다면 어느 단원의 어느 개념이 부족한 것인지를 정확하게 파악하는 것이 우선일 것 같습니다.

학기 중에는 학교수업에 일단 최선을 다하고 방학 중에는 바로 전 학기 즉, 여름방학에는 1학기, 겨울방학에는 2학기에 학습했던 내용을 복습합니다. 혹시 부족하다면 이전 학년 같은 학기 학습했던 내용을 복습하고 난 후 다음 학기의 내용을 선행학습하는 것이 정석입니다. 현재 상황에서 선행학습에만 주력하면 좋은 결과를 얻을 수 없습니다.

다음으로 서술형 문제에 대한 의견입니다. 학원수업의 가장 큰 맹점은 개념과 공식의 증명과정에 대한 설명이 부족하고 유형별 문제풀이 중심으로 수업이 진행된다는 점입니다. 유형별 문제풀이만으로 높은 점수를 유지하는 것은 그 유통기한을 아무리 길게 잡아봐야 고등학교 1학년 때까지입니다.

개념과 공식의 증명과정은 교과서를 통해 학습하는 것이 가장 좋다고 생각합니다. 기본 개념과 공식의 증명과정에 있어 교과서보다 자세한 교재는 없습니다. 개념과 공식의 증명과정을 완벽하게 학습하는 습관이 매우 중요합니다. 따라서 교과서와 익힘책을 충실하게(100% 완벽하게) 학습하는 것이 우선입니다. 특히 성적이 중하위권인 학생들은 반드시 교과서와 익힘책을 중심으로 공부해야 합니다.

또 서술형 문제에 적응하기 위해서는 문제풀이의 과정을 꼼꼼하게 기록하면서 문제를 푸는 습관이 필요합니다. 별도의 수학풀이공책을 만들고 모든 문제는 풀이공책에 푸는 습관을 기르세요! 이것이 가장 중요합니다. 풀이공책에 문제를 풀다보면 오답이 나오더라도 어느 부분에서 실수가 있었는지, 어느 부분을 내가 모르고 있는 것인지 정확한 진단이 나옵니다. 틀린 문제는 풀이공책에 다시 한번 풀어보고 정답과 비교하면서 어떤 차이가 있는지 정확하게 짚고 넘어가는 것이 매우 중요합니다.

문제를 많이 푸는 것도 중요하지만 한 문제를 두고 얼마나 고민하며 푸느냐가 더 중요합니다. 그런 점에서 문제집의 활용도 여러 문제집을 푸는 것보다는 하나의 문제집을 완벽하게 푸는 것이 훨씬 중요합니다.

많은 문제를 대충 풀면 실력이 자연스레 술술 쌓이는 과목이 있습니다. 그러나 수학은 절대, 절대, 절대로 그렇지 않습니다. 문제집에 있는 모든 문제에 대해 완벽한 풀이 과정을 자신 있게 적을 수 있다는 확신이 없다면 그것은 아직 부족하다는 것을 의미합니다.

두세 번 반복해서 같은 문제를 풀어보는 것, 한 문제를 두고 여러 가지 다른 풀이 방법을 고민해보는 것이 중요합니다. 수학은 반드시 깊게 공부해야 하는 과목입니다. 간략하게 정리해보자면,

① 시험 결과를 철저하게 분석하면서 결손이 있는 단원과 개념을 먼저 정확하게 파악하세요.

② 학교수업과 자습을 통해 기본 개념과 공식의 증명과정을 완벽하게 이해하세요.

③ 교과서, 익힘책에 있는 개념, 공식 증명, 문제를 모두 100% 이해하고 넘어가세요.

④ 문제집의 문제풀이는 반드시 별도의 공책에 꼼꼼히 풀이 과정을 적으면서 푸세요.

⑤ 틀린 문제는 풀이 과정에서 어느 부분이 잘못되었는지 정확하게 확인하세요.(정답과 풀이과정을 바로 보지 않고 고민하는 시간 갖기! 한 문제당 10분 이상)

⑥ 해결이 가능하다면 정답의 풀이와 나의 풀이의 차이점을 비교해보세요.

⑦ 공책에 다시 오답문제를 풀어봅니다.(당일 또는 다음 날)

⑧ 자투리 시간을 활용하여 오답노트를 자주 확인해봅니다.

⑨ 주말 등 특정 요일을 정해서 주중 오답문제들을 다시 공책에 풀어봅니다.

⑩ 매일 한두 시간씩 규칙적으로 수학 자습시간을 갖습니다.

⑪ 문제집 권수보다는 한 권이라도 얼마나 깊게 공부했느냐가 훨씬 중요합니다.

⑫ 학원 때문에 스스로 문제를 고민하고 풀어보는 시간이 부족하다면 학기 중 학원 수강을 과감하게 중단하세요.

수학과 선행학습(수학 로드맵)

많은 부모와 학생들이 가장 신경 쓰는 과목이 수학일 것이다. 입시에서 수학이 차지하는 비중이 워낙 크다보니 수학을 잡지 못하고는 원하는 대학에 들어가기가 어렵다. 그래서 많은 부모들은 우리 아이가 수학을 못할까 봐 걱정하게 된다. 이러한 상황에서 부모들이 쉽게 선택하는 것이 수학 선행학습이다.

수학 선행학습을 하는 이유는 크게 두 가지이다. 하나는 미리 배워두면 보다 쉽게 이해할 수 있다고 생각하기 때문이다. 아무래도 미리 한 번 배우고 간 학생이 더 잘 이해할 것이라고 생각하는 것이다. 다른 하나는 남들보다 앞서 가기 위해서이다. 수학은 다른 어떤 과목보다 위계가 분명한 과목이다. 따라서 학생 간의 실력 차가 분명하게 드러난다. 그래서 옆집 아이가 학교진도보다 앞서 나가면 이에 뒤질세라 쫓아가지 않고는 불안을 해소할 수가 없다. 이러한 불안이 선행학습을 유발하는 근본 요인이다.

수학 선행학습에 대한 불안을 잠재우기 위해서는 부모가 기준이 있어야 한다. 기준과 원칙 없이는 흔들릴 수밖에 없는 것이 부모의 마음이다.

97% 혹은 3%

수학을 잘하려면 현재 배우고 있는 수학을 잘하면 된다. 싱거운 말처럼 들릴지 모르겠으나 의외로 수학에서는 이 원칙이 무시된다. 그래서 많은 부모들이 현재 우리 아이의 실력과 상관없이 선행학습 경쟁에 뛰어든다. 고등학교 때 수학을 잘하는 아이는 중학교 때 수학을 잘했던 아이이다. 또한, 중학교 1학년 때 수학을 잘하는 아이는 초등학교 6학년 때 수학을 잘했던 아이이다. 그리고 6학년 때 수학을 잘하는 아이는 거의 예외 없이 5학년 때 수학을 잘했던 아이이다. 즉, 현재 배우는 수학을 잘하게 되면 다음 학년에도 무난히 잘할 수 있다. 따라서 수학을 잘하려면 현재 배우는 진도를 충실히 따라가는 것이 정도이다. 물론 예외도 있다. 상위 3% 정도의 아이라면 현재 배우는 수학을 잘 이해하고 다음 학년 수학도 무난히 소화할 수 있다.

문제는 97%에 속하는 대부분의 학생들이 상위 3%의 학습을 흉내 내고 있다는 것이다. 그 결과 선행학습 때문에 현재 배우는 수학이 부실해진다. 우리 아이가 97%에 속한다면 다음 원칙을 지켜야 한다.

초등학교 입학 전 원칙 : 수학 선행학습을 시키지 않는다

요즘은 대부분의 어린이집이나 유치원에서 수학을 가르친다. 또한 갖가지 학습지와 학원이 있다. 그러나 초등학교 입학 전에는 수학을 가르치지 않는 것이 원칙이다. 그 이유는 크게 세 가지이다. 첫째, 스트레스로 인해 수학을 싫어하게 될 수 있다. 구체적인 사물을 통해 세상을 이해하는 나이에 추상적이고 논리적인 사고가 필요한 수학은 아이에게 스트레스가 될 수 있다. 둘째, 수학에 흥미를 잃을 수 있다. 어릴수록 새로운 대상에 쉽게 흥미를 갖기도 하지만 반대로 익숙한 것에는 쉽게 흥미를 잃기도 한다. 따라서 지나친 선행학습 때문에 초등학교 1학년 수학은 지루할 수밖에 없다. 셋째, 수학은 아이의 인지발달 과정에 맞추어 가르치는 것이 가장 효과적이다. 사람의 인지 능력은 일정한 발달단계를 거치면서 성숙된다. 수학 교과서의 내용 조직은 단순히 난이도만 어려워지는 것이 아니라 해당 학년 학생의 인지발달에 맞추어 만들어진 것이다. 우리 아이가 천재나 영재가 아니라면 이 발달 순서를 절대 벗어나지 않는다.

다만, 수학을 가르치는 대신 수학적 사고를 할 수 있도록 돕는 것은 좋다. 예컨대, 각종 수학 교구들을 장난감처럼 가지고 놀거나 수학동화를 많이 읽는 것이다.

초등수학 원칙 : 현재 배우는 내용을 잘 이해한다

수학은 위계가 분명한 과목이다. 옆집 엄마가 어디에서 들은 '카더라 통신'에 흔들리지 말고 현재 배우는 내용을 잘 이해하면 앞으로도 수학은 어려움 없이 잘 해나갈 수 있다. 이를 위해서는 학교진도에 맞추어 꾸준히 예습, 복습을 하는 습관을 길러주는 것이 관건이다. 이 시기에 지나치게 많은 사교육은 올바른 공부습관 형성을 방해한다. 당장의 점수보다 올바른 학습태도와 습관을 형성하는 데 초점을 두어야 한다.

중등수학 원칙 : 현재 배우는 내용을 잘 이해했다면 심화학습을 한다

중학교 때도 초등수학 선행학습의 원칙이 여전히 유효하다. 수학을 잘한다면 선행학습보다 심화학습을 하는 것이 효율적이다. 심화학습은 선행학습하는 효과가 있다. 또한 현재 배우는 내용을 탄탄히 잡아준다. 다만, 심화까지도 무난히 소화하는 최상위권 학생이라면 중학교 3학년 때부터 자신의 역량에 맞추어 선행학습을 하는 것도 좋다.

고등수학을 위해서 철저히 준비한다

고등학교 수학을 따라가려면 선행학습이 필요한 게 현실이라고 말한다. 3학년까지 3년 동안 배워야 할 내용을 일찍 끝내기 위해 진도를 매우 빨리 나가기 때문이라는 지적이 있다. 하지만 선행은 진정한 해법이 되지 못한다. 선행학습이 아니라 빠른 진도를 따라가기 위한 준비를 철저히 하는 게 필요하다. 계속 강조한 것처럼 이전 학년 학습에서 취약한 부분은 없는지 철저히 확인하고 보완하면 일단 기본적인 속도를 맞출 수 있다. 고등수학에서 새로 배우는 단원에 대해서는 충분한 사전 탐색을 통해 어떤 준비를 미리 해야 속도를 높여 공부하는 데 어려움이 없을지 생각해보는 게 중요하다. 그냥 미리 진도를 나간다고 빠른 속도에 적응할 수 있는 능력이 길러지는 것은 결코 아니다. 일단 새로운 개념과 원리에 대한 배경지식을 충분히 쌓기 위해 수학 교양서 등을 읽고 정리하는 방법이 좋다. 빠른 속도를 따라가지 못하는 근본적인 원인에 해당되는 원리와 개념 이해의 어려움을 근본적으로 해결하기 위함이다. 그러나 이것도 중등수학을 제대로 이해하고 넘어간 학생에게 해당된다. 따라서 중하위권일수록 선행학습보다는 현재 진도에 맞추어 학습을 하는 것이 최선이다. 정말 선행학습을 하고 싶다면 현재 배우는 수학을 탄탄히 해야 한다. 고등수학도 중등수학에서 출발한다. 뿌리 깊은 나무가 바람에 흔들리지 않고 열매를 맺는 법이다.

부모 마음을 흔드는 말! 말! 말!

자식의 미래가 어두운데 어찌 부모 마음이 밝을 수 있겠습니까! 하지만 부모의 진심이 아니라 '조작된 불안감'이라고 생각해볼 필요가 있습니다. 대한민국 학부모들의 마음을 마구 흔들어 결국 불안감에 휩싸이게 만드는 말들을 파헤쳐 보겠습니다.

고등학교에서는 역전이 벌어지지 않는다

우리나라 입시 환경은 정말 변화무쌍합니다. 다양한 변화 중에서 부모의 경제력과 정보력이 점점 중요해진 것이 사실입니다. 사교육이 입시 결과에 미치는 영향력은 계속 커져왔습니다. 학생 개인의 노력만으로는 부족하고 부모의 능력까지 필요한 상황에서 당연히 역전은 쉽지 않습니다. 학생이 아무리 노력해도 부모의 경제력과 정보력까지 역전시킬 수는 없기 때문이겠지요.

하지만 사실 역전은 얼마든지 가능합니다. 부모의 경제력과 정보력이 거의 필요 없는 공부를 학생이 할 수 있으면 되는 겁니다. 외국에 어학연수를 가려면 부모의 경제력이 필수이지만 재미있는 스토리를 찾고 자신의 관심사를 영어자료를 통해 펼쳐나가면 어렵지 않게 학생 스스로 영어 실력을 기를 수 있습니다. 수학전문학원에 가려면 역시 돈이 필요하지만 재미있는 역사를 통해 개념을 배우고 까다로운 수학적 논리를 퀴즈나 게임처럼 즐길 수 있다면 돈 없이도 얼마든지 수학 실력을 기를 수 있습니다.

학생 개인의 노력으로 뒤늦게 본격적으로 공부를 시작해서 역전하는 게 이전보다 어려워진 것은 사실이지만 그렇다고 아예 할 수 없는 것은 결코 아닙니다. 문제는 바로 역전이 이제는 도저히 불가능하다는 생각의 확산과 고착입니다. 그렇게 생각하도록 만드는 사회적 압력을 통찰할 수 있어야 합니다.

처음부터 무작정 성적 경쟁에 나서는 것이 아니라 아이 스스로 자신의 관심을 소중하게 잘 살려가면서 학습능력을 기른다면 역전은 충분히 가능합니다. 하지만 역전이 얼마든지 가능하다는 생각은 사교육에 매우 치명적인 결과를 낳게 됩니다. 눈앞의 경쟁에 대한 불안감이 엷어지고 역전에 거는 기대감이 짙어질수록 사교육 수요는 급감할 것이기 때문입니다. 역전은 불가능하다고 굳게 믿어야 사교육을 찾게 된다는 사실을 간파해야 합니다.

무한 경쟁에서 계속 앞서나가는 것보다 자신이 선택한 길을 가다가 고등학교에 가서 본격적으로 경쟁을 하고 역전을 시도하는 것이 훨씬 성공확률이 높다고 확신합니다. 지금 성적 그대로 대학입시 결과가 결정될 것 같은 부모의 불안감은 결코 부모의 진심일 수 없습니다. 사교육 논리에 오염된 사회적 압력에 굴복한 결과라고 보는 게 옳습니다. 당장 성적은 엉망이지만 아이가 자기 나름대로 관심을 쫓아 열심히 체험도 하고, 책도 읽고 노력하고 있다면 역전을 기대해도 좋습니다. 부모의 진심은 바로 그런 기대감이 맞겠지요.(영어와 수학 그리고 독서를 돈 많이 들이지 않고 효과적으로 해결할 수 있는 방법은 당연히 찾아야 합니다. 교과 공부는 게을리 하더라도 자신의 관심을 잘 살려 충분한 독서량을 쌓는다면 역전의 기틀을 마련하고 있다고 봐도 좋습니다.)

성적이 부진하면 좌절한다

성적이 우수한 경우보다 부진한 경우가 당연히 자신감을 잃을 확률이 높겠지요. 하지만 성적만의 문제로 아이의 자신감과 의욕을 판단하는 것은 너무 좁은 생각 아닐까요. 성적은 형편없지만 자존감이 높은 아이들도 얼마든지 있습니다. 학교 시험과 성적에 대한 관심보다 자신만의 호기심을 발휘하여 무엇인가에 열정을 보이는 아이들을 보면 정말 성적이라는 것이 하찮다는 사실을 실감합니다. 반대로 우수한 성적을 보이지만 성적이 조금이라도 떨어지면 우울해지는 아이들도 많습니다. 자신이 하고 싶은 일은 거의 하지 못하고 오직 시험에만 매달린 결과 성적은 우수하지만 자존감은 위태로운 수준인 학생들이 급증하고 있습니다.

성적에 대한 주변의 반응, 특히 부모의 반응이 예민할수록 아이들의 자존감은 심각하게 훼손됩니다. 자신이라는 존재 자체에 대한 가치와 존중은 사라지고 오직 성적으로 모든 것을 평가받는 삶을 살아가는 아이들의 자존감은 정말 시험성적처럼 늘 위기를 겪는 것 같습니다. 자신감 또는 자존감은 단순히 시험성적에 의해 조형되지 않습니다. 자신만의 개성을 존중받고 자신이 하고 싶은 일에 대한 지지와 격려가 있다면 성적과는 무관하게 자존감을 기를 수 있습니다.

역시 문제가 되는 것은 성적과 자존감을 하나로 묶어서 생각하도록 강요하는 사회적 분위기라고 생각합니다. 성적은 그렇다 하더라도 성적 때문에 자신감을 잃으면 정말 희망마저 잃게 될 것 같은 부모의 걱정은 결코 부모의 진심일 수 없습니다. 성적에 대한 과민반응을 유발해야지만 생존이 가능한 사교육의 논리에 오염된 부모의 오해라고 보는 게 맞습니다. 성적이 떨어져도 아이에 대한 믿음을 잃지 않고 아이의 열정을 지원하는 부모들이 하나 둘 늘어난다면 분명 사교육에 대한 압박감에서 해방될 수 있을 것입니다. 아이의 자존감은 성적이 아니라 부모의 마음에 달려 있다고 봐야 합니다. 아이의 성적을 빌미로 부모 마음을 후벼 파서 불안하게 만들고 결국 사교육 구매 욕구를 자극하는 사회 분위기에 놀아나면 안 되겠지요.

명문대를 나오지 못한 인생은 고달프다

우리 사회는 여전히 학벌사회가 맞습니다. 명문대 졸업장이 있으면 그만큼 살아가기 쉬운 게 분명합니다. 특히 사회생활의 출발선에서 명문대 졸업생과 그렇지 않은 경우의 차별은 여전히 심합니다. 하지만 명문대라는 간판이 없으면 정말 인생이 고달프고, 어렵게 생계를 꾸려갈 수밖에 없다고 생각하는 것은 잘못입니다.

사회적으로 인정받는 엘리트로서의 삶이 전부라고 생각한다면 어쩔 수 없지만 자신의 삶을 자기 방식대로 개척해나가는 사람에게 학벌은 휴지조각에 불과한 게 사실 아닙니까. 우리 사회에는 정말 별다른 학벌 없이 자신의 열정과 노력 그리고 실패를 딛고 일어선 집념으로 성공한 사람들이 얼마든지 있습니다. 하지만 그들을 소수의 예외라고 생각하도록 만드는 사회적 압력에 직면하게 됩니다.

명문대 진학을 위한 입시 경쟁 대열이 혹시라도 흔들린다면 과연 어떤 일이 벌어질까요? 명문대 진학이 아니라 자신의 삶을 자기 방식대로 개척해나가는 것이 진정으로 성공적인 인생설계라는 인식이 확산된다면 과연 어떤 일어 벌어질까요?

명문대에 대한 강박관념을 유발하고 거기에 기생하는 사람들이 너무도 많습니다. 그들이 강요하는 패배자나 낙오자가 될 것 같은 불안감 역시 부모의 진심일 수 없습니다.

처음부터 남을 의식해야 하는 성적 경쟁이 아니라 자신의 소질과 관심에 집중한 삶은 질적으로 다릅니다. 자기 것에 대한 열정 없이 남과의 경쟁에만 몰두한 사람이 명문대 진학에 실패하면 정말 대책이 없는 겁니다. 자기 삶에 대한 열정이 있는 사람에게 학벌은 거추장스러운 장식에 불과할 따름입니다. 그리고 앞에서 언급한 것처럼 자기 삶에 충실한 학생은 굳이 성적 경쟁에 일찍부터 매달리지 않아도 자신의 관심을 실현하면서 기른 학습능력을 발휘하면 명문대 진학이 결코 어렵지 않다는 사실도 덧붙입니다.

나는 누구 편인가?

유리한 경쟁이 있고 불리한 경쟁이 있습니다. 처음부터 성적 경쟁에 유리한 아이들이 분명 있습니다. 공부라는 일에 재능을 가진 아이들이겠지요. 그들을 앞세우고 무한경쟁을 강요하는 사람들이 사교육이라는 산업에 즐비합니다. 그들의 논리가 바로 '역전은 없다. 성적 부진은 좌절이다. 학벌이 필수다.'라는 주장입니다. 정말 그들의 주장에 마음이 흔들린다면 결국 그들 편에 서는 것과 다르지 않다고 생각합니다. 아무리 부모 마음이 절실하더라도 사교육 논리에 휘말리게 되면 아이를 위한 부모가 아니라 사교육을 위한 부모가 되는 것 아닐까요?

최소한 초등학교까지 주목해야 할 것은 결코 성적이 아닙니다. 공부에 유리한 아이들의 들러리가 되기를 진정 원치 않는다면 아이의 호기심을 연료 삼아, 관심을 엔진 삼아, 아이가 스스로 선택한 일에 열정을 발휘할 수 있도록 지원하고 격려하는 것이 진정한 승부수라고 생각합니다. 초반에는 경쟁에서 발을 빼고 나중에 준비가 된 상태에서 경쟁에 참여하는 부모의 지혜가 마지막 희망입니다. 부모가 흔들리면 아이들은 뿌리가 뽑힙니다. 조작된 불안감에서 벗어나기 위해 부모로서 무엇이 필요한지, 진정한 부모역할에 대해 고민해보아야 할 것입니다.(사교육걱정없는세상에서 운영하는 '노워리 상담넷'에서 사교육과 관련한 고민을 상담받을 수 있습니다.)

3부
영어야,
영어야!

영어와 만나고
싸우고 헤어지고

요즘 아이들은 매우 어릴 때부터 영어를 배운다. 그리고 영어에 흥미를 느끼기도 전에 학습지 또는 학원을 통해 알파벳 따라 쓰기, 단어 외우기와 같은 학습을 강요받는다. 아이에게 처음부터 영어는 언어가 아니라 그저 공부인 것이다. 그런데 부모의 조바심이 영어를 더욱 어렵게 만든다. 우리나라는 영어를 생활 속에서 사용할 수 없는 환경임에도 불구하고, 아이들에게 원어민처럼 말하고, 생각하고, 쓰기를 강요하고 있다.

사실 현재 교육과정상의 영어는 그리 어렵지 않다. 초등학교 영어 교육과정이 정하고 있는 필수단어는 생활어 수준에 맞추어져 있다. 중학교 영어는 기본 문법을 더 가르치고, 고등학교 영어는 이전에 배운 어휘와 기본 문법을 기반으로 다양한 글감을 읽어낼 수 있는 능력을 요구한다. 예습, 복습만으로 학교 영어수업을 따라가는 데 문제가 없다. 예습과 복습, 꾸준한 영어 독서가 이루어지고 있다면 어떤 영어도 겁낼 필요가 없다.

초등학교 저학년 영어

초등학교 저학년 때는 시험, 문법, 레벨에서 자유로워야 한다. 대신 영어의 재미를 찾게 해야 한다. 뜀틀을 넘기 위한 도움닫기를 제대로 할 수 있는 능력을 키워주어야 하는 시기인 것이다. 단어 외우기, 레벨 테스트는 점프하여 높이 날아오르고자 하는 의지를 꺾는다. 영어를 잘하기 위해 하는 것들이 영어에 실패하도록 만드는 일등공신이 될 수 있다.

Q 파닉스로 시작한 영어, 아이가 너무 어려워해요

딸아이는 초등학교 2학년이고, 학교방과후 영어수업을 듣고 있습니다. 그런데 방과후 영어수업 강사의 수업방법이 마음에 들지 않아요. 아이들이 수업내용을 이해하는지 살피는 것보다 진도 나가는 것을 우선시하는 느낌이에요.

방과후 영어수업을 1학년 때부터 했는데, 처음부터 파닉스를 중심으로 수업이 진행되었어요. 게다가 무조건 테스트를 강조하니 아이는 철자도 모르는 상태라 버거워했어요. 계속 수업을 듣긴 하지만 성적은 낮습니다. 전체적인 개념 자체를 이해하지 못하는 것 같아요.

이럴 때는 어떻게 해야 할까요? 방과후 영어수업을 계속해야 할지, 그만둬야 할지 모르겠습니다. 아이의 영어학습을 위한 뾰족한 대책이 있을까요?

A 초등학교 영어학습의 핵심은 노출이에요

학교에서 진행하는 방과후 수업이라서 믿고 보냈는데 실망스러워 마음이 답답할 만도 합니다. 저도 아이가 어릴 때 파닉스 학습지로 가르쳐본 적이 있습니다. 그런데 별로 도움은 안 되고 오히려 아이가 점점 더 영어를 싫어하게 되고 스트레스를 받곤 했답니다.

그래서 과감하게 그만두고 집에서 매일 부담되지 않는 분량의 영어 듣기를 시작했습니다. 애니메이션, 교과서 CD, 영어동요 등 다양한 내용을 정말 꾸준히 들려주었어요. 그랬더니 더 이상 스트레스 받지 않고 영어를 받아들이더군요.

그리고 아이가 흥미와 관심을 보이고 필요하다고 느꼈을 때 쓰기, 단어 외우기 같은 학습을 시작했습니다. 엄청난 기록을 세울 정도로 잘하지는 않지만 자기가 하려는 일에 영어가 걸림돌이 되지는 않았습니다. 지금은 성인이 되어 직장생활을 하는데 영어를 좀 많이 사용하는 곳에서 일을 하고 있답니다.

영어를 시작할 때는 부담 없이 영어에 노출되는 것만으로 충분하다고 생각합니다. 영어는 성인이 될 때까지 계속해야 하는 것인데 어렸을 때 벌써 싫어하게 되고 어려운 것으로 인식하게 되면 얻는 것보다 잃는 것이 더 큽니다.

덤

초등학교 저학년을 위한
영어 노출법

아이가 영어에 대한 흥미를 가지고 있다는 전제 하에 일주일에 세 시간 정도 노출하는 것이 바람직하다. 하루에 세 시간이 아니라 일주일이라는 것을 기억하자.

① 짧은 영어 애니메이션 한 편 보기(30분~1시간 이하)

되도록 자극적이지 않은 내용의 애니메이션을 선택한다. 예를 들면 〈도라 디 익스플로러〉, 〈뽀롱뽀롱 뽀로로〉 정도가 좋다. EBS 방송이나 재능방송을 통해 무료 시청 가능한 것들을 이용해본다.

② 우리나라 초등학교 영어 교과서 CD 흘려듣기

초등학교에서 3학년부터 무료로 제공한다. 혹시 주변에서 얻을 수 있으면 미리 들어볼 수 있다.

③ 아이가 좋아하는 DVD 흘려듣기

④ 영어그림책 읽어주기

꼭 해야 하는 건 아니다. 영어를 읽어줄 수 있는 부모님만 하면 된다. 읽어주기 어려운 경우에는 영어그림책 오디오를 책을 보면서 흘려듣거나 책만 구경해도 좋다.

⑤ 영어동요 흘려듣기

⑥ 아이가 원하는 다양한 영어학습 활동하기

쓰기, 그리기, 스티커 붙이기 등 시중에 나온 교재들을 활용해도 좋다.

이런 활동들을 매일 하라는 게 아니다. 하루에 딱 한 가지만 하면 된다. 가끔 쉬기도 하고. 물론 아이가 더 하고 싶어 하면 더 해도 된다. 대신 모든 활동은 아이가 선택한 대로 진행하고, 너무 많이 하려고 할 때는 오히려 자제시키는 것이 좋다. 비디오 시청에 중독되는 상황이 오면 곤란하다.

이런 활동을 오늘은 한 번만 하고 다음날엔 두 번을 하고 계속 몇 달간 세 번을 하다가 여섯 번으로 바꿔서 몇 달을 하는 식으로 해도 상관없다. 아이가 원하는 대로 진행하여 흥미를 갖게 하는 것이 중요하다. 함께하는 엄마도 지치지 않아야 아이도 즐겁게 할 수 있다.

책 읽기와 영어

반기문 유엔 사무총장의 한국식 영어 발음은 유명하다. 하지만 그의 연설에서 발음을 지적하는 외국인은 없다. 완벽한 영어란 원어민 같은 발음으로 말하는 것이 아니라 내 생각을 잘 전달할 수 있는 내용이 있는 영어이다. 완벽한 영어 발음을 위한 교육보다 생각을 전달할 수 있는 내용과 사고를 위한 교육이 먼저인 이유이다.

미국에 살고 있어도 좋은 글을 접하지 못한 아이는 저급한 영어를 구사하기 쉽다. 고급영어를 한다는 것은 주어진 텍스트를 정확히 이해하고 읽을 수 있으며 글쓴이의 의도가 무엇인지 파악하는 것이다. 그리고 이를 바탕으로 내 의사를 표현할 가장 좋은 방법을 선택하는 것이다. 영어책 읽기는 고급영어를 학습하는 아주 좋은 방법이다.

Q 영어책 읽기로 영어학습을 할 수 있나요?

초등학교 4학년인 아들은 책 읽기를 매우 좋아하고, 책도 상당히 빨리 읽는 편입니다. 그래서인지 국어를 잘합니다.

저는 아들에게 학습에 대한 부담을 최대한 주지 않으려고 노력해왔고, 그래서 영어도 2학년 때 학습지로 시작했습니다. 하지만 1년 4개월 정도 하다가 아들이 싫어하는 것 같아 작년 여름에 그만두었어요.

그런데 4학년이 되자 아들이 영어에 대해 조금 걱정하는 것 같습니다. 그래서 학원에 한번 다녀보겠냐고 물었더니 그러겠다고 하더군요. 영어에 관심을 갖게 하는 것이 목적이어서 놀이 중심의 학원을 찾았습니다. 그런데 학원 테스트 결과 아들은 1~2학년 수준이라는 것입니다. 요새는 워낙 일찍 영어를 시작하니 그런가 봅니다. 1~2학년 수업에 4학년인 아들을 보내는 것은 안 될 것 같아 고민입니다.

아들이 책을 좋아하기 때문에 영어단어 학습을 먼저 시킨 뒤, 영어책을 혼자서 읽게 할 생각인데 좋은 방법일까요? 막상 계획을 세우고 보니, 영어단어 공부를 언제까지 해야 할지도 잘 모르겠고, 영어책을 어떻게 읽도록 해야 할지도 막막합니다.

A 아이가 책 읽기를 좋아하니 영어도 분명 잘 해낼 거예요

국어를 잘하고, 스스로 공부하는 습관이 있는 아이라면 영어도 사교육에 의존하지 않고 해낼 수 있습니다. 단어 공부, 영어책 읽기, 영화 보기, CD 듣기 등의 방법으로 천천히 아이가 해낼 수 있는 만큼 해보면 좋겠습니다. 단, 단어 공부는 별도로 하는 것보다 영어 듣기와 영어책 읽기를 하면서 함께 해야 효과적입니다. 한 가지 더 추천하자면 학교에서 주는 학습용 CD-ROM이 있지요.

학교수업에서 자신감을 잃게 되면 영어에 대한 흥미도 잃는 경우가 있으니 학교수업의 진행에 맞춰 학습용 CD-ROM 교재와 교과서를 잘 활용하면 자신감을 갖는 데 효과가 있습니다. 그리고 아이가 할 수 있는 만큼 원하는 방법으로 계획한 것들을 꾸준히 진행하면 됩니다.

서점에 가면 많은 영어그림책이 있는데, 그중에서 요일, 숫자, 동물, 색 등 초등학교 영어에서 익혀야 할 어휘가 포함된 짧은 문장으로 구성되어 있는 책을 고르세요. 아이에게 친숙한 그림책의 영문판을 고르는 것도 좋아요. 짧은 문장을 반복하여 읽으면 영어에 친숙해지고 영어단어는 물론 문장 구조를 익히는 데도 효과적입니다.

영맹 아이를 위하여

모든 학습이 그렇듯이 아이들은 흥미와 필요가 있을 때 훨씬 적극적으로 받아들인다. 어린아이들이 글자를 스스로 배우게 될 때의 원리를 생각해보면 간단하다. 연령이 올라가면서 이야기를 듣고 대화를 하게 되며 상대편의 반응을 통해 나의 이야기를 전달하게 된다. 그러면서 주변 환경의 글자를 읽어야 편한 상황에 놓이게 되는 경험을 한다. 친구 이름, 가게 간판 등을 읽게 되어 편리함을 알아가는 과정을 경험하게 된다. 영어도 마찬가지이다. 아이가 흥미 있어 하는 것을 찾아서 가랑비에 옷 젖듯 시작해야 한다.

Q 초등학교 6학년 영맹 아들, 무엇부터 해야 할까요?

초등학교 6학년인데도 영어라고는 겨우 알파벳 정도를 아는 '영맹' 아들을 둔 엄마입니다. 사교육비 감당할 능력도 안 되었지만 무엇보다 아이가 공부하기를 너무 싫어했습니다. 사랑하는 아들이랑 싸우며 살기 싫어서 그냥 방치한 채 그렇게 6년을 보냈습니다.

그런데 중학교 입학을 앞두고 있으니 이젠 겁이 나네요. 중학교에 가면 우리 아들처럼 영어 모르는 애는 없을 테니까요. 그런데 어디서부터 무엇을 시작해야 할지 도통 감이 오지 않습니다. 이제 아들도 영어공부를 해야 될 것 같다고 해요. 어떻게 시작해야 할지 알려주세요.

A 기초에 가장 충실한 교재는 교과서예요

아이의 중학교 진학을 앞두니 갑자기 마음이 무거워지죠! 현실적으로도 초등학교와 중학교는 다른 세상이니까요. 중학교에 들어가면 영어가 일단 정규교과에 들어가 있으니, 영어공부를 할 때 학교수업을 생각하지 않을 수 없습니다. 영어의 기본을 다지면서 학교수업도 준비하는 방법은 영어 교과서로 공부하는 것입니다. 교과서에 있는 문장은 가장 기본적인 것이면서도 앞으로의 지속적인 영어공부에 꼭 필요한 내용을 담고 있으니 첫 교재로 손색이 없습니다.

그럼 어떻게 공부할까요? 우선 매일 교과서 CD를 듣고 따라하면서 영어의 소리에 익숙해져야 합니다. 어느 정도 외울 수 있거나 따라하는 데 무리가 없다 싶으면 단어를 정리하고 내용을 파악합니다. 이때는 너무 깊게 문법을 공부하거나 우리말로 완벽하게 해석하지 말고 대강 이런 내용을 이렇게 말하는구나 정도면 됩니다. 그리고 매일 큰 소리로 50번 이상 읽으면서 자연스럽게 암기가 될 수 있도록 하는 것이 좋습니다. 50번이 많다고 느껴질지 모르겠지만 중학교 1학년 교과서는 내용이 짧은 것부터 시작하기 때문에 시간이 많이 걸리지 않습니다.

아이가 힘들어 하면 아침, 저녁으로 나눠서 하는 것도 방법입니다.

읽고 말하기에 익숙해졌다고 생각되면 쓰기 연습도 하세요. 더욱이 요즘엔 수행평가나 정기고사에도 서술형 평가가 있어 쓰기 능력도 중요하므로 외운 내용을 써보는 연습이 필요합니다.

엄마가 함께하면 아이에게 큰 힘이 될 것입니다. 교과서의 회화 내용을 아이와 대화하듯이 번갈아가면서 읽어보세요. 한국에서 영어를 배우고 공부하는 것은 쉽지 않습니다. 아이가 꾸준히, 포기하지 않도록 도와주는 것이 유일한 방법이 아닐까 합니다.

수능을 바라보다

수능은 다독의 결정체로 만들어지는 시간 싸움이다. 또한 듣기 영역의 비중이 매우 높아 어느 한순간 벼락치기로 완성될 수 없다. 대부분의 아이들이 수능 영어시험을 보고 나서 '시간이 부족하다.'고 이야기한다. 당연하다. 단편적인 지문, 끊어진 텍스트만을 배워 온 아이들에게 긴 문장을 호흡하는 능력이 있을 리 없다.

영어책을 오랫동안 다독하거나 장편을 읽는 동안 아이들은 단어를 따로 배우거나 짧은 지문을 연습하지 않는다. 그러나 글을 읽는 추론 능력이 생기고 책 읽는 수준이 높아져 혼자서 책 읽는 즐거움이 더해지면 결국 읽기 능력이 말하기와 듣기 능력을 끌어올리게 된다. 아이가 영어를 잘하길 바란다면, 영어 마라톤을 뛸 수 있는 긴 호흡을 갖게 하자.

Q 대입 수능의 외국어영역은 어떻게 준비해야 하나요?

아이가 현재 중학교 1학년입니다. 지금까지는 영어로 의사소통하는 것에 목표를 두고 공부를 해왔습니다. 영어학원도 몇 년 다녔고, 집에서 해보기도 하고, 여러 가지 방법을 써보았지만, 아이 스스로 하겠다는 의지가 부족하니, 매일 싸움이네요.

그래서 의사소통은 때가 되면 할 거라고 생각하기로 했어요. 발등에 불이 떨어지면 노력하겠지요. 그런데 다른 고민이 생겼습니다. 학원에 다니지 않고 스스로 공부해도 수능 영어에서 좋은 점수를 받을 수 있나요? 그렇게 하려면 어떻게 해야 할까요?

A 만만치 않은 수능 영어, 꾸준한 독서와 듣기가 답이에요

최근 영어는 수학만큼 어려워지고 있습니다. 오히려 수학은 조금씩 어렵지 않게 출제하는 추세인데 영어는 점점 더 문맥 흐름뿐 아니라 정확한 의미 파악에 중점을 두다보니 2009년 수능을 기점으로 매우 어려워지고 있다는 분석입니다.

듣기는 어느 날 갑자기 되는 것이 아니므로 매일 30분 내지 한 시간씩 듣는 훈련이 필요합니다. 매우 어렵거나 기출문제를 벗어난 획기적인 출제가 이루어지지는 않습니다. 꾸준히 듣는 연습이 관건입니다.

독해는 문항 수가 가장 많으며 난이도가 점점 높아지고 있습니다. 단순 기출문제만 푼다거나, 문장 단위의 문법만 공부해서는 안 됩니다. 단어도 단어장 위주의 암기는 조심해야 할 부분이 있습니

다. 최근 시험에서 단순 어휘에 관한 질문은 단 한 문제도 없었습니다. 모두가 다 문장 안에서 흐름을 찾는 것이었습니다. 평소에 영어 독서가 꾸준히 이루어져야 충분히 대비할 수 있습니다.

또 국어를 잘해야 하는 것이 필수입니다. 문맥을 이해하는 능력은 문제를 많이 풀고 단어만 죽도록 외운다고 생기지 않기 때문입니다. 단어도 문장의 흐름 안에서 읽어낼 수 있어야 하고 많은 글을 읽으며 문법도 정확한 공통의 원리를 찾아낼 수 있어야 합니다.

아직 중학교 1학년이니, 시간이 많습니다. 남은 시간을 듣기와 읽기에 집중하여 꾸준히 시간을 투자한다면 분명 좋은 결과가 있을 것입니다.

사교육의
유혹

비싼 돈을 내고 원어민과 빨리 시작해야 좋은 결과가 나올 것이라는 덧없는 상술의 믿음에서 빠져나오자.

한글을 익힐 때 세 살부터 일곱 살까지 몇 년에 걸쳐 시간과 돈을 투자하여 배우게 하는 경우가 많다. 그러나 적기의 아이는 한글을 두세 달이면 즐겁게 배운다. 모든 교육의 원리가 그러하다. 때가 되는 시기에 하는 교육, 그것이 적기교육이다. 영어도 아이가 관심을 갖고 쉽게 배우는 것이 중요하다. 조기보다 적기가 더 시간과 내용에 있어 훨씬 유리하다는 깨달음을 얻어야 한다.

특히 영어를 언어로 바라본다는 것은 길게 보고 오래 기다려주어야 한다는 뜻이다. 인스턴트 음식은 바로 먹을 수 있어 편리할지 모르나 내 건강에는 도움이 되지 않는다. 단어를 몇 개 외우고 외운 것을 시험 쳐서 얻은 학원레벨이 아이의 영어 실력이라는 생각에서 벗어나자. 여유를 가지고 꾸준히 하다보면 자연스럽게 늘 수 있다는 게 영어의 장점이다. 열정이 있다면 언제든 시작할 수 있는 것이 영어이다.

너도나도 영어유치원

'오로지 영어를 잘할 수만 있다면 다른 것들은 보지 않아도 되지 않을까?', '영어에 노출시키는 건 내가 해줄 수 없는 것인데, 그나마 영어유치원에 보내면 낫지 않을까?'라는 생각에 많은 부모들이 영어유치원을 선택한다. 그리고 '남들은 빚도 내서 해외까지 보내주는데 난 이 정도면 보통이지.'라며 스스로를 위안한다. 그리고 영어유치원에서 배운 영어단어를 아이가 내뱉는 모습을 볼 때마다 '그렇지.' 하며 마음속으로 박수를 쳐본다.

그러나 아이가 내뱉는 의미 없는 단어 대신 잃어버린 다른 중요한 것들은 없을까? 모든 대한민국 아이들이 톰과 제인이 될 수는 없다. 원어민처럼 발음하기, 원어민처럼 의사소통하기, 원어민처럼 알아듣기……. 영어공부는 끝도 한도 없다. 영어로 무엇인가를 배워 내 생각을 표현하는 즐거움을 알기도 전에 지겹고 한도 끝도 없는 영어경쟁에서 아이들이 지치고 있다. 글자를 읽지 못해 국어를 못하는 것이 아닌 것처럼 영어를 읽지 못해 영어를 못하는 것이 아니다. 내용을 이해할 수 있는 사고체계가 먼저 만들어지지 않았기 때문이다.

Q 영어유치원과 일반유치원 중 어디를 선택해야 할까요?

딸이 영어유치원에서 10개월을 보내고 곧 7세반이 됩니다. 그런데 일반유치원이나 학교병설유치원으로 옮길까 하는 생각 때문에 요즘 고민이 많습니다.

아이가 영어유치원 생활을 즐거워하고 영어도 꽤 좋아하지만 7세 일반유치원에서 교육받을 수 있는 것들이 아쉽기도 하고, 사실 투자한 금액에 비해 영어유치원의 효과가 만족스럽지 못하기도 하고요. 그러면서도 이제껏 영어유치원에서 보낸 시간이 무의미해질까 봐 걱정 또한 된답니다. 혹시 초등학교에 들어간 뒤, 1년 더 보낼걸 하고 후회하게 될까 봐 두렵습니다.

A 영어유치원은 학원에 불과해요

대부분의 부모가 경제적 부담만 아니라면 아이를 영어유치원에 보내야 하지 않을까 고민합니다. 하지만 영어학습의 효율성을 생각한다면 영어유치원은 오히려 합리적인 선택이 아닙니다.

6~7세의 시기는 우리말을 익히면서 추상적 개념과 사고가 본격적으로 발전하는 때이므로 자신의 연령보다 낮은 3~5세 수준의 대화를 영어로 주고받는 영어학원의 학습은 아이의 지적, 정서적 성장에 오히려 해가 됩니다. 별로 얻는 것 없이 정작 중요한 것은 잃어버리는 어리석은 선택인 것이죠.

제가 가르친 학생들이나 지인들의 아이들을 보면 6, 7세에 종일반 영어학원을 다닌 학생들이 초등학교 저학년 때는 친구들에 비해

월등히 영어를 잘하는 것 같지만 고학년이 되면 결국 비슷한 실력이 되는 경우가 많았어요. 걱정하지 말고 또래와 자기 수준에 맞는 대화를 하고 함께 놀이하며 배울 수 있는 교육기관에 보내세요.

사교육으로 시작하는 영어

처음부터 완벽하길 바라지 말자. 아이의 흥미가 영어 듣기가 될 수도 있고 영어 비디오 시청이 될 수도 있다. '말하기, 듣기, 읽기, 쓰기'의 네 가지 영역을 처음부터 다 잘하길 바라는 것은 욕심이다. 한 가지 영역을 즐기며 꾸준히 하다보면 나머지 영역도 자연스럽게 향상된다.

왜 해야 되는지도 모르는데 꼭 필요하다며 여러 가지를 동시에 하다보면 아이들은 쉽게 지친다. 일단, 아이의 흥미에 맞는 영역을 골라 적은 양부터 시작해보자. 비디오 보기, 영어그림책 읽기, 효과음이 많은 음악과 함께 있는 영어동요 부르기 등 여러 가지 방법이 있을 수 있다. 꼭 필요하다는 조바심에 무 자르듯 네 영역을 따로따로 배우고 게다가 문법이나 단어까지 시험 치는 영어공부는 흥미 잃는 방법을 돈 주고 가르치는 것과 같다.

Q 방문학습지로 영어를 시작하는 건 어떨까요?

예비초등학생을 둔 엄마입니다. 아이가 초등학교에 가려니 주변에서 자꾸 말들이 많아지는군요. 저는 평소 어린이집에서 수업하는 CD를 꾸준히 아침 시간이나 어린이집에 데려다주면서 차에서 틀어주고 어려서부터 영어에 대한 노출은 조금 시켜준 편이라 생각합니다.

집에 있는 익숙한 그림책이 영어책으로도 나와 있기에 친숙한 영어그림책으로 좀 더 영어에 노출을 시켜주려고 계획 중입니다.

그런데 얼마 전에 아이가 방문학습지를 하고 싶다고 하더군요. 좀 더 많은 단어를 알고 싶다면서요. 최근 인물그림책에 빠져 세계지도와 지도 속 나라들에 대해서 관심을 보이더니 언어에도 관심이 생긴 듯합니다. 평소에 책 읽기는 꾸준히 하는 편이라 이해력은 어느 정도 있는 것 같고요.

아이랑 대화를 해보니 잠깐의 호기심은 아닌 듯한데 이대로 방문학습지를 시켜서 알파벳이라도 공부시켜야 하는 건지 마음이 자꾸 흔들리네요. 너무 이른가요?

A 영어 사교육을 시작하기 전에 고려할 점을 알아보세요

영어는 아이뿐 아니라 부모에게도 낯선 존재이지요. 그래서 아이의 영어학습을 고민할 때, 많은 부모들이 사교육을 생각하게 되고요. 하지만 사교육을 시작할 때 아래의 문제점을 꼭 고려해야 합니다.

① 한번 시작하면 그만두기가 어렵습니다.

처음엔 가벼운 마음으로 시작하게 되는 사교육이 점점 중독으로 빠지게 될 위험에 대한 우려입니다. 왜냐하면 마케팅 전략이란 것이 있어서 빠져나가기가 어려운 점이 있거든요.

② 본전 생각에 애 잡는 수가 있습니다.

처음엔 절대 그럴 마음이 아니었는데, 선생님이 오신다는데 아이가 해야 할 것을 안 했다거나, 교재가 자꾸만 밀린다거나, 아이는 나름 재미있어 하는 것 같긴 한데 투자한 비용에 비해 결과가 나오는 것 같지 않다거나 하면 본전 생각에 애를 다그치게 되는 일이 생깁니다.

③ 사교육 선생님과의 관계도 하나의 인간관계입니다.

언제든 아이가 하기 싫을 때 그만두면 된다고 하지만, 사교육 선생님과의 인간관계에 대해서도 신중해야 한다고 생각합니다. 자기 기분 나쁘면 "끊으면 되지요." 이렇게 말하는 아이들에게 사교육 선생님들은 마음의 상처를 많이 받곤 합니다. 또 한편으로는 아이가 학습을 하고 싶어 하지 않는데, 선생님과의 정 때문에 이럴 수도 저럴 수도 없어서 그만두지 못하는 경우가 있기도 하고요. 반대로 아이가 돈으로 여겨지는 영리 목적의 대상이 되면 아이들이 상처를 받기도 합니다. 돈 주고 사고 필요 없으면 끊어버리는 그런 인간관계로 가면 곤란하지 않겠습니까?

④ 배움에 대한 창의성은 상실되고, 의존성이 생길 수 있습니다.

기타를 예로 들어보겠습니다. 과거에는 기타를 배우고 싶다는 생각이 들면 일단 기타를 하나 구해 교본을 보면서 혼자 연습하거나 어깨너머로 선배들이 하는 걸 보고 배우곤 했습니다.

그런데 요즘 아이들은 어른들도 그렇지만, 뭔가 배우고 싶다는 기특한 생각이 드는 순간 학원을 찾습니다. 바로 가르쳐줄 선생님부터 찾는 거죠. 아이들 중에는 자기가 공부를 못하는 이유는 값싼 사교육을 받기 때문이라고 생각하는 경우도 있답니다. 그리고 공부할 마음이 드디어 생겼다고 하는 것이 일단 학원 알아보는 것입니다. 그러다보니 '공부=사교육'으로 당연하게 인식하는 경향도 생기더군요. 물론 좋은 선생님께 처음부터 제대로 배우면 좋겠죠. 그러나 무엇보다 중요한 것은 혼자서 해보겠다는 생각을 가지고 시도하는 것입니다.

그래서 제안합니다. 먼저 아이가 정확하게 영어의 어떤 것을 배우고 싶어 하는지를 살펴보는 것입니다. 말씀하셨듯이 알파벳을 알고 싶어 하는 것이라면 학습지 선생님의 도움 없이도 부모님의 도움이면 충분합니다.

이미 집에서 엄마가 조금씩 도움을 주고 계셨으니 가능할 것 같거든요. 그리고 알파벳이 아니고 다른 것을 원한다면 그것이 무엇인지 알아야 하겠지요. 그걸 알아내면 그에 맞는 교재나 EBS 방송 프로그램을 활용하여 가정에서 조금씩 가능하지 않을까요? 아이가 지루해한다면 언제든 그만두기도 좋습니다.

그렇게 해서도 채워지지 않는 그 무언가가 있다면, 좋은 학습지, 학원을 알아보아 선택적으로 활용할 수 있을 거라고 생각합니다.

해도 고민 안 해도 고민인 영어 사교육

영어캠프, 해외언어연수, 원어민 영어교육 등 최적의 영어환경을 위해 우리는 끊임없이 영어교육 사냥에 나선다. 그러나 최고의 영어환경을 만들어주기 위한 노력보다 더욱 필요한 것은 우리 환경에서 어떻게 하면 영어에 관심을 갖게 하느냐, 하는 문제이다.

책이나 비디오의 이야기들은 여러 경험을 상상할 수 있는 환경을 제공해준다. 개인적 다독의 속도에 비하면 오히려 커리큘럼에 맞춘 진도는 느리고 자유롭지 못하다. 부모는 영어 실력이 없는 것을 걱정하기 전에 자녀가 스스로 할 수 있는 능력을 믿자. 좋은 그림책을 보여주고 좋은 오디오와 비디오를 즐길 수 있는 시간만으로 영어에 관심을 갖게 하는 환경은 충분하다.

Q 아이의 영어 사교육 스트레스를 없애주고 싶어요

저는 초등학교 2학년 아들을 둔 아빠입니다. 요즘 제가 아들의 영어 사교육 문제로 고민이 많습니다.

아들은 영어유치원에 다녔고 지금은 영어학원에 다니며 주 1회 한 시간 원어민 수업을 받고 있습니다. 그런데 영어 실력이 향상되기는 커녕 떨어지고 있습니다. 학원에서는 또래 친구들에 비해 레벨이 낮아진 상태이고 집에 오면 학원 숙제에도 관심을 보이지 않아요.

엄마가 시키면 하는 척은 하는데, 그런 공부가 얼마나 효과적이겠습니까? 도리어 영어에 대한 반감만 생겨 영어를 아예 포기하지는 않을까 걱정입니다. 그래서 저는 아들이 영어 스트레스에서 벗

어나도록 당분간 사교육을 받지 않게 하고 싶은데, 아내의 의견은 다릅니다. 어떻게 아내를 설득해서 아들의 영어 스트레스를 해결해 주어야 될지 고민입니다.

A 길게, 멀리 내다보세요

이제 초등학교 2학년인 아들이 영어 스트레스에 시달리고 있다니 마음이 아픕니다. 숙제가 많은 영어학원에 다니고 있는 것 같은데 우선 학원을 그만두거나, 숙제가 거의 없고 재미 위주의 활동을 하는 영어학원에 다니게 하면서 영어에 대한 스트레스를 없애는 게 우선일 것 같습니다. 학교에서 하는 방과후 영어수업도 괜찮습니다.

영어유치원도 다녔고 같이 다닌 아이들의 영어 실력은 쭉쭉 올라간다는데 내 아이의 레벨은 오히려 내려간다면 저라도 초조한 마음이 생겼을 것 같습니다. 하지만 시행착오를 겪은 저인지라 아버님 생각에 먼저 동의합니다. 우선 '아이의 영어 실력 향상을 위해 길게 보자.'고 아내를 설득해보는 건 어떨까요?

영어는 초등학교 때 완성해야 한다며 맹렬하게 몰아붙이는 어머님들이 많은데, 성공하는 소수를 빼고는 오히려 아이들을 영어에 질리게 만드는 경우를 주변에서 많이 보았고, 보고 있습니다.

아버님께서도 "영어, 천천히 가도 된대." 이 한마디로 끝내지 말고 도움이 될 만한 글들을 어머님과 같이 읽고 주기적으로 아들의 영어학습에 관심을 보여야 할 것입니다.

영어학원은 필수인가?

영어는 언어이다. 언어는 그 어떤 방법으로도 쉽게 성과가 나타나지 않는다. 미국 아이들도 태어나서 일곱 살 언어의 실력을 갖추는데 7년이 걸린다. 아이와 함께 부족한 점이 어떤 부분이고 그 부분을 꼭 학원에 다녀야만 해결할 수 있는지 고민해보자. 더 나아가 학원이 아닌 집에서는 어떻게 해낼 수 있을지 의논해보고 실천해보자.

아이가 학원에 꼭 가고 싶어 한다면 학원에서 어떤 방식으로 수업이 진행되는지 알아보고, 직접 살펴볼 기회도 주면서 선택할 수 있도록 도와주자. 학원에 다닌 경험이 없는 아이들 중에는 학원에 가면 그냥 저절로 영어를 잘하게 될 것이라는 환상을 갖고 있는 경우가 많다.

Q 영어, 학원에서 배울 수밖에 없나요?

안녕하세요? 초등학교 5학년 아들을 둔 엄마입니다. 아들은 학교 영어수업은 잘 따라가는 편이고 점수도 95~100점 정도 나옵니다. 전에 영어 학습지를 1년 정도 하다가 끊고 영어학원을 권유해보았는데 고개를 절레절레 흔들며 싫다고 했어요. 아이가 싫어하는데 보냈다가는 역효과만 날 것 같아서 보내지 않았지요.

학교에서 수업 듣고 집에서 교과서 CD로 복습하는 게 다인데 5학년이 되어서는 쪽지시험을 보면 단어 때문에 몇 문제씩 틀리곤 하네요. 그러니 아들 녀석도 이제는 슬슬 위기의식을 느끼나 봐요. 이제는 영어학원에 다녀야 할 것 같다고 심각하게 얘기합니다.

그런데 막상 영어학원에 보내자니, 학원 선택의 기준을 어디에 맞춰야 할지도 모르겠고, 학원에서 영어를 배우는 것이 올바른 방법인지 고민도 됩니다.

A 학원 학습은 힘겨우면서도 의미 없는 반복일 뿐이에요

아들이 영어학원에 다니겠다고 먼저 말하는 걸 보니 영어에 대한 거부감이 없고, 영어를 잘하고 싶은 의지가 있다고 여겨집니다.

추천할 만한 영어학원을 알고 있으면 좋으련만 제가 아는 곳들은 아이들을 힘겹게 하거나 의미 없는 반복을 하게 하는 곳들이라 사실 저는 영어학원에 다니는 걸 말리고 싶어요.

보통 초등학교 5학년이 영어보습학원에 가면 중학교 선행학습을 할 겁니다. 영어전문학원의 경우 영어동화책이나 미국 영어 교과서 또는 영어 독해집을 하면서 읽기를 합니다. 듣기와 문법도 같이 하겠죠. 그리고 청크 외우기, 북리포트 쓰기, 영작하기 등 많은 분량의 학원 숙제가 나갈 겁니다. 학원에서 레벨이 높은 경우 텝스나 토플을 공부할 것이고 매주, 매달 영어시험으로 평가를 하겠죠. 아이에게 자연스럽게 영어를 습득하게 한다는 곳 중에는 영어책 읽기나 영어 듣기를 검증 없이 시키기도 합니다.

학원에 다니는 친구들을 보면 영어단어를 많이 알고 있고 숙제한다며 학교로 가져온 학원 교재들은 전부 영어로만 되어 있을 겁니다. 숙제해 가는 걸 보면 영어로 줄거리 쓰기, 영어로 추론해서 쓰기 등등이겠죠. 친구들의 학습내용만 보면 영어학원에 다니면 영

어를 저렇게 잘하게 되는구나 하고 자연스럽게 생각할 것 같아요. 근데 영어학원에 다니는 아이들 중에는 영어에 거부감이 많고 자신감이 없는 경우가 실제로 많습니다.

영어단어를 많이 알고 있는 친구들이 부러워서라면 초등 필수 영어단어 책을 사서 매일 영어단어 외우기를 하면 됩니다. 듣기를 잘하고 싶다면 영어 교재 CD 듣고 받아쓰기, 오디오북 듣기, 영어 자막 없이 DVD 보기 중에서 아이가 원하는 걸로 하면 되고요. 영어책 가지고 와서 술술 읽는 친구가 부럽다면 읽고 싶은 영어책을 매일 한 쪽씩 읽으면 됩니다.

영어의 경우 스스로 재미있게 할 수 있는 교재가 넘쳐납니다. 좋아하는 것을 영어로 접하면서 시간을 보내다 보면 자연스럽게 영어를 잘하게 되는 경우도 많이 볼 수 있습니다. 아이가 좋아하는 것을 영어로 접할 수 있게 도와주세요.

화상영어

'웹서핑 한 시간, 영어공부 10분'. 이것이 화상영어의 불편한 진실일 수 있다. 누군가 옆에 붙어 있지 않으면 컴퓨터의 단점에 노출되는 경우가 더 많다. 강철 같은 자제력이 아니라면 배우는 것보다 잃는 것이 더 많을 수밖에 없다. 화상영어라 하여 모두 상호작용이 있는 것도 아니고 주입식 교육을 더 완벽하게 설정하는 프로그램들도 많다. 좋은 프로그램이 있다 하더라도 준비과정과 복습이 없다면 그냥 모니터를 꾸준히 바라본 두 눈만 피로할 뿐이다. 그 시간 동안 그

공부를 했느냐가 중요한 것이 아니라 준비하고 배운 내용을 어떤 방법으로 소화했느냐가 모니터 밖의 진실이다.

Q 초등학교 4학년, 화상영어가 효과적일까요?

아이가 초등학교 4학년이고, 화상영어수업을 시작한 지 1년이 다 되는데, 적절한 어휘를 사용하지 못한다며 점수를 10점 만점에 3점 받았어요. 아직까지 영어학원은 한 번도 안 다녔고, 영어는 집에서 동화책으로 시작했어요.

하루는 화상영어수업 하는 걸 잠시 보았더니 필리핀 원어민 선생님이 "What do you do today?" 하고 물었는데 "I play brother." 하고 대답하더군요. "What do you eat?"에는 "Kim-chi and rice."라고 답하고요. 아이가 너무나 단순하게 단답형으로 대답하고, 틀린 표현을 사용해도 선생님이 교정해주지 않는 거예요.

이러니 1년을 해도 실력이 나아지지 않은 것 같아요. 화상영어수업을 계속하면서 어휘를 늘리는 다른 학습을 함께할지, 아니면 더 있다가 화상영어수업을 하는 게 나을지 고민이 됩니다.

A 화상영어수업은 이전, 이후의 공부가 더 중요해요

화상영어수업을 하고 있지만 발전이 없는 아이의 모습에 답답해하는 심정이 느껴집니다. 아마도 화상영어수업을 선택한 가장 큰 이유는 외국인과 대화할 때 두려움을 없애주고 싶었기 때문일 겁니다. 화상영어는 일단 외국인을 만났을 때 두려움 없이 어떤 말이라도 꺼낼 수 있는 용기가 생긴다는 장점이 있습니다. 그러나 대화를 한다는 것은 일정 단어만 계속하여 똑같이 나열하는 것이 아닙니다. 자신의 의사를 표현할 수 있어야 합니다. "What do you eat?"라는 질문에 다양한 음식을 먹었음에도 불구하고 아는 단어가 'water' 밖에 없어서 물만 먹었다고 하면 이는 대화를 하는 것이 아니라 대화에 갇혀 있는 상태가 되겠지요.

만약 수업에 대한 아무 준비나 예상 없이 수업을 하다보면 계속하여 문법에 맞지 않는 영어만 1년 내내 하게 되는 것입니다. 즉, 아이가 수업 전에 어떤 준비를 하는지 꼼꼼히 살펴보아야 합니다.

아이가 화상영어를 좋아한다면 다음과 같은 방법으로 바꿔보세요. 시작 전에 내가 오늘 하루를 어떻게 지냈는지에 대한 일과를 간단하게 문장으로 작성하게 한 뒤, 질문에 대답하는 연습을 미리 하도록 하세요. 그리고 그날 배울 부분의 지문을 여러 번 미리 읽어보는 예습도 꼭 필요합니다. 또 센터에 전화를 하여 평가를 하는 난에 일일평가 대신 아이가 인사로 나누었던 내용의 문장을 매일 수정해서 올려달라고 하세요. 그리고 다음날 수정한 일과에 관련된 문장을 토대로 다시 그날의 일과에 대한 문장을 작성해보는 것입니다.

물론 처음부터 완벽한 문구를 만들 수는 없지만 이런 식으로 수정을 해나가면 직접 수정한 내용을 토대로 대화를 하게 되니 훨씬 더 효과적인 방법이 됩니다. 많은 부모들이 화상영어, 전화영어 등 원어민과 함께하는 영어학습에서 큰 효과를 기대하는데, 예습과 복습을 하지 않으면 아무 소용이 없습니다. 제가 위에 쓴 과정을 토대로 자녀가 준비를 하게 되면 화상영어 수업시간은 20분이지만 준비하고 복습하는 시간까지는 족히 40~50분이 걸립니다. 지금과 같은 방법으로 그냥 대화만 나누고 끝나면 1년을 하든 10년을 하든 별 차이가 없습니다. 원어민과 얼마나 대화하고 얼마나 많이 배우는지보다 어떻게 제대로 공부하는지가 중요하답니다.

말하고 듣고 읽고 쓰고 게다가 문법까지

그나마 듣는 것은 열심히 무엇인가를 틀어주면 된다고 하자. 읽는 것은 교재를 읽으라 하면 된다. 그런데 그다음 말하기는 어떻게 해야 하지? 그것도 끝이 아니다. 문법은 언제 들어가는 게 맞을까? 영어의 모든 영역은 엉킨 실타래와 같다. 무엇이 정답이라고 말할 수도 없다. 무언가를 틀어준다고 다 듣는 것은 아니다. 교재를 갖다 주고 읽힌다 해서 그것이 머리에 들어올까? 항상 문제는 '무엇'이 아니라 '어떻게'에 있다. 영어 역시 마찬가지이다. 중요한 것은 즐기게 하는 것이다. 싫은 것은 빠져나갈 수밖에 없다. 그리고 또 한 가지를 명심하자. 모든 아이는 다르다. 내 아이를 이해하는 것이 실력을 높이는 길일 수 있다.

파닉스란 무엇인가?

아이에게 파닉스를 몇 개월 배우게 하고 영어책을 술술 읽기를 기대하는 일부 초등 저학년 엄마들이 있다. 한글을 쉽게 읽는 아이들이 많다보니 영어책도 쉽게 읽을 수 있다는 착각을 하게 되는 것이다. 한글은 'ㅋ'이 /k/ 소리만 낸다. 그런데 영어는 'c', 'ch', 'k'가 /k/ 소리를 내는데다, 한 철자가 여러 소리를 낸다. 'c'가 cake에서는 /k/ 소리를 냈는데 practice에서는 /s/ 소리를 낸다. 아이가 파닉스를 몇 개월 배운다 해도 영어책을 못 읽는 것은 너무나 당연한 일이다.

파닉스를 재밌어 하는 아이들도 있지만 거부하는 아이들도 상당히 많다. 그런데 너도나도 영어를 배우는 순서로 파닉스를 먼저 이야기한다. 체계적으로 공부하는 것 같고 영어 읽기를 금방 할 수 있을 것 같아서이다. 영어 읽기에 정답이 있는 것이 아니라 내 아이에게 맞는 방법이 있다는 것을 유념해야 한다.

Q 파닉스를 꼭 해야 하나요?

아들이 초등학교 2학년입니다. 영어학원에 다닌 지는 좀 되었지만 그냥 편하게 즐기면서 접하라는 생각으로 지내다가, 이젠 제대로 알려줘야 한다는 막연한 불안감이 생겨 영어 방문학습지를 하기로 했어요. 학습지 선생님이 파닉스부터 한다며 테스트를 하더니, 6개월 과정이지만 5개월만 하면 되겠다고 하더라고요.

파닉스가 정말 5개월 동안이나 해야 하는 중요한 것인가요?

영어학습에서 파닉스 학습이 꼭 필요한 과정은 아닙니다. 하지만 파닉스를 하면 영어 읽기가 쉬워지는 장점은 있습니다.

아이가 초등학교 2학년이니 기간을 5개월 정도로 잡을 수도 있겠네요. 초등학교 고학년인 경우에는 논리적 분석력이 저학년보다 훨씬 좋다보니 한 달 과정 정도로도 기본 파닉스 과정을 정리할 수 있어요.

막연한 불안감 때문에 방문학습지를 하기로 했다면, EBS 방송에서 운영하는 무료 온라인 영어학습 사이트의 파닉스 프로그램을 아이와 같이 해보는 건 어떨까요? 저도 제 아이가 초등학교 2학년 때 파닉스 교재로 아이와 매일 꾸준히 학습지 하듯 몇 개월을 했었는데 결론은 효과가 거의 없었습니다.

영어책을 파닉스를 적용해 읽지 않고 통문자로 읽는 습관이 있었고 한글책을 읽듯 영어책 읽기를 빨리 못하니 많이 갑갑해했습니다. 대신 영어 듣기는 좋아했습니다. 파닉스를 제대로 적용해 읽기 시작한 건 초등학교 5학년이나 되어서였습니다. 중요한 것은 아이가 준비되었을 때 시작해야 한다는 겁니다.

영어를 읽어봐

우리나라에서 가장 손쉽게 영어를 친숙히 접하게 할 수 있는 방법은 읽기이다. 미국에 살고 있어도 백악관에 가는 일은 쉽지 않다. 그러나 책 속에서는 쉽게 갈 수 있다. 다양한 상황과 다양한 단어들을 손쉽고 자연스럽게 접할 수 있는 천혜의 환경이 바로 영어책 읽기이다.

Q 영어책을 재미있게 읽는 방법에는 무엇이 있을까요?

초등학교 5학년에 올라가는 아들을 둔 직장에 다니는 엄마입니다. '어떤 학습이든 아이의 의지가 최고'라는 생각으로 살아왔습니다. 하지만 영어라는 게 언어이고 단기간에 되는 것도 아니잖아요. 꾸준히 접하면 그래도 배우는 게 있지 않을까 싶어서 3학년 때부터 집 앞 랩스쿨에 보냈습니다. 아이가 아주 재미있어 하진 않았지만, 그리 힘들어 하지도 않으면서 다녔습니다. 그런데 선생님이 갑자기 이사를 가게 되어, 어쩔 수 없이 영어전문학원으로 옮긴 지 두 달째입니다.

학원수업은 100% 영어로만, 일주일에 한 권씩 얇은 영어책을 읽고 활동하는 식으로 진행되는데 생각보다 아이가 재미있어 합니다. 게임식으로 진행하기 때문인 것 같아요. 하지만 영어로만 수업을 하니 제대로 못 알아듣는 상황이 생겨요. 책의 수준도 그리 높진 않지만 아이가 그 책의 내용을 완벽하게 이해하진 못하고요.

학원에서는 책 읽기를 할 때 문장을 하나하나 읽고 해석하지 말고 계속 읽으면서 전체적인 내용을 파악해가도록 해야 한다고 하더라고요. 그게 맞는 것 같기는 합니다. 그런데 그동안에 그런 식으로 영어책을 접해보지 않았고 영어책 읽기에 별 관심도 없기 때문에 어찌해야 할지를 모르겠습니다.

영어책 읽기를 어떻게 도와야 아이가 내용을 대부분 이해하면서 영어책을 읽을 수 있게 될까요? 이왕이면 자연스럽게 영어책 읽기를 즐기게 하고 싶습니다.

A 우리말책을 읽었던 방법 그대로 영어책을 읽게 하세요

아이에게 처음 책을 읽어줄 때를 떠올려보세요. 단어를 하나하나 설명하면서 읽어주었나요? 처음부터 글밥이 긴 책을 읽어주었나요? 아주 처음에는 단어로만 구성되어 있는 그림책을 읽어주고, 그다음에는 짧고 간단한 한 문장으로만 되어 있는 책을 읽어주다가, 차츰 문장이 많은 책을 읽어주었을 것입니다. 그리고 한 권의 그림책을 처음부터 끝까지 그저 읽어주었지요. 단어를 설명하지 않아도 아이들은 어렴풋이 그 뜻을 알게 됩니다. 그런데 유아기 아이들은 희한하게도 모두 같은 책을 또 꺼내 읽는 반복이라는 단계를 꼭 거칩니다.

그런데 어느 정도 어휘와 지식이 쌓이게 되면 같은 책을 읽기보다는 다양한 소재나 내용이 있는 책을 읽고 싶어 합니다. 이때는 아이들이 가끔 어려운 단어가 나올 때 뜻을 물어보곤 하지요.

영어책도 마찬가지입니다. 다만, 부모들이 다르게 느끼는 것은 자신이 그 내용과 어휘를 잘 몰라 가르칠 수 없다고 느끼기 때문이지요. 읽어주는 것에 대한 부담과 모르는 단어가 많으니 정확히 알고 넘어가야 한다는 부모의 강박관념 또한 아이들이 영어책을 스스로 읽게 하는 데 큰 방해요인이 됩니다.

처음에는 아이가 좋아하는 소재의 쉬운 책부터 반복해서 읽은 뒤 점차적으로 다른 스토리가 있는 책을 읽어야 합니다. 대부분의 아이들이 어느 정도 쉬운 책으로 반복 읽기를 하다보면 흥미로운 소재의 책이 영어라고 해서 싫어하지는 않습니다. 물론 처음 시도하는 부분에서 어느 정도의 약속은 있어야 합니다. 누구나 잘 모르는 글을 볼 때는 두려움이 있고 그 두려움이 싫어하는 부분을 만들수 있으니까요.

그리고 영어책 읽는 것을 싫어하게 만드는 요인을 아이에게 주문하지 않는 것이 중요합니다. 예를 들면, 각 문장마다 단어를 찾아보고 정확한 해석을 하게 한다든지, 반복해서 쓰게 한다든지, 외우게 한다든지 하는 학습적인 요인이 강하게 들어갈 때입니다. 아마 한글로 된 책도 이런 방법으로 지도하면 대부분의 아이들이 책 읽는 자체의 즐거움에 빠지지 못할 것입니다.

그리고 영어책 읽기를 즐기게 되려면 평소의 독서습관이 중요합니다. 영어를 위해 독서를 시작하는 게 아니라 독서를 좋아하던 아이가 영어책도 좋아하게 되는 것입니다. 그래서 영어책을 학습 수단으로 읽게 하거나 학원에서 일정 분량을 배워서 진도를 빼는 방법은 그리 큰 효과가 없습니다. 한마디로 책을 하도 안 읽으니 논술학원에라도 보내 일정 시간 정해진 분량을 읽고 이야기라도 나누게 하는 것과 같은 이치가 되는 것이지요.

독서광인 아이들을 보면 책 읽는 것을 공부로 생각하지 않습니다. 휴식을 취하라고 하면 책을 들지요. 영어책을 그렇게 읽게 하려면 똑같은 단계를 오랜 시간 거쳐야 합니다. 하루에 한 시간, 일주일에 몇 시간의 진도 빼는 영어책 읽기 형태로는 턱도 없이 부족합니다.

몰입이 관건입니다. 재미를 느끼게 하려면 남들이 하는 똑같은 방법을 따라가는 것이 아니라 내 아이가 즐거움을 느끼는 영역이 무엇인지를 먼저 살펴보세요. 아이가 축구를 좋아한다면 축구와 관련된 쉬운 영어책을 찾아서 매일 CD를 듣고 아이에게 읽을 수 있게 격려해주세요. 아이가 물어보면 단어를 찾아서 알려줄 수도 있고 단어를 몰라도 CD를 들으며 내용을 대충 알 수 있기도 합니다.

초기 단계에서는 CD를 많이 활용하지만 개인적으로 어느 정도 원서 읽기가 무르익으면 혼자 읽은 뒤 마지막 정리하는 단계로 CD를 듣는 것으로 전환하는 것을 추천합니다. 우리말책을 읽을 때, 처음에는 부모가 읽어주기를 하다가 혼자 읽기로 독립하는 것과 같은 이치입니다.

무엇이든 재미를 붙이고 몰입을 하는 단계까지 가려면 시간이 걸리고 기다리는 것이 필요합니다. 대부분 부모 입장에서 답답하고 당장 눈에 보이는 효과가 나타나지 않으니 다그치게 되거나 확실하게 보이는 것같이 느껴지는 주입식 영어를 선택하게 되는 것이지요.

기다리는 것은 힘들지만 열매는 달콤합니다. 아이와 상의하여 어떤 것을 먼저 시작하는 것이 좋을지 충분히 생각해보는 시간을 가지세요. 이 방법 저 방법이 다 좋다고 해도 시작했다 그만두면 아무것도 아닌 것이 됩니다.

입이 무거운 아이

말하기는 상대방의 화두에 따라 내가 어떻게 말해야 할지를 선택하여 표현하는 것이다. 그런데 영어감각은 있지만 대화할 필요가 없다거나 할 마음이 없다면 그 능력이 드러날 수 없다. 이런 경우는 영어 실력보다는 성격이 문제일 수 있다. 말하기에서 가장 필요한 것은 아이의 자신감이기 때문이다.

Q 말하기를 싫어하는 아이, 영어 말하기도 잘 안 돼요

초등학교 3학년인 딸이 학교에서 운영하는 어학 고급반(5, 6학년 대상) 수업을 듣게 되었습니다. 교재를 보니 회화 위주의 문장으로 구성되어 내용 자체는 어렵지 않았습니다.

그런데 회화 강사님께서 우리 아이가 말하기가 많이 부족하다고 하세요. 사실 아이가 읽기나 쓰기에 비해 입으로 하는 것은 많이 부족해요. 미국에 2년 반 동안 살면서도 말을 많이 안했어요. 한국에 와서 한국말도 필요한 말 이외에는 잘 안 하는 아이입니다. 말하기가 부족한 건 성격 탓이려니 하고 나중에 자기가 필요하면 하지 않을까 생각했습니다. 하지만 강사님의 의견을 듣고 나니 부쩍 걱정이 됩니다.

아이는 평소에도 말을 많이 안 하니 영어책 읽기를 시키면 입에 침도 마르고 힘들어 합니다. 연음도 많이 안 되고 계속 끊겨서 로봇이 읽는 것 같아요.

듣기가 충분히 되는데도 그렇더군요. 그럴 수도 있는 건가요? 보통 언어라는 것이 들은 대로 말하게 되지 않나요? 그런데 우리 아

이를 보면 또 그것도 아닌 것 같습니다. 여러 가지로 자식 키우면서 너무나 혼란스럽고 힘든 요즘입니다.

A 오디오북 따라 말하기 또는 큰 소리로 읽기를 연습하세요

아이가 원래 성격상 말하기를 즐기지 않는다면 영어에서도 그런 모습을 보이는 게 당연합니다. 성격은 본인이 바꾸려 해도 잘 바뀌지 않는 것이잖아요. 우선은 아이를 있는 그대로 인정하고 기다리라고 말씀드리고 싶습니다. 그러면서 집에서 조금씩이라도 영어 읽기 연습을 하게 하여 자신감을 키워주세요. 지금 아이는 성격의 문제도 있지만, 읽기를 잘 못한다고 생각하여 자신감도 떨어진 상태일 것입니다. 아이가 말하기에 대한 자신감과 필요가 생긴다면 그동안에 쌓인 영어로 나름 해낼 것입니다.

그런데 이런 상황에서 굳이 자기보다 높은 학년의 아이들과 같은 반에서 공부하는 이유가 무엇인지 궁금합니다. 말하는 것을 좋아하지 않는 아이라면 자기보다 나이 많은 아이들 틈에서 말하기를 더 꺼리게 되지 않을까요?

제 아이는 사교육에 의존하지 않고도 따라 말하기를 많이 해서 영어로 자기 생각을 자유롭게 표현할 수 있게 되었답니다. 그리고 저는 제 아이 말고도 그런 사례들을 많이 접했답니다. 소리 내어 읽기(낭독)를 추천합니다. 오디오북 따라 말하기, 큰 소리로 읽기를 꾸준히 하다보면 비슷한 상황이 왔을 때 실제 말하기를 할 수 있는 자신감이 생깁니다.

외워도 외워도 까먹는 영어단어

단어를 외우는 것은 필요하다. 그러나 마냥 외우는 것이 아니라 효과적이어야 한다. 흔히 다독을 많이 한 아이들은 단어를 따로 외우지 않는다고 한다. 책을 읽다보면 엄청나게 많은 단어들이 수도 없이 반복되기 때문에 굳이 외우려 하지 않아도 저절로 외워진다는 이야기이다. 그러나 이런 경우는 다독에 푹 빠져 엄청난 양의 독서를 할 경우이다. 그렇다면 평범한 영어를 공부하며 어휘력을 늘려야 하는 경우는 어떠한가?

지문을 읽기도 전에 단어부터 외우고 시험 보는 형태에서 벗어나자. 열심히 외워도 효과가 없는 단순 노동에 가까운 단어 외우기에서 벗어나 추론하는 단어 공부로 바꾸는 것이다.

Q 초등학생 영어단어 공부는 어떻게 해야 하나요?

초등학교 6학년 아이의 영어공부 방법에 대해 상담받고자 합니다. 4학년 말~5학년 초에 걸쳐 몇 달간 영어학원에 다닌 적이 있습니다. 처음에는 학원수업을 잘 받고 있는 줄 알았는데 아이는 정말 힘들었나 봐요. 이전에 학원을 다녀본 경험이 없다보니 학년이 같은데도 학원에서는 레벨이 달라 은근히 기가 죽어 있었고, 긴 수업시간과 숙제, 단어시험에 지쳤던 거예요. 친구들이 몇 년간 해온 것을 따라잡기가 쉽지는 않았겠죠. 그래도 다니다보면 영어에 노출이 되니까 그것만으로도 다행이라고 생각하자 했는데, 어느 순간 보니 아이의 자신감만 떨어지는 것 같아 그만두었습니다. 아이가 학원에서 수업을 듣느라 얼마나 힘들었을까 하는 생각에 눈물이 날 지경이었습니다.

이제부터라도 아이와 함께 영어를 공부해보려고 합니다. 그런데 제가 잘못 생각하는지는 모르겠으나 단어를 알아야 책을 보든 뭐든 할 것 같은데, 아이가 정말 쉬운 단어도 잘 모르더라고요. 별도로 초급용 단어·어휘 책이라도 구입해 외우게 해야 할까요?

A 단어를 따로 공부하는 것은 효과가 없어요

초등 시기에 단어만 따로 공부하는 것은 좋지 않습니다. 우선 아이가 영어에 재미를 느끼고 몰입할 수 있는 시간을 확보하는 것이 중요합니다. 아이가 흥미를 갖기에 좋은 책을 구입해서 가볍게 읽는 것부터 시작하세요. 한 가지 교재에 지문에 관련된 어휘나 문법이 함께 들어 있는 것이 좋습니다.

그러고 나서 일단 어떤 단어도 보지 않고 듣기를 먼저 합니다. 두세 번 정도 듣고 나서 대충 전체 지문이 어떨 것인지를 추측해 봅니다. 그리고 교재를 본 뒤 다시 눈과 함께 지문을 따라 소리 내지 않고 읽습니다. 이번에는 원어민 소리를 듣되 그 소리보다 크지 않도록 따라 읽습니다. 이제 속도가 얼추 비슷할 때까지 따라 읽습니다. 이쯤 되면 단어를 몰라도 전체적인 해석이 대충 되기 시작합니다. 그럼 단어를 보고 뜻을 외운 뒤 해당 지문을 다시 읽어봅니다. 마지막으로 소리 없이 해당 지문을 단락으로 끊어서 다시 자세히 해석합니다.

시간이 생각보다 많이 소요되지만 효과적인 수업이 될 수 있습니다. 많은 아이들이 영어공부를 할 때 스스로 독해를 해보지 않습니다. 선생님들이 해석해준 한국말을 배우고 올 때가 더 많습니다. 스스로 해석하는 방법을 알게 되면 가만히 앉아 듣는 수업보다 효과는 열 배 이상이 됩니다.

문법에 대한 오해

아이들이 영어공부를 할 때 문법에 대한 스트레스가 생각보다 크다. 대부분 영어에서 제일 싫은 영역을 들라고 하면 문법을 이야기한다. 왜 이런 현상이 생기는 것일까? 문법을 따로 공부하기 때문이며, 빨리 시작하기 때문이다. '왜?'라는 질문을 갖기도 전에 '해야 하는 것이니 무조건 외우는 문법'이 되기 때문에 아이들은 문법하면 고개를 설레설레 흔드는 것이다.

문법은 한마디로 말하면 좋은 글을 더 정확하게 이해할 수 있도록 돕는 가이드이다. 문법은 정확히 글을 읽고 쓸 수 있도록 돕는다. 그러나 문법이 지나치게 강조되면 오히려 역효과가 일어날 수 있다. 핵심은 적용의 문제이다. 많은 글을 읽지 않고 문장과 따로 배운 문법은 적용이 되지 않아 좋은 글 읽기와 정확한 글쓰기에 오히려 방해가 된다.

Q 영어문법 따로 공부해야 하나요?

오늘 아침에 중학교 1학년인 딸과 식탁에서 영어학원에 관련하여 이야기를 나눴어요. 현재 영어학원을 그만둔 상태인데, 자신은 문법을 따로 공부해본 적이 없으니 문법을 가르치는 학원에 다녀보고 싶다는 것이었습니다.

아이는 학교 영어시험에서 100점을 맞을 정도로 학교 영어는 잘하고 있습니다. 하지만 앞으로도 계속 잘하려면 문법을 정리해야 한다는 거예요. 그리고 아이는 강력하게 혼자 공부하는 것을 거부합니다. 제가 인터넷강의를 추천했더니 자기에게 유혹거리가 많아서 안 된다고 했어요. 그래서 그럼 함께 수업을 들을까 했더니 좋답니다. 어떻게 문법 공부를 해야 할까요?

A 방학 때 문법 공부로 영어를 복습하세요

평소에 영어 독서를 많이 하지 않는 학생들은 문법을 따로 정리하는 것이 영어독해에 도움이 됩니다. 관계대명사, 분사구문을 이해하고 있지 못해서 독해를 정확하게 못하는 경우를 많이 보거든요.

하지만 문법에 많은 시간을 투자하는 것은 비효율적이라고 생각합니다. 학기 중에는 학교에서 하는 문법만으로 충분합니다. 문법 공부는 방학 중 복습 차원에서 하는 게 좋습니다.

시험을 대비한 문법 공부와 별개로, 제 개인적 경험으로 영어문법 공부는 영어권에서 정치적, 사회적으로 정의된 영어를 정확하게 구사하는 데 필요합니다. 문법적으로 정확한 영어 구사가 제가 경험한 미국사회에서는 교육수준을 평가하는 잣대 중 하나였습니다. 부정확한 영어 발음은 농담을 하면서 쉽게 넘어가지만, 틀린 문법에 대해서는 엄격하게 대하고 얼굴을 찌푸리는 경우가 많았고, 특히 글쓰기에서는 문법적 오류를 엄격하게 대합니다.

집중듣기

일명 집중듣기라는 방법은 책을 읽어주는 오디오를 들으며 눈으로 따라 읽거나 한 자 한 자 짚어가며 듣는 것을 말한다. 그런데 잘 따라하는 아이들이 있는 반면 많은 아이들이 강요된 집중듣기를 싫어한다.

강요된 집중듣기의 예를 한번 보자. 듣기 시간을 따로 정해놓고 아이를 책상 앞에 앉혀놓는다. 그리고 잘 들었는지 못 들었는지 확인한다. 제대로 못 들은 부분은 지적한다. 이 아이는 100% 영어를 싫어하게 되며 거부감을 갖게 될 것이다. 선생님도 부모도 아이의 뇌 속에 들어갈 수는 없다. 듣는다는 것은 철저히 자기 의지이다. 집중듣기에 대한 재해석이 필요하다.

Q 집중듣기란 어떻게 하는 것인가요?

'집중듣기'라는 말을 자주 듣는데, 솔직히 어떻게 하는 건지 헷갈려요. 아이가 초등학교 1학년인데 ort1 +단계 듣기를 하는 중입니다. 들으며 따라 말하기를 며칠 진행하면 오디오 없이 소리 내어 읽기를 시키거든요. 소리 내어 읽기가 되면 다른 책으로 넘어가고요. 단어를 하나하나 찾지는 않고 있어요. 이런 방법이 집중듣기인가요?

사실 아직 초등학교 1학년이라 나중에 해도 될 것 같은 생각도 들어요. 제가 잘하고 있는 건지, 좋은 방법이 있으면 추천 부탁드려요.

A 아이가 스스로 꾸준히 한다면 아이에게 맞는 방법이에요

저희 집은 집중듣기로 그냥 맘 편히 오디오를 따라서 책 읽기를 하고 있는데 오디오라는 보조바퀴가 있어서인지 좀 더 수월하게 다양한 책을 읽고 있습니다.

영어를 시작할 때는 듣기에 많은 시간을 투자해야 한다고 생각합니다. 저학년 때는 편하게 듣기를 많이 하면서 영어를 즐길 수 있는 방법을 찾고 집중듣기는 고학년이 되어 시작할 것을 권합니다. 하지만 아이가 어떤 방법이든지 꾸준히 해나간다면 그게 바로 아이에게 맞는 방법일 수 있습니다.

다만 아이마다 시기에 맞춰 해야 할 양과 해야 할 내용이 다 다릅니다. 초등학교 저학년 때 잘못된 방법을 쓰게 되면 중도에 싫은 것을 억지로 하는 데서 오는 거부감이 생길 수 있다는 것에 항상 유념하여 아이의 상황을 잘 살피도록 하세요.

덤

흘려듣기, 집중듣기, 연따, 정따

보통 엄마표 영어에서 진행하는 영어학습 방법은 비슷비슷하다. 흘려듣기로 충분한 듣기 과정을 진행한 후 읽기로 넘어가도록 유도한다. 이 과정에서 자주 사용되는 용어를 정리해본다.

흘려듣기

부담없이 영어 소리를 듣는 것을 말한다. 영어 소리를 매일 일정 시간 동안 아이에게 들려주는 것으로, 다양한 매체를 사용할 수 있다. 각 아이마다 재미있어 하는 비디오, CD-ROM, 오디오 테이프, 영어 방송 등을 보거나 들으며 말 그대로 부담 없이 소리를 듣게 한다.

차고 넘치도록 듣게 하는 것에서 엄마표 영어를 시작하도록 권고하는데, 꾸준히 듣다보면 자연스럽게 읽기와 말하기, 쓰기까지 연결될 수 있다고 한다. 마치 아이가 모국어를 익히는 과정과 같다고 보면 된다.

집중듣기

책을 보며 글자와 영어 소리를 맞춰가는 과정으로 영어 리듬과 억양을 익히고, 글자에 익숙해지는 것이 목적이다.

이 과정을 거치게 되면 자연스럽게 읽기가 된다. 하루 5분부터 시작하여, 차츰 시간을 늘려 매일 30분 정도씩 집중해서 듣도록 권한다. 소리에 맞춰 책 속의 글자를 보다보면 저절로 글을 읽게 된다고 한다. 이 과정을 거쳐 우리말 해석 단계를 거치지 않고 바로 이해하는 습관이 생기고, 집중력도 키워진다고 한다.

연따

연속해서 따라 말하기의 준말이다. 영어 그대로 한마디도 놓치지 않고 흉내 내는 것을 말한다. 귀로는 소리를 들으면서 입으로 0.1초의 간격을 두고 소리 내어 따라 말하는 것인데, 생전 처음 듣는 소리라도 들리는 대로 따라 말해본다. 연따가 된다는 것은 영어 소리가 이제 한 단어씩 구분되어 들린다는 것을 의미한다.

단, 모두 이 연따를 반드시 해야 되는 것은 아니다. 연따를 거부하는 아이들도 많기 때문에 연따에 대한 대안으로 쉬운 책 듣고 소리 내어 읽기를 권장한다.

정따

정확하게 따라 말하기의 준말이다. 한 문장씩 오디오가 정지된 상태에서 큰 소리로 또박또박 따라 말하면 된다. 연따와 마찬가지로 영어의 리듬과 발음을 익히는 데 목적이 있다. 연따가 숲을 보는 과정이라면 정따는 나무 하나하나를 보는 것에 비유할 수 있다.

정따는 연따를 몇 개월 하면서 발음이 뭉개지는 현상이 나타날 때, 또는 연따를 안 하는 아이가 발음을 익히고자 할 때 시도해볼 수 있는데, 이것도 아이마다 다 다르기에 모든 아이들이 다 할 필요는 없다.

아이의 공부와 나무 기르기

부모 노릇, 제대로 하기 정말 힘든 세상입니다. 부모역할에도 지각변동이 계속되고 있습니다. 학교 보내기에서 학원 보내기로 변한지 꽤나 됐지요. 최근 몇 년 사이에는 사교육 의존의 폐해가 널리 알려지면서 엄마표 학습이 대세입니다. 학원에 보낼 돈도 없고 아이 공부를 손수 챙길 여유도, 의욕도, 정보도 부족한 학부모님들은 더욱 절망합니다.

'진정한 부모의 역할은 그런 것이 아닌데, 성공적인 자녀교육의 해법은 다른 곳에 있는데……'

여기저기서 부모교육이 활발히 이루어지지만 기대보다는 걱정이 앞섭니다. 뭔가 핵심에서 벗어나고 있다는 느낌을 지울 수 없습니다. 머릿속을 정리해주는 것이 아니라 더욱 복잡하게 만들고, 믿음이 아니라 불안감을 더욱 키우는 교육이 되어서는 안 되는데 말입니다. 갈피를 잡고 나침반을 만드는 데 꼭 필요한 생각을 정리해보겠습니다.

부모역할을 나무 기르기로 설명해보겠습니다. 우선 뿌리가 튼실해야겠지요. 부모와 아이 사이의 관계가 바로 뿌리입니다. 아무리 성적이 뛰어난 학생이라도 부모와의 관계에 문제가 생기면 반드시 뒤탈을 걱정해야 합니다. 지금 당장 열매(성적)를 잘 맺고 있지만 결코 오래가지 못합니다. 뿌리가 말라가고 있기 때문이겠지요. 뿌리가 약해진 상태에서 비료(사교육)를 주면 열매를 많이 맺는 데 유리한 것만은 사실입니다. 하지만 역시 뿌리가 약해지는 부작용은 반드시 감수해야 합니다.

아이의 공부를 지도할 때 부모가 주도권을 발휘하면 아이의 주도성은 약해집니다. 부모가 강압적으로 나오면 아이는 이유 불문하고 반발하거나 아직 스스로 어리다고 생각하여 수동적으로 변질됩니다.

방향을 틀어서 아이의 마음을 통제하려는 시도는 깨끗이 포기하고 오히려 아이의 마음을 진정으로 이해하기 위해 노력할 것을 권합니다. 왜 아이가 부모가 바라는 심화학습에 대해 짜증을 내고 싫어하는지, 아이의 진심을 이해하기 위해 노력해야 합니다. 부모의 의도대로 밀어붙이는 것이 아니라 아이가 느끼는 짜증과 싫음이라는 감정을 존중하고 그 실체를 이해하기 위해 노력하는 과정에서 분명 해법을 찾게 될 것입니다. 분명 뿌리가 더욱 튼실해질 것이기 때문에 '줄기와 가지'의 문제는 쉽게 풀릴 게 확실합니다.

부모와 관계는 좋은데 공부는 못하는 아이는 그래도 희망이 있습니다. 당장 공부는 잘하지만 부모와의 관계가 망가지기 시작하면 어떤 일이 벌어질지 가늠하기 어렵습니다.

덧붙여 주변 이야기(내신 중심으로 공부하면 고등학교에 올라가서 고생한다.)에 대한 현명한 대처법도 알아보겠습니다. 그냥 하는 소리가 아닙니다. 실패 경험으로 충고하는 것도 아닙니다. 대부분 배후가 있는 현혹이라고 생각하면 맞습니다. 선행학습과 사교육의 욕구를 자극하려는 의도가 다분합니다. 외면하기 어렵다고 불안감을 호소할 게 아니라 오히려 적극적으로 배제하는 것이 지혜로운 자세라는 점을 말씀드립니다.

훌륭한 기둥이 되려면 몇 가지 갈래의 줄기가 필요합니다. 먼저 공부의 우선순위는 학교진도를 중심으로 정해야 합니다. 학교진도와 별개로 진행되는 사교육은 득보다 실이 많다는 사실을 이제는 알아야 합니다. 당장 성적을 잘 받기 위해 닥치는 대로 시험공부에 매달리는 '내신 대비 특별지도'는 학원에서 자랑하는 상품입니다. 이 특별지도를 받지 못해 성적이 상대적으로 떨어지더라도 학교진도를 소중히 하는 태도가 절실합니다. 학교진도로 공부의 뼈대를 세우고 거기에 살을 붙여나가는 것이 공부라고 생각하도록 지도할 필요가 있습니다. 내신 대비 특별지도의 효과는 오래가지 못합니다. 또한 줄기를 약하게 만드는 심각한 부작용이 반드시 나타나기 때문에 당장 성적이 떨어진다고 불안해할 이유도 없습니다. 당연히 학교진도 중심의 공부라는 줄기가 곧고 튼튼하게 서려면 당연히 학교진도와 관련 없는 사교육은 최대한 배제하는 것이 필요하겠지요.

다음으로 중요한 공부의 줄기는 학교진도를 다양하게 활용하는 방법을 찾는 것입니다. 학교진도를 그저 시험범위로만 생각하면 곤란합니다. 학교수업을 통해 새로 배운 개념과 주제를 일상의 관심사로 확장시키면 공부가 정말 쉬워집니다. 예습과 복습의 습관화와 함께 교과 개념과 주제를 독서와 체험활동 등으로 확장시키면 수능과 논술 걱정은 하지 않아도 됩니다. 결국 문제의 핵심은 학교진도의 부실함에 있는 것이 아니라 공부의 시야가 학교시험에 갇혀 있다는 사실을 알아야 합니다.

부모역할은 어떻게 하면 교과 주제에 관심을 가질 수 있도록 도울 수 있는지, 방법을 찾는 것입니다.(교과서를 정독해보면 대부분 그 안에서 답을 찾을 수 있습니다.) 특히 다음 학기 교과서를 미리 살펴보고 방학 동안 체험활동 등을 통해 교과 공부에 관심이 생기도록 도와줄 필요가 있습니다. 시험성적보다는 아이가 공부할 때 어떤 느낌(재미와 의미, 성취감 등)을 갖게 되는지, 부모의 관심을 아이의 감정 쪽으로 변화시키는 것도 정말 필요합니다. 저는 학교수업에서 다루는 개념과 주제에 대한 다양한 활동(독서, 체험활동 등)을 통해 특별한 준비 없이 수능과 논술에서 고득점에 성공한 사례를 충분히 알고 있습니다. 부모도 아이도 모두 행복하게 성공한 사례는 결코 특별하지 않습니다. 당장의 성적 경쟁에서 벗어나 아이의 성장에 꼭 필요한 뿌리와 줄기에 주목하는 부모의 안목이 있다면 누구나 누릴 수 있는 평범한 성공사례라고 생각합니다.

줄기에 나는 잔가지 이야기로 마무리하겠습니다. 영어 읽기와 듣기는 소재를 잘 찾는 것이 핵심입니다. 학교진도에 대한 완전학습을 시도하면서 여유가 있을 때 생소한 글과 소리에 대한 해독 능력을 기를 필요가 있지요. 이때 가장 중요한 것이 읽고 싶고 듣고 싶은 영어 콘텐츠를 찾아내는 것입니다. 언제나 듣고 싶고, 읽고 싶은 영어 콘텐츠가 주변에 있다면 우리나라 상황에서도 쉽게 필요한 만큼의 노출이 충분히 가능합니다. 서점이나 도서관을 정기적으로 방문하여 아이의 호기심을 자극하는 영어 콘텐츠를 적극적으로 발굴하기 위한 노력이면 충분합니다.

다시 총정리해보겠습니다. 뿌리가 튼튼하면 다른 공부 걱정은 대부분 사라집니다. 경험하기 전에는 정말 믿기 힘들지요. 그런 말을 믿으면 나중에 후회한다는 반론도 정말 강력합니다. 하지만 저는 확실히 알고 있습니다. 부모의 경제력보다 정보력보다 소중한 부모력의 핵심은 바로 공감력입니다.

> "저는 별로 한 일이 없는데, 아이가 스스로 잘 해줘서 고마울 따름입니다."

어떤 감정이라도 아이의 감정을 소중하게 생각하는 부모들의 행복한 성공 이야기입니다. 당장 열매를 따려는 어리석은 부모가 되지 말아야겠습니다. 뿌리가 튼실해지면 부모역할에 대해 갈팡질팡할 이유도, 불안해할 이유도 사라집니다. 뿌리는 부모의 공감력만큼 강해집니다. 공감력을 발휘하는 데는 경제력도, 정보력도 필요가 없습니다. 오히려 방해가 되곤 하지요. 공감력을 기르기 위해 노력하는 부모가 아이의 희망이자 대안입니다. 부모의 마음이 아이 공부의 뿌리라는 사실을 더 이상 모르고 가서는 안 됩니다.

4부

아이는
읽으면서 자란다

여기 답이 다 있네요!

책을 많이 읽으면
공부를 잘한다?

책을 많이 읽으면 어휘력과 사고력이 높아진다. 이는 자연스럽게 학교 성적 향상에도 영향을 미치게 된다. 그래서인지 책 읽기가 언젠가부터 또 하나의 공부가 되었다. 사실 책 읽기는 그 자체로 즐거워야 하는데, 또 다른 부담이 되어버린 것이다.

'책을 많이 읽으면 공부를 잘한다.'

맞는 말이기도, 아니기도 하다. 실제로 책은 잘 읽지만 공부를 못하는 아이, 책을 잘 안 읽지만 공부는 잘하는 아이가 있다. 책은 잘 읽지만 공부를 못하는 아이의 경우, 책 읽기에 문제가 있을 수 있다. 책 읽기가 칭찬으로 강화되어 책 읽는 행위만을 반복하거나 책을 많이 읽는 것에 치중하여 건성건성 읽는 습관이 생긴 경우가 그렇다. 잘 관찰하여 지도해주어야 한다. 반면 책을 잘 안 읽지만 공부는 잘하는 아이의 경우에는 지금은 문제가 없을지라도 장기적으로는 뒤처질 수 있다. 학년이 올라갈수록 책 읽기를 통해 어휘력과 사고력을 키운 아이가 높은 성적을 받을 수밖에 없다.

책에 길들이기

《어린 왕자》에서 여우는 우정을 길들이기에 빗대어 설명하고 있다. 여우가 말하는 길들이기란 '관계 맺기'이다. 여우는 길들이기에는 인내가 필요하지만, 일단 길들여지면 전에는 몰랐던 기쁨을 얻게 된다고 말한다. 독서습관도 일종의 길들이기이다.

그러나 그것은 학원에서 가르치는 수동적인 길들임이 아니다. 학원에서는 책에 대한 애정을 강요한다. 생각해보라. 누군가를 강제로 좋아할 수 있겠는가? 책도 마찬가지이다. 스스로 사랑하게 되어 책에 길들여졌을 때, 아이는 책 속에서 새로운 세상을 만날 것이다.

Q 초등학교 2학년, 독서지도 수업이 도움이 될까요?

초등학교 2학년인 딸은 책 읽는 것을 좋아합니다. 자주 읽고, 스스로 관심 있는 책을 찾아 읽기도 하는데 생각을 글로 옮기는 데는 부족한 점이 많습니다. 일기와 독서록 쓴 것을 보면 문장이 거의 단문형이에요. 생각이나 느낌을 표현하는 법도 서툽니다.

책을 읽고 글로 써보는 독서지도를 받으면 표현력 향상에 도움이 될까요? 주위에서는 아직 저학년이니 지금은 저와 함께 책 읽고 생각을 표현하는 연습을 하다가 고학년 때 시작해도 된다고 합니다. 하지만 지금부터 하면 더 효과적이지 않을까 싶어서요. 제가 조급해하는 것일까요? 아니면 하루라도 빨리 지도를 받도록 해야 할까요?

A 책 읽는 습관만 잡혀도 충분해요

초등학교 2학년, 책 읽기를 좋아하고 즐겨하지만 생각을 글로 표현하는 능력이 부족하다는 말씀이군요. 그래서 독서지도를 받으면 표현력이 나아지는지를 궁금해하시는데, 질문에 답이 있습니다. 저학년 때는 책을 읽고 느낌을 말로 표현하는 것으로 시작하면 됩니다.

사실 저학년, 고학년을 포함해서 초등학교 때는 책 읽는 습관만 들여도 성공입니다. 체계적인 사고의 틀이 잡히는 건 사춘기 이후입니다. 따라서 초등학교 때 섣불리 논술을 시작하게 되면 글쓰기 기술만 흉내 내게 됩니다. 책을 읽고 느낀 점이나 새롭게 알게 된 점 등을 말로 표현해보는 게 훨씬 좋습니다. 그리고 말로 표현하는 것에 익숙해지면 글로 써보고요.

또한 아이가 소심한 성격이라면 여러 친구들과 토론하는 것을 힘들어할 수 있습니다. 이제 초등학교 2학년이니 지금처럼 책 읽기를 즐기는 것으로 충분합니다. 일기와 독서록을 쓰는 것도 부담 주지 마세요. 글쓰기에 부담을 느끼면 책 읽기 자체를 싫어하게 될 수 있거든요. 대신 일기나 독서록에 쓴 표현 중에서 조금이라도 잘한

부분이 있으면 많이 칭찬해주세요.

알고 하자, 독서토론

책을 읽고 본인이 느끼면 그만인 것을 왜 토론하고 토의할까? 자신이 글을 읽고 주장하고 싶은 바가 있다면 그 이유를 들어 상대를 설득시키는 것이 토론이고, 좋은 해결책을 얻기 위해 함께 생각을 모으는 것이 토의이다.

토론은 특히 자신과 견해가 다른 사람의 입장에서 생각해봄으로써 생각의 거리를 좁힐 수 있다. 처음에는 자신의 생각과 다른 의견에 감정적으로 대처하여 싸움을 일으키기도 하지만, 독서토론 경험이 쌓이면 여러 관점에서 글을 파악할 수 있게 된다.

Q 독서토론 모임을 진행할 때 알아야 할 점이 있을까요?

아이들이 모여서 토론까지는 아니지만 책을 읽고 이야기 나누는 모임을 하고 있습니다. 정말 부담 없이 책을 읽고 가벼운 이야기를 나누는 자리예요. 엄마들이 책을 고르면 아이들은 그 책을 읽고 간단히 자신의 생각을 정리해옵니다.

엄마들은 대체로 만족하고 있지만, 모임을 시작한 지 어느 정도 되었으니, 이제는 아이들이 스스로 끌어갔으면 하는 바람이 생기네요. 처음에 모임의 규칙과 이야기 나누는 방식을 알려주었는데 잘 진행되지 않아서 엄마들이 조금씩 개입하여 함께 이야기 나누는 시간을 갖고 있습니다.

앞으로도 모임을 계속해보려고 하는데, 지켜야 할 규칙이나 주의해야 할 부분이 있는지 궁금합니다.

Ⓐ 모임의 규칙을 구체적으로 정해보세요

효과적인 독서토론 모임을 운영하기 위한 몇 가지를 제안해보겠습니다.

① 도서 선정은 반드시 구성원 중 하나가 먼저 읽고 추천하는 형식이 좋습니다. '먼저 읽어봤는데, 이러저러해서 추천한다. 함께 읽고 느낌과 생각을 나누고 싶다.' 이렇게 하다보면 아이들이 책을 읽으면서 토론해보고 싶은 책을 골라내기도 합니다.

② 모임 때마다 발제자와 글꾼을 정합니다. 발제자는 책을 좀 더 꼼꼼하게 읽고서 작가, 줄거리, 특징 등을 정리해옵니다. 발제자가 먼저 자기가 준비한 것을 읽고 자유롭게 이야기를 시작하면, 글꾼은 그날 나눈 이야기를 받아 적으며 정리합니다. 그럼 글꾼은 아무래도 다른 친구들보다 경청하게 되겠지요. 발제자와 글꾼을 돌아가며 맡다보면 잘 듣고, 쓰고, 정리하는 것을 익히게 됩니다.

③ 아이들끼리의 인터넷 독서카페를 만듭니다. 발제자가 미리 발제문을 올리고, 모임 후 나눈 이야기를 글꾼이 정리하여 올려놓

으면 쌓여가는 자료를 통해 성장해감을 느끼면서 동기부여가 됩니다.

④ '10자 토크'나 '한 줄 느낌', '작가나 주인공에게 한마디' 등으로 독서토론을 마무리합니다. 마무리 즈음에 그날 토론한 책에 대한 것들을 경쾌하게 정리하는 느낌을 가질 수 있습니다.

요즘 아이들은 텔레비전이나 컴퓨터, 또는 주입식 교육을 통해 일방적인 통로로만 듣고 말하는 상황에 놓여 있습니다. 자신의 생각을 표현하는 것에 서투르지요. 그래서 같은 책에 대한 서로 다른 생각을 이끌어내는 독서토론은 쌍방향으로 의견을 나눌 수 있는 좋은 활동입니다. 그런데 이 독서토론이 청소년기의 예민한 싸움이 되지 않고 잘 진행되려면 사전 규칙이 매우 중요합니다.

우선, 참여하는 모든 아이들이 자신의 생각을 말해보고, 특정 아이의 의견에 집중되지 않도록 발언 시간을 제한하는 것이 필요합니다. 또 반드시 친구의 이야기가 끝나고 손을 들어야 발언 기회를 얻을 수 있으며, 비방하는 언어와 의견 대립의 언어를 구분하여 사용하는 것 등의 아주 구체적인 상황까지 미리 정해놓아야 서로 기분 상하는 일이 줄어듭니다.

그리고 가장 중요한 건 '자발성'입니다. 그런데 자발성을 강조하면 준비에 소홀해질 수 있고, 의무를 강조하면 자기 생각을 끄집어 내기보다 내용을 파악하는 데만 초점을 맞추게 되는 안타까운 상황이 생깁니다. 이럴 때 가장 좋은 방법은 책을 읽어오지 않았거나 준비하지 못한 아이에게 친구들의 의견을 듣고 질문을 하게 하는 것입니다. 책을 읽어온 친구의 생각을 듣는 것만으로도 나중에 그 책을 읽을 때 '그때 그런 의견들이 있었지.' 하며 읽을 수 있게 되니까요.

그리고 중재자의 역할이 매우 중요합니다. 아이들의 의견을 매번 해설하듯 풀이해줄 필요는 없지만 의미 전달이 잘 되지 않는 경우에는 정리해주는 것이 필요합니다.

아이들은 토의보다는 토론을 재미있어 하고 스스로 참여하려는 의지도 보입니다. 또 자신의 생각이 토론을 통해 바뀐 경우, 독서토론의 의미와 재미를 실감하게 되지요.

어휘력은 어떻게 느는가?

어휘력은 낱말의 뜻을 알고 올바르게 사용하는 능력이다. 어휘력이 풍부해지면 정확한 표현이 가능해지며 상황을 다양하게 표현할 수 있다. 하나의 사물을 대하는 또 다른 눈이 생기는 것이다. 그럼 어휘력은 어떻게 해야 느는 것일까?

사실 아이들은 대부분의 어휘를 일상생활의 대화를 통해 습득한다. 그러므로 일상생활에서 많은 어휘를 접할 수 있는 '대화 환경'을 만들어주는 것이 무엇보다 중요하다. 널리 알려진 '밥상머리 교육'에서도 식사 시간에 이루어지는 부모와 자녀의 대화가 갖는 교육적인 효과를 강조하는데, 부모 자녀 간의 폭넓은 주제의 대화가 아이의 어휘력을 향상시키는 데 매우 큰 역할을 한다. 그렇다면 책 읽기는 어떤가? 독서는 아이가 보다 고급 어휘를 습득하도록 돕는다. 하지만 책을 읽기만 한다고 어휘력이 늘어나는 것은 아니다. 아이 혼자서 책을 읽으면 모르는 어휘가 있어도 그냥 넘어가기 쉽다. 독서를 통해 어휘력을 키우려면 처음에는 부모가 함께하는 노력이 반드시 필요하다.

Q 어휘력을 늘리려면 어떻게 해야 할까요?

초등학교 5학년 아이를 두었습니다. 아이가 책을 좋아해서 평소에 많이 읽는 편이에요. 그런데 책을 많이 읽는데도 어휘력이 부족해요. 어휘를 많이 알지 못하니 글 쓰는 것을 너무 싫어하네요. 어휘력을 늘리려면 어떻게 해야 할까요? 방학 동안 매일 조금씩 할 수 있는 방법이 있다면 알려주세요.

A 아이가 좋아하는 방법을 찾아보세요

우선, 책을 많이 읽고 좋아하는 것만으로도 다른 부모들의 부러움을 살 만합니다. 책 읽는 습관만 형성되어 있어도 일단 성공이거든요.

어휘는 책 속의 어휘인지, 교과서 속의 학습적인 어휘인지에 따라 조금 다른 양상을 보입니다. 하지만 어린 나이에 책을 혼자 보게 되면 모르는 어휘가 나와도 그냥 넘어가게 돼요. 언어를 유추하는 능력이 있는 아이라면 문장에서의 어감으로 알아가기도 하지만요. 그런데 어른(부모님)이 읽어주면 모르는 어휘를 물어보고 확인하는 과정을 거치며 알아가게 됩니다. 그러면서 어휘력을 키워가지요.

책이나 교과서를 읽으면서 모르는 어휘가 나올 때마다 국어사전을 찾아보는 것은 매우 기본적인 어휘 익히기 방법일 것입니다. 특히 사회, 과학, 수학 같은 과목에 나오는 학습적인 어휘를 익히는데는 한자학습이 도움이 됩니다. 한자를 익히면 보다 쉽게 내용을 이해할 수 있어요. 신문을 활용한 활동도 어휘력을 키우는 데 많이 쓰이고 있습니다. 마음에 드는 신문기사를 오려 붙인 다음, 기사를 읽고 나서 생각을 말해보고, 그것을 글로 쓰는 활동은 어휘력뿐만 아니라 글쓰기 연습도 할 수 있는 좋은 방법이에요.

하지만 여러 가지 방법 중에서 아이의 흥미를 끄는 것이 가장 좋은 방법입니다. 아이와 대화하여 방법을 정해보세요. 그리고 처음에는 너무 어렵지 않고 부담이 적은 것으로 시작하는 것이 좋습니다.

무엇을 위한 한자공부

우리말의 80%는 한자어이다. 그러므로 한자를 알면 어휘력이 쉽게 느는 것이 사실이고, 사회, 과학, 수학 등 교과서의 용어들이 한자로 이루어져 있으니 한자를 알면 공부에 도움이 되기도 한다. 하지만 책을 많이 읽은 아이들은 꼭 한자를 공부하지 않아도 이해력이 높다. 그렇다면 책은 읽지 않고 한자공부만 한 아이들은 어떨까?

Q 한자, 따로 공부해야 하나요?

우리말의 대부분이 한자어로 되어 있으니 한자공부는 필수라고 합니다. 우리 아이는 초등학교 2학년 때 5급을 땄는데, 그 이후에 공부를 그만두었더니 많이 잊어버리더군요.

남편은 학창 시절에 따로 한자공부를 하지 않았지만 책을 읽으면서 이해하지 못한 적은 없었다고 하네요. 한자를 몰라서 이해하지 못하는 게 아니라, 책 내용의 흐름을 파악하는 이해력이 부족한 것인데 굳이 힘들여 한자를 여러 번 쓰면서 뜻과 음을 외워 급수를 올리려는 것은 시간과 돈을 낭비하는 것이라고 말합니다.

아이 역시, 한자를 아는 게 책의 내용을 이해하는 데 특별히 도움이 되지는 않는다고 합니다. 제 생각에도 평생 한자공부를 꾸준히 하지 않으면 줄줄 외워서 쓰는 것은 불가능한 것 같아요. 그래도 주위 친구들은 한자 학습지를 많이 하고 있어요. 한자 학습지, 한자 급수시험 등의 한자공부, 도대체 어떻게 해야 할까요?

Ⓐ 한자 급수시험에 얽매이지 마세요

초등학교 2학년 때 5급을 땄으면 빠른 편입니다. 보통 초등학교 졸업 때까지 4급 정도면 충분하다고 하지요. 한자를 알면 공부하는 데 도움이 되긴 합니다. 사회, 과학, 수학 교과에 나오는 용어들이 한자로 되어 있으니까요. 하지만 책을 많이 읽은 아이들의 대부분은 꼭 한자를 공부하지 않아도 이해력이 높아요. 글의 맥락 안에서 어휘의 뜻을 유추하거든요. 반면 책 읽기를 소홀히 하고 한자만 많이 아는 아이들은 그렇지 않습니다. 문장의 맥락을 이해하는 능력이 부족하기 때문입니다.

한자를 공부하는 이유는 무엇인가요? 한자 한 글자 한 글자를 외워서 쓸 수 있기 위해서가 아니라, 좀 더 많은 어휘를 알아서 글의 맥락을 빨리 이해하는 능력을 키우기 위해서입니다. 한자공부는 독서교육, 넓게는 국어교육의 여러 가지 방법 중 하나일 뿐입니다.

그러므로 한자 급수 따는 것에 얽매일 필요가 전혀 없습니다. 실제 현장에서도 저학년 때 무조건 외워서 급수 따봐야 나중에 도움이 안 된다는 의견이 많습니다. 5, 6학년 때 시작해도 늦지 않으며, 천천히 1년에 한 급수씩 따는 것이 좋다고 생각하는 선생님들이 많아요.

초등학교 때는 무리한 한자공부보다 꾸준히 책을 읽는 습관을 들이고, 책을 좋아하게 되는 다양한 경험을 갖는 것이 더욱 중요합니다.

국어와 읽기의 함수

여러 과목 중에서 특히 국어는 실력을 쌓는 데 오랜 시간이 걸린다. 국어 실력을 높이는 가장 중요한 것은 말하는 바가 무엇인지를 정확히 파악하는 힘이다. 이를 다른 말로 하면 문장이해력이다. 그런데 문장을 이해하기 위해서는 배경지식이 필요하다. 배경지식을 쌓는 가장 빠르고도 정확한 길이 바로 독서이다.

Q 국어시험 성적이 낮은 아이, 어떻게 공부해야 할까요?

중학교 1학년인 딸을 두었습니다. 초등학생 때는 짬짬이 책을 읽었는데, 중학교에 와서는 거의 못 읽었어요. 그래서인지 1학기 중간·기말고사 국어시험을 모두 망쳤습니다. 자기 나름대로 수업내용을 꼼꼼히 정리하고 시험 전에 교과서도 잘 읽은 것 같은데, 점수가 60점대예요. 제가 시험지를 보니 문제 의도와 상관없는 답을 썼더라고요. 문제의 의도를 잘 이해하지 못한 것 같아요.

노력하는 것에 비해 점수가 안 나오니 아이도 그렇고, 저 또한 안타깝습니다. 그런데 어떻게 도움을 주어야 할지 모르겠어요. EBS 교재로 공부를 시작했는데, 막상 해보니 이해가 잘 안 된다고 합니다. 유명 강사의 인강을 들어야 할지, 학습지라도 시작해야 할지 고민입니다.

A 좋아하는 주제의 책 읽기와 매일 신문 읽기를 해보세요

이미 잘 아시겠지만 국어 실력은 하루아침에 쌓이지 않습니다. 쉽지 않지만 시간을 두고 차근차근 준비해야 실력을 기를 수 있으므로, 인강이나 학습지는 권하고 싶지 않습니다. 시험을 대비해서는 어느 정도 도움을 받을 수 있지만, 궁극적으로 국어 실력은 쌓이지 않기 때문입니다. 그리고 무엇보다 흥미 잃은 공부는 지루하고 효율성도 떨어집니다.

국어 실력의 요체는 문장이해력입니다. 문장이해력은 배경지식을 필요로 하기 때문에 우선은 다른 사람의 글을 많이 읽어야 합니다. 두 가지 방법을 제안합니다.

① 아이가 좋아하는 주제의 책을 찾아 읽는 것입니다.

경우에 따라서는 만화책도 좋다고 생각합니다. 책을 읽고 독후감을 쓰면 더 좋겠지만, 아이가 부담을 느끼면 시키지 마세요. 중요한 것은 아이가 흥미를 잃지 않는 것입니다. 이렇게 한 분야의 책을 여러 권 읽다보면 배경지식과 독해력이 쌓입니다.

② 아이와 매일 신문을 읽는 것입니다.

처음에는 짧고 쉬운 내용으로 시작하여 궁극적으로는 사설과 칼럼을 이용해보세요. 신문의 장점은 내용이나 주제가 매일 바뀌기 때문에 지루하지 않다는 것입니다. 게다가 시사 문제에도 밝아지니 일석이조입니다.

각종 칼럼과 사설은 기본적인 읽고 쓰는 능력은 물론이고 비판적 사고력 함양에도 도움이 됩니다. 또 다양한 주제의 글을 통해 어휘력도 키울 수 있습니다. 이렇게 다양한 글을 읽으면서 문장이해력이 높아지면 국어성적은 자연스럽게 올라갑니다. 인내를 가지고 꾸준히 실천해보세요.

독서가 늦었다고 생각될 때

연령에 따른 책 읽기 지도에 정해진 답이 있을까? 많은 부모들이 연령에 따라 책을 분류한 목록을 참고하여 아이에게 책을 읽히려고 한다. 하지만 가장 중요한 기준은 아이의 관심사이다. 연령이 높아질수록 재미있어야 책을 읽고, 그 재미는 관심 있는 주제일 때 느낄 수 있는 것이다. 그러므로 책을 잘 읽는 아이들끼리도 관심사에 따라 읽는 책의 수준이 다를 수 있다. 관심에 맞추는 것이 정답이다. 그래서 책 읽기가 잘된 아이도 본인의 관심도에 따라 책 읽는 수준이 다를 수 있다.

Q 책을 많이 읽지 않는 아이, 어떻게 독서지도를 하면 좋을까요?

초등학교 6학년, 중학교 2학년인 두 아들을 둔 엄마입니다. 아이들에게 항상 책 읽기가 중요하다고 이야기해왔지만 정작 꼼꼼하게 이끌어주지는 못한 것 같습니다.

큰아이가 중학생이 되니 어려서부터 책을 가까이 한 아이와 그렇지 않은 아이의 차이를 알겠더라고요. 거의 모든 과목의 시험이 주관식이나 서술형 문제로 출제되는데 문장이해력이 부족하면 답을 쓰기가 어렵겠어요.

그래서 큰아이와 어떻게 하면 책을 자주 볼 수 있을지 의논해보았습니다. 도서관의 책 읽기 모임이나 독서·논술학원은 비용도 부담스럽고 소화해야 하는 내용이 많더군요. 아이도 지레 겁을 냅니다. 저희 아이에게는 무리가 될 것 같아서 중학교 수준에 맞는 쉬운 책을 선정하여 집에서 단계적으로 진행하려고 합니다. 그런데 사실 어디서부터 어떻게 시작해야 할지 막막합니다.

작은아이는 큰아이보다는 책을 좀 긴 시간 동안 집중해서 읽는 편이지만, 요즘 게임에 조금씩 맛을 들이려고 해서 더더욱 방향 전환이 필요할 것 같습니다. 일단 인터넷 도서 대여점에서 만화책이며 동화책 등을 초등학교 5~6학년용으로 주문했는데 어떨지 모르겠습니다. 좋은 말씀과 지혜로운 방법, 부탁드립니다.

A 아이의 관심사에 맞는 책을 주세요

아이의 독서를 꼼꼼하게 이끌어주지 못했다고 하셨는데, 그건 사실 전문가에게도 쉽지 않은 일입니다. 전문가가 한다고 해서 다 잘된다는 보장도 없답니다.

그런데 책 읽기를 왜 단계적으로 하려고 하나요? 책을 많이 읽으면 공부에 도움이 되기는 하지만, 책 읽기는 학습이 아닙니다. 체계적인 틀 안에서 책 읽기를 하게 되면 가장 중요한 것을 놓치게 됩니다. 바로 책 읽는 즐거움을 말입니다.

책을 고를 때는 아이의 관심사가 절대적으로 반영되어야 합니다. 그리고 이제 중학생이니 부모의 권유에 따르기보다는 스스로 읽고 싶은 책을 고르도록 해야 합니다. 그래야 오래할 수 있고, 부모와의 관계에도 문제가 생기지 않습니다.

'책따세(책으로 따뜻한 세상 만드는 교사들)'란 인터넷 사이트의 추천 도서 목록을 살펴보세요. 인터넷 서점에도 '책따세' 추천 도서가 있습니다. 이런 목록들을 참고하여 아이가 직접 읽고 싶은 책을 고르도록 해보세요.

책 읽기 환경을 만들어주는 것도 중요합니다. 도서관에 다니면서 책을 빌려 보고, 집에서도 텔레비전이나 컴퓨터, 게임보다는 책을 볼 수 있도록 가족이 함께 책 읽는 시간을 만들어도 좋습니다. 같이 하면 혼자 하는 것보다 집중하기도 좋아요. 하루 30분으로 시작해서 시간을 점점 늘려가고, 꾸준히 해보세요. 무엇이든 시작해서 6개월은 해야 조금씩 효과가 나타난답니다.

어느 어머니가 《엄마는 고함쟁이》라는 아주 간단한 그림책을 중학생 아들과 같이 보게 되었답니다. 아들이 "엄마랑 똑같다. 엄마, 이런 그림책 또 없어요? 재미있어요." 했다는 거예요. 평소 아들과 대화하기가 어려웠는데, 그 후로 다른 그림책을 같이 보면서 사이가 좋아지고 아들이 책도 잘 보게 됐다고 합니다. 정답은 없습니다. 내 아이에게 맞으면 그게 바로 정답인 거죠.

아이를
모르겠어요?

아이들은 정말 다 다르다. 태어날 때 타고난 기질이 다르고 생활하면서 경험하는 것이 다르니 당연하다. 이렇게 저마다 다른 아이들의 책 읽기를 어떻게 이끌어야 할까?

성격유형으로 보면 행동형 아이는 가만히 앉아 오랜 시간 책 읽는 것을 힘들어 한다. 부모의 말을 잘 따르는 규범형 아이는 부모가 권하는 책을 잘 읽기는 하지만, 자기 의사표시를 제대로 못할 수 있다. 탐구형 아이는 자신이 좋아하는 주제에 대해서는 지나칠 정도로 관심이 많으나 좋아하지 않는 주제에 대해서는 알려고 하지 않는 경향이 있다. 그렇기 때문에 다양한 주제에 관심을 갖도록 도와주어야 한다. 예를 들어 곤충 주제에 빠져 있다면 곤충과 관련된 주제인 공생, 기생, 천적, 환경오염에 대한 책도 함께 주는 것이다. 이

상형 아이는 생활과 관련된 일상적인 이야기, 또는 마음껏 상상할 수 있는 책이 좋다.

하지만 아이들이 아직 발달 과정 중에 있다는 것을 염두에 두어야 한다. 게다가 아이들이 한 가지의 성격유형만 가지고 있는 것도 아니다. 먼저 아이들이 어떤 주제에 관심을 가지는지, 왜 그런지를 관찰해야 한다. 그리고 그 주제에 따라 확장해주면 좋을 것이다.

우리 아이의 독서는 몇 살?

연령별로 책 읽기에 대한 지침이 정해져 있는 것은 아니지만 연령별 발달 상황을 고려할 필요도 있다. 전 연령에 걸쳐 동일하게 중요시되어야 하는 것은 바로 책 읽기가 아이에게 즐거운 일이어야 하며 아이가 읽고 싶은 책을 스스로 선택할 수 있어야 한다는 것이다.

- 만 0~2세

  책을 가지고 노는 시기이다. 언어 인지적인 학습이 아닌, 책으로 도미노 놀이도 하고 탑 쌓기도 하면서 책과 친해질 수 있게 한다. 관심을 보이는 책이 있으면 같이 본다.

- 만 3~5세

  본격적으로 책 읽기를 즐기는 시기이다. 이때의 책 읽기는 사실은 주로 듣기이다. 글을 깨친 아이는 혼자 책을 읽기도 하지만, 부모의 목소리로 읽어주는 것이 좋다. 책 읽어주기의 장점은 여러 가지가 있지만, 듣는 이해력이 읽는 이해력에 선행한다는 점에서 중요하다. 이 시기에 아이에게 책을 많이 읽어줘야 스스로 책을 읽을 수 있는 힘이 생긴다. 도서관이나 서점에서 스스로 책을 고를 수 있게 해보는 것도 중요하다.

● 만 6~12세

초등과정으로 본격적인 읽기와 쓰기를 하는 시기이다. 책 읽기를 학교 교육과정과 연결시켜도 좋다. 스스로 흥미가 있는 책을 골라 읽도록 하고, 아이의 수준에 맞춰 점차 독서량을 늘려가도록 유도한다. 이때 형성된 독서습관이 평생 간다.

Q 책을 읽을 때 가만히 있지 않아요

다섯 살과 네 살인 남자아이를 두었습니다. 자기 전에 책을 읽어주는데, 둘째 아이는 책 읽는 걸 좋아해서 책을 읽어주면 가만히 듣고 있습니다. 혼자 책을 볼 때도 있고요. 그런데 첫째 아이는 가만히 있지를 않아요. 한 권 읽을 때는 잘 듣고 있다가 두 권째가 되면 장난감을 가지고 놀거나 자꾸 돌아다닙니다. 그래서 가만히 있으라고 혼을 내기도 해요.

보통 네다섯 권 정도 읽어주는데, 가끔 일찍 잠들면 못 읽어줄 때도 있습니다. 그래도 하루에 두세 권은 읽어주려고 하고요. 아이가 장난감 갖고 놀 때도 그냥 귀로 듣도록 저 혼자 읽어야 할까요?

A 아이들은 가만있지 않는 것이 당연해요

　연년생의 남자아이들이니 여러 가지로 힘드시겠어요. 네 살, 다섯 살이면 한창 활동적으로 움직이며 놀 나이입니다. 집중력도 길지 않은 시기이고, 돌아다니며 이것저것 탐색하는 것이 정상인 때입니다. 성향이 활동적인 경우에는 더욱 그렇고요. 책을 읽는 것도 좋지만 그 나이 아이들은 책을 좋아하기만 해도 된다고 생각해요.

　책을 누가 고르는지 궁금합니다. 책에 집중하지 못하는 것은 아이의 수준과 관심과 맞지 않아서일 수도 있습니다. 스스로 읽고 싶은 책을 고르게 해보세요. 내가 고른 책은 책에 대한 흥미와 집중력을 높여줍니다. 다양한 책이 준비되어 있는 도서관에서 책 선택의 경험을 맘껏 해보면, 아이도 부모도 어떤 책을 좋아하는지 알 수 있게 됩니다.

책을 싫어하는 아이

　책을 싫어하는 아이는 없다. 단지 책보다 더 재미있는 것이 너무 많아 책 읽기가 잘 안 되는 것이다. 아이들이 책을 읽는 가장 큰 동기는 '재미'이다. 앞으로 수능 시험을 위해 미리 읽어두려는 것이 아니다. 그런데 가정에서 텔레비전, 게임, 핸드폰 등을 쉽게 사용할 수 있는 환경이라면 아이는 책보다는 이런 매체에 더 쉽게 흥미를 갖게 된다. 동시에 책에 대한 흥미는 떨어진다. 그러니 아이에게서 이런 매체를 차단시킬 필요가 있다.

Q 책을 싫어하는 아이, 어떻게 책을 좋아하게 할까요?

초등학교 1학년인 딸을 두었습니다. 딸은 책을 별로 안 좋아해요. 억지로 하루에 두 권은 읽게 하는데, 그것도 대충대충입니다. 대신 책 내용을 만화처럼 보여주는 인터넷 사이트는 무척 좋아해요. 아직도 공주 시리즈 영화에 지나칠 정도로 빠져 있고요.

한번은 친구들이 재미있다고 했다면서 책 제목을 알아왔기에 책을 사다 주었어요. 그런데 책꽂이에 꽂아만 놓고 잘 보지 않습니다. 그래서 매일 저녁 책을 읽어주는데, 세 살짜리 동생이 자기 책을 읽어달라고 하면 딸아이 책은 못 읽어주기도 합니다.

따로 학원에 다니고 있지는 않아서 시간적으로는 여유로운 편입니다. 딸아이가 집중력도 약하고 어휘력도 부족하기 때문에 그 시간을 활용하여 책을 읽게 하면 도움이 될 것 같은데, 효과적인 방법이 있을까요?

A 책 읽기를 싫어하는 아이는 없어요

아이가 책을 스스로 읽지 않고 종이 책보다 인터넷으로 보는 걸 더 좋아하는군요. 하지만 책을 억지로 읽게 하는 것은 좋지 않습니다. 그러면 당장은 책을 읽겠지만 장기적으로는 책을 싫어하게 됩니다. 어른도 뭔가 억지로 시키면 하기 싫어지잖아요. 아이들은 더 그렇습니다. 그러므로 책의 재미를 알게 하는 것이 먼저입니다.

먼저 아이와 함께 이야기하여 컴퓨터로 책 보는 것을 하지 않도록 결정하세요. 스스로 결정해야 더 잘 지킵니다. 그리고 책을 잘 읽었다고 해서 인터넷을 할 수 있게 하면 안 됩니다. 그럼 아이는 인터넷으로 책을 보는 것이 잘하는 것인지 아닌지 혼란스러워 합니다. 그러다 결국에는 빠져들게 되고요.

그리고 보통 여자아이들은 다섯 살부터 초등학교 저학년까지 공주를 좋아합니다. 그 시기가 지나면 시들해져요. 하지만 공주를 좋아하는 이유는 저마다 다릅니다. 공주의 옷을 좋아하는 아이가 있는가 하면 왕자와의 이야기가 좋아서 공주 이야기를 좋아하는 아이도 있습니다. 자녀에게 공주가 왜 좋은지 물어보세요. 그러면 좋아하는 이유에 맞춰서 책 읽기를 확장할 수 있습니다.

공주 책을 좋아하는 이유가 옷이 예뻐서라면, 예쁜 옷이 나오는 다른 책을 보여주세요. 만약 이야기가 좋아서라면, 다른 공주 이야기를 찾아야 해요. 사실 공주 책의 문제점은 남자에게 구원받고 남자에 의해서만 행복을 찾을 수 있다는 생각을 무의식중에 심어준다는 것입니다. 그러니 그와 반대되는 공주가 나오는《종이 봉지 공주》같은 책을 보여주세요. 그러면서 종이 봉지 공주가 다른 공주와 어떻게 다른지 이야기해보는 거죠. 또 서양 공주 말고 우리나라의 바리데기 공주 같은 동양의 공주가 나오는 책도 보여주세요.《공주백과사전》이라는 책도 있고요. 아이가 좋아하는 주제의 책을 보여주면서 다른 주제로 조금씩 확장시키는 것입니다.

또 친구들이 재미있어 하는 책도 잘 보지 않는다고 했는데, 이유는 간단합니다. 그 책은 다른 친구들에게는 재미있을지 모르지만, 아이에게는 재미있지 않은 거예요. 책 읽기는 그 자체가 즐거워야 하므로 아이가 재미있어 하는 주제가 무엇인지 알아보고, 그에 맞는 책을 주어야 합니다.

재미있게 책을 읽다보면 집중력도 생기고 어휘력도 높아지니, 우선은 재미있게 읽을 수 있는 책을 선택하게 하는 것이 좋습니다. 충분히 듣기가 되야 말하기가 되고 비로소 읽기가 됩니다. 언어 발달은 듣기, 말하기, 읽기, 쓰기의 순으로 진행되거든요.

자녀마다 다른 독서지도

자녀가 둘 이상인 경우, 독서지도에 더욱 어려움이 많다. 형제라 해도 아이들의 성향이 다르고 선호도도 다르다. 그리고 둘째 아이는 집에 있는 책을 형의 것이라 여길 수도 있다. 그래서 책이 누구 것인지를 꼭 확인하고 본인 것이면 강한 애착을 가지기도 한다.

두 아이가 좋아하는 분야나 주제가 같다면 그나마 같이 볼 수 있지만, 전혀 다르거나 나이 차이가 난다면 같이 보기 힘들다. 그래서 아이마다 다르게 접근해야 한다.

Q 초등학교 4학년과 3학년, 두 아이의 독서지도 어떻게 해야 하나요?

집에 책이 많습니다. 책 읽기의 중요성을 알기에 첫째 아이가 어릴 때부터 많이 구입하여 읽어주었거든요. 그런데 그 책을 둘째 아이에게 읽어주려니 언제 어떤 책을 읽어주고 읽혀야 할지 잘 모르겠어요.

그냥 하루에 한 시간씩 읽게 하는데 쌓여 있는 책을 보면 맘이 급해지네요. 사교육이 필요하지는 않을까 의문이 들지만 그렇다고 학원에서 필요한 만큼 봐주는 것도 아닐 테고요. '리딩웰'이라는 독서 인증 사이트도 이용해봤는데 별 효과를 보지 못했습니다. 그냥 지금 하는 식으로, 스스로 읽게 하면 되는 건가요?

A 두 아이에게 저마다 달리 접근하세요

자녀가 둘 이상인 경우, 많은 부모들이 첫째 아이와 둘째 아이가 서로 달라 키우기가 어렵다는 하소연을 합니다. 그것은 아이의 성향과 선호도가 다르기 때문입니다. 제 조카 중에는 자기 책에 애착을 가지는 아이가 있습니다. 이 점도 고려해보면 어떨까 합니다. 아이가 각각 좋아하는 분야로 시작해보는 것입니다. 그런 책이 집에 있다면 그것으로 시작하면 되겠죠.

그리고 독서가 만능일 수는 없습니다. 독서가 공부에 많은 도움을 주는 것은 사실이지만 책만 읽는다고 다 해결되는 것은 아닙니다. 초등 시기에는 다양한 경험이 중요해요. 모든 것을 직접 다 경험할 수 없으니 간접 경험으로 책을 읽는 것이고요.

책의 중요성을 익히 알고 계신데다가 첫째 아이와의 경험이 있으니 앞으로도 잘하실 수 있습니다. 지금처럼 스스로 찾아 읽고 즐기게 해주세요. 재미를 잃으면 책 읽기나 공부, 다 효과가 없습니다. 특히 초등학교 시기에는요.

옛이야기, 고전,
인물·역사 이야기에
대한 오해

독서지도

　많은 부모가 책에 대해 관심을 쏟는 만큼 오해도 많다. 먼저 옛이야기를 보면, 책마다 세계명작, 전래동화라는 이름이 붙어 있다. 사실 동서양의 옛이야기라고 하면 맞을 텐데, 서양 이야기에는 '명작', 우리 이야기에는 '전래'라고 이름을 붙인 것이다.

　둘 다 옛날부터 구전으로 전해오는 것을 글로 묶은 것이다. 그래서 잘 알려진 신데렐라 이야기도 샤를 페로 본과 그림 형제 본이 있고, 그 내용에도 차이가 있다. 우리나라의 콩쥐 팥쥐 이야기도 동양의 다른 나라에 비슷한 내용이 있다. 그래서 한편에서는 원전의 내용을 그대로 읽어야 한다고 주장한다. 하지만 그 원전이란 것이 잔혹한 내용이 많다. 《신데렐라》에는 신발이 맞지 않아 발을 잘라버리는 내용이 나오고, 《콩쥐 팥쥐》에서는 팥쥐를 젓갈로 담아 보낸다. 그런데 아이들이 읽기에는 적절하지 않은 내용이라고 각색을 하여 출판한다는 것이, 무조건 해피엔딩으로 처리하는 오류를 범하는 경우도 있다. 그래서 대부분의 아이들이 원전의 내용대로 된 책을 보면 이상하다고, 이야기가 틀렸다고 한다.

《신데렐라》, 《헨젤과 그레텔》, 《아기 돼지 삼 형제》, 《빨간 모자》 등은 모두 이야기하고자 하는 바가 있다. 사람이 일정 시기가 되면 독립을 해야 하고, 그에 대한 준비로 세상 밖에는 위험이 있다는 사실을 알려주는 것이다. 그렇기 때문에 원전에 충실한 내용을 읽혀야 한다.

디즈니 애니메이션은 읽히지 말자. 디즈니 이야기는 미국 공공도서관에서도 찾아볼 수 없는 책이다. 영화이지 책이 아니기 때문이다. 또한 무조건적인 해피엔딩으로 현실을 도피하려는 경향이 드러난다. 보다 심각한 문제는 가부장적 시각과 백인 우월주의이다. 남자(왕자)에 의한 구원과 악역의 유색인종이 반복되는 것을 보면 알 수 있다. 어린이들이 무의식중에 비판 없이 받아들일 수 있다. 아이들이 읽는 책이니 주의해야 한다.

어떤 인물을 읽을 것인가?

예전에는 인물(위인) 이야기라고 하면 업적이 있고 이미 세상을 떠난 사람들의 것이 대부분이었다. 그러나 요즘에는 현재 생존하는 사람을 포함하며 분야도 다양하고, 업적에만 치중하지 않는다. 인물이야기에서는 사실을 다루는데, 간혹 잘못된 내용이 있다. 그래서 책을 선택할 때, 서로 다른 출판사의 책을 비교해서 살펴보고 올바로 된 것을 골라야 한다. 인물 이야기는 초등학교 고학년 때 읽히는 것이 좋다고 하는데, 아이가 원한다면 시기는 문제가 되지 않는다.

남자아이들은 인물 이야기를 읽고 나면 역사에 관심을 갖게 되는 경우가 많다. 남자아이들이 좋아하는 인물이 대부분 장군, 임금이기 때문이다. 그래서 누가 먼저이고 어떤 일이 먼저인지를 궁금해한다. 그에 반해 여자아이들은 다시 창작으로 돌아가는 경향이 높다.

부모들은 아이에게 인물 이야기를 읽히고 싶어 한다. 훌륭한 인물을 본받으라는 뜻이다. 하지만 아이들은 재미없으면 읽지 않는다. 그래서 책의 선택권을 아이에게 주어야 한다. 그림, 구성, 문체 등 본인이 좋아하는 것을 고르게 하는 것이다. 다른 아이가 잘 보는 책이라고 해서 내 아이도 잘 보는 것은 아니다. 서로 성향이 다르고 취향도 다르기 때문이다.

Q 어떤 인물 이야기를 읽어야 할까요?

초등학교 3학년 아이를 두었습니다. 학교에서 아침 독서시간에 읽을 인물 이야기책을 가져오라고 하는데, 인물 이야기는 개인의 역사라기보다 그 인물이 속한 사회와 역사적 배경을 함께 다루는 이야기라고 생각합니다. 그래서 아직 역사를 많이 접하지 않은 아이에게 어렵지 않을까 걱정이 됩니다.

이제 사회를 배우기 시작하고 역사에 관심이 적은 초등학교 3학년은 어떤 인물 이야기를 주는 게 좋을까요?

A 아이가 직접 고르게 해주세요

초등학교 3학년이면 아직 사회, 과학이 생소하기도 하고 어렵게 느껴질 수 있어요. 특히 3학년 사회에 옛날과 오늘날을 비교하는 내용들이 많이 있어요. 이러한 것들은 박물관에 가서 여러 가지 유물을 접하고 다양한 체험을 하면 도움이 됩니다.

인물 이야기책에 대해서는, 다양한 분야의 여러 인물에 대한 이야기가 있으니, 아이의 성향에 따라 직접 선택하게 하는 게 가장 좋아요. 도서관이나 서점에 같이 가서 직접 고르게 해주세요. 아이들은 스스로 고른 책을 제일 잘 읽습니다.

아이가 좋아하는 인물에 대해 함께 이야기 나누어, 아이가 어떤 인물에 관심을 갖고 있는지 알아보면 독서지도에 도움이 됩니다. 보통 남자아이들은 이순신, 광개토대왕을 좋아하는데, 그러다보면 관심 갖는 주제가 역사로 옮겨가기도 합니다. 여자아이들은 안데르센, 코코 샤넬을 좋아하는데, 그러다 다시 창작 이야기로 돌아가기도 해요. 물론 다 그렇지는 않습니다.

주제로 접근하는 역사 이야기

역사는 초등학교 5학년 때 처음 배운다. 역사주의적 사고관이 이 시기에 형성되기 때문이다. 하지만 일찍부터 역사에 관심을 갖는 아이도 있다. 그런 아이는 굳이 막을 필요 없이 읽게 두면 된다.

그런데 고학년이 되어서도 관심을 보이지 않아 부모들이 걱정하는 경우가 많이 있다. 이런 경우에는 역사의 시대별 흐름을 알려주는 방식으로 접근하기보다 관심 있는 주제나 인물로 시작해본다. 좋아하는 인물과 그 시대에 관해 알아보거나 음식, 의복 등 관심 있는 주제에 대한 역사를 알아보는 것이다. 박물관이나 기념관에 다녀온 다음, 관련된 책을 읽어보는 것도 좋다. 관심 있는 것, 가까운 시기부터 시작해야 아이들이 역사에 쉽게 다가갈 수 있다.

Q 초등학교 저학년은 역사책 읽기를 어떻게 시작해야 할까요?

아이가 초등학교 1학년인데, 요즘 들어 옛날에 우리나라에는 어떤 나라가 있었고 어떤 사람들이 살았는지 궁금해해요. 그래서 관련된 책을 주고 싶은데, 아직 초등학교 1학년에게는 어렵지 않나 하는 생각에 망설여집니다. 괜히 어려운 책을 줬다가 흥미를 잃고 역사는 어렵다는 선입견을 심어주게 될까 봐 걱정이 돼요. 학교수업에서 역사는 초등학교 5학년이나 되어서야 나온다는데, 초등학교 저학년 때는 역사를 어떻게 접하게 하면 좋을까요?

A 관심 있는 주제나 인물 이야기로 시작하세요

초등학교 1학년인데 역사에 관심을 보인다니, 다른 친구들보다 빠르네요. 분명 어떤 계기나 이유가 있으리라 생각됩니다. 책을 추천해드리기 전에 먼저 제 경험을 들려드릴게요.

제 아들과 조카(여자)의 경우, 둘 다 1학년 2학기 때 인물 이야기를 찾더군요. 각자 원하는 책을 골라 읽게 했더니, 조카는 코코 샤넬과 안데르센을, 아들은 광개토대왕과 이순신 장군에 관심을 보이더군요.

인물 이야기 책을 읽고 난 후, 아들은 역사에 관심을 보였어요. 누가 먼저 있었던 인물인지 궁금해하고 고구려, 백제, 신라가 어느 시기인지, 어느 나라가 먼저 세워졌는지 알고 싶어 하더라고요. 그래서 제가 통사로 된 책을 골라줬는데 그건 잘 보지를 않았어요. 그래서 다음으로 《삼국유사》와 《삼국사기》를 권해주었습니다. 그런데 이번에는 순 '뻥'이라면서 "사람이 어떻게 알에서 나와요?" 하는 겁니다. "여기서 알은 상징적인 거야." 하고 알려주었지만 진지하게 받아들이지 못했어요. 과학적으로 증명되지 않으면 믿으려 하지 않던 시기였거든요. 그렇게 몇 번의 시행착오를 겪고 보니 제 접근 방법이 잘못되었더라고요.

책을 고르려면 아이가 관심 있어 하는 부분이 무엇인지, 인물인지 주제인지를 먼저 알아야 합니다. 인물에 관심이 있으면 그 인물에 관련된 다른 역사적인 내용을 연결시킬 수 있어요. 아이가 이순신에 관심을 보인다면, 이순신과 직접 관련된 거북선, 난중일기 등을 연결시키는 거예요. 좀 더 나아가 우리나라 역사상 유명한 장군들, 크게 일어났던 전쟁으로까지 주제를 확장시킬 수도 있지요. 전 2년이 지난 후에야 제대로 해주었어요. 결국, 아이의 관심에 맞춰서 진행하면 되는 것입니다.

초등학교 저학년 때는 통사로 접근하지 마세요. 고학년쯤 접할 수 있게 해주세요. 역사동화를 보여주는 것도 좋습니다. 책은 도서관이나 서점에 가서 아이가 직접 고르도록 해보세요.

인문 고전 읽기

요즘 인문 고전 읽기가 유행처럼 퍼지더니 그 영향이 청소년, 어린이들에게까지 미치고 있다. 자연히 여기에도 많은 오해들이 있다. '아이들에게 읽히기는 어렵다. 축약본을 읽혀야 한다.' 등의 오해 말이다. 하지만 실제로 초등학생에게 읽혀본 선생님들의 의견은 아이들이 어려워하지 않았다는 것이다. 오히려 축약본으로나 만화로 읽으면 원래의 의미를 이해하는 데 어려움이 있다. 또한 아는 내용이라고 생각하여 다시 읽으려 하지 않는다. 따라서 아이가 인문 고전을 읽고 싶어 한다면 조금씩, 천천히, 가족이 같이 읽고 이야기 나누는 것이 좋다. 쉽게 읽을 수 있는 단편부터 시작하는 것이 좋겠다.

Q 초등학교 6학년 아이, 인문 고전은 아직 이른가요?

초등학교 6학년인 딸은 또래에 비해 책을 잘 읽는 편입니다. 이지성 씨의 《리딩으로 리드하라》를 읽은 후부터 딸에게 고전을 읽혀보고 싶은 생각이 들었습니다. 그래서 《논어》와 《플라톤의 대화편》과 같은 책을 권해보았는데, 재미없을 것 같다며 싫어합니다.

인문 고전을 어떻게 하면 쉽게 읽힐 수 있을까요? 아니면, 아직은 너무 이른 걸까요? 저는 아이가 서양 고전소설을 재미있게 읽고 있어서, 인문 고전 같은 책도 가능할 것 같다는 생각이 들고, 그런 책들을 읽음으로써 다양한 독서 경험을 쌓기를 바랍니다.

A 아이가 선택하도록 기다려주세요

　책 읽기를 좋아하니 고전 역시 천천히 해나가면 됩니다.《초등 고전 읽기 혁명》을 추천할게요. 실제 경험이 소개되어 있어요. 인문 고전 역시 부모와 소통을 하며 생각을 키워갈 수 있다면 더할 나위 없이 좋겠죠.

　하지만 무엇보다 아이의 흥미와 관심이 중요합니다. 사실 인문 고전은 초등학교 6학년이 읽기에 쉬운 책은 아니므로, 더욱 아이가 직접 선택해야 합니다. 부모는 다만 "이런 책이 있어. 네가 좋아할 것 같은데 한번 읽어볼래?" 하고 권하는 것만으로 충분합니다. 실제 선택은 아이에게 맡기고, 아이가 관심 없어 하면 좀 더 기다려주는 자세가 필요합니다.

읽기와
글쓰기

독
서
지
도

　듣기, 말하기, 읽기, 쓰기의 언어영역 중 쓰기는 가장 나중에 발달된다. 보통 책을 많이 읽으면 당연히 쓰기를 잘할 거라고 생각하지만 쓰기를 잘하려면 훈련이 필요하다. 책 읽기를 통해 생각을 키우고 다른 사람과의 대화를 통해 생각을 비교하며 쓰는 훈련을 거쳐 글쓰기가 되는 것이다. 책을 읽는 것도 처음부터 두꺼운 책을 읽을 수 없듯이 쓰기에도 단계가 있다. 다음은 성균관대학교 박정하 교수가 권하는 글쓰기 단계이다.(정답은 아니므로, 글쓰기 지도에 참고만 하기 바란다.)

　● 유치과정
　유치과정에서는 놀이가 가장 중요하다. 놀면서 배우는 시기이기 때문이다. 이때는 인지교육이 오히려 해가 될 수 있다. 아이와 놀이하듯 책 읽기도 즐겁게 하면 된다.

● 초등과정

초등과정에서는 다양한 글쓰기를 시도한다. 하지만 글쓰기를 과제로 여기지 않도록 해야 한다. 책 읽기를 좋아하는 아이도 독서록 쓰기는 싫어한다. 또한 논술훈련은 필요하지만 비중이 높지 않아야 한다. '논술 : 감상문 = 2 : 8'의 비율이면 된다. 초등과정에서 할 수 있는 논술훈련은 읽기, 생각하기, 토론하기, 쓰기, 평가받기의 다섯 가지이다.

● 중등과정

중등과정에서는 글쓰기 능력을 어문법적 차원에서 바르게 완성하는 데 목표를 두고, 한 문단 쓰기를 해본다. 동시에 읽기 능력을 강화해야 한다. 글의 내용을 파악하고 분석하는 능력을 기르기 위해서는 책을 읽고 난 후 토론활동을 진행해본다. 감상문 쓰기도 중요하다. '논술 : 감상문 = 5 : 5'의 비율이면 좋다.

● 고등과정

논술은 한 과목에서 담당할 수 없다. 모든 교과의 내용을 포함하기 때문이다. 그리고 이제 '논술 : 감상문 = 8 : 2' 정도여야 한다.

논술은 논리적 사고가 기본이 되어야 한다. 주장에 대한 타당한 근거가 있어야 하며 근거를 마련하기 위해서는 철학, 정치, 경제, 사회, 문화, 시사 등 다양한 분야에 관한 이론적 배경을 갖추어야 한다. 책뿐만 아니라 신문, 논문, 영화, 미디어 등의 매체 정보까지 포함하고 있어야 한다. 논술을 통해 문제해결 능력을 보고자 하기 때문에 문제에 대한 이해를 넘어 대안까지도 생각할 수 있어야 한다. 물론 논증적 글쓰기 능력도 중요하다. 하지만 배경지식과 사고가 없는 글쓰기는 기술에 불과하다. 그렇기 때문에 평소 주변에 관심을 갖고 다양한 읽기 경험을 쌓는 것이 논술, 글쓰기의 중요한 준비 과정이 된다.

쓰기를 질색하는 아이들

책 읽기는 좋아하는데도 쓰기를 싫어하는 아이들이 의외로 많다. 쓰기란 생각을 정리해서 적합한 단어로 표현하는 것이므로 고차원적인 사고 과정을 요한다. 그래서 글을 쓰기 전, 글을 읽고 나서 느낀 점을 말로 표현하는 연습을 먼저 하는 것이 필요하다.

Q NIE가 바람직한 쓰기 활동이 될 수 있나요?

초등학교 4학년인 우리 아들은 매주 도서관에 가서 한 시간씩 책을 읽습니다. 대출해온 책도 잘 읽고, 집에서도 항상 책만 읽는 책벌레예요. 아침에도 일어나면 씻기도 전에 책부터 펼칩니다. 학교에서도 쉬는 시간에는 도서관에 가서 책을 읽을 정도고요.

그런데 그런 아이가 글쓰기는 너무 싫어합니다. 매주 두 번을 써야 하는 일기조차도 너무 힘들어 해서 NIE로 대체하고 있어요. 신문 기사를 오려 붙이고, 제목을 만들어내 간단한 생각과 느낌을 쓰는 것입니다. 일기 쓰기보다 쓰는 분량이 적으니 즐겨서 한답니다. 그런데 문제는 신문기사의 크기가 점점 커진다는 거예요. 기사 크기가 커지면 그만큼 쓰기 분량이 적어지니 나름의 꼼수이지요.

쓰기를 싫어하는 아이의 성향은 영어, 수학 같은 학과목 문제풀이에서도 나타나요. 서술형이 요즘의 추세잖아요. 아이가 문제의 답은 알겠는데 그걸 글로 쓰는 게 어렵다고 합니다. 이제 4학년이 되면 고학년에 접어들어 쓰기가 더욱 중요해지겠죠? 이렇게 중요한 시기에 아이가 원하는 대로만 책 읽기를 해도 괜찮을까요?

저는 초등학생 때부터 논술학원에 다니며 기술을 배우기보다 다양한 책을 읽고 배경지식을 쌓는 게 중요하다고 생각합니다. 그래서 논술학원이나 독후감 쓰기를 전혀 강요하지 않고 있어요. 물론 아이가 고집이 센 편이라 제가 시킨다고 해서 순순히 하지도 않겠지만요. 지금의 방법에 문제가 있지는 않은지 궁금합니다.

A 잘하는 것을 더 잘할 수 있게 도와주세요

초등학생 때는 책 읽기 습관만 갖추어도 성공입니다. 책 읽기 습관을 들이는 일이 쉽지 않거든요. 그런데 아이가 책 읽기를 좋아한다니 정말 다행스러운 일이에요. 초등학교 아이들은 글을 읽고 느낀 점을 말로 잘 표현할 수만 있어도 훌륭해요. 당연한 것 아니냐고 생각될지도 모르지만 말로 잘 표현하지 못하는 아이들도 많아요.

책 읽기를 즐기며, 신문 일기도 잘 쓰고 있으니 걱정할 것은 없습니다. 신문 일기를 쓸 때는 기사 위쪽에만 풀칠을 해서 붙이고 그 아래에 글을 쓰게 하면 기사 크기와 쓰기 분량에 상관이 없다는 걸 알게 됩니다. 이런 식으로 잘하는 것은 더 잘할 수 있는 방법을 제시해주세요.

그리고 말씀처럼 배경지식을 쌓아야 글쓰기가 됩니다. 하지만 배경지식은 책으로만 쌓이는 것은 아니에요. 한비야 씨는 "만 권의 책을 읽는 것보다 만 리의 거리를 여행하는 것이 낫다."고 했습니다. 다양한 직접체험도 중요해요. 특히 초등학교 때는 더욱 그렇습니다. 그러나 이제 4학년이니 급하게 생각하지는 마세요. 책을 잘 읽는 것만으로도 성공입니다.

나이에 맞는 글쓰기?

무엇이든 나이에 제한을 두는 것에는 양면이 있다. 그 기준에서 벗어나게 되면 불안하지만, 기준이 있으니 어느 정도인지를 파악할 수 있다.

글쓰기는 결국 읽기 후에 자신의 생각을 정리해서 표현하는 것이다. 글을 쓸 때는 다양하게 표현할 수 있어야 한다. 일선 교사들도 글쓰기 기법만을 익혀서 쓴 글은 알아보게 된다고 한다. 따라서 서툴더라도 본인의 의견과 생각을 솔직히 표현하는 것이 좋다. 그리고 그게 나이에 맞는 글쓰기이다.

Q 중학교 2학년, 초등학교 4학년 아들의 글쓰기지도 어떻게
해야 하나요?

중학교 2학년인 큰아들은 수학이나 과학 관련 책은 좋아하는 반
면, 역사나 세계사, 인문 쪽은 싫어합니다. 편독을 고쳐주고 싶어서
무단히 노력하고 있지만 아직도 갈 길이 멉니다.

둘째 아들은 초등학교 4학년입니다. 글자가 많고 두꺼운 책을 부
담스러워하고, 책을 읽으면서도 어휘가 부족한지 질문이 많았습니
다. 2년 전부터 같이 사전을 찾아가며 책을 읽었더니 많이 좋아졌
어요. 어휘력과 이해력이 좋아지니 성적도 올라갔고요.

그런데 책을 많이, 깊게 읽으면 글쓰기도 자연스레 향상되지 않
을까 싶어 글쓰기 연습에는 소홀한 게 사실입니다. 남자아이들이라
그런지 쓰기를 무척이나 싫어하기도 하고요.

둘째에게 짧은 독후감이라도 써보게 할까 생각했지만 이제 겨우
책 읽기의 즐거움을 알게 된 아이에게 쓰기의 부담을 주면 책 읽기
를 싫어하게 될까 봐 시작하기가 어렵습니다.

큰아이는 이제 중학교 3학년이 되니 논술시험이 걱정되어 글쓰
기를 따로 시켜야 할지 고민입니다. 책 읽는 즐거움을 해치지 않으
면서 글쓰기를 지도하는 방법이 있을까요?

A 생각하는 힘을 키우는 것이 먼저예요

독서를 많이 하면 글쓰기가 되겠지 했는데 잘 안되는 건 어찌 보
면 당연합니다. 글쓰기는 훈련이 필요해요. 강의를 잘하는 강사들도

말로는 잘 표현하지만 막상 글로 쓰려면 잘되지 않는 경우가 많지요.

글쓰기에는 여러 전제 조건들이 있어요. 우선 풍부한 배경지식이 있어야 합니다. 그리고 내용을 이해하고 요약하는 분석적 이해력, 핵심 주장에 대해 어디까지가 옳고 그른지를 가리는 비판적 판단력, 그리고 새로운 방안을 적용할 수 있는 창의적 적용력 등이 필요합니다. 사실 논술이라는 것도 이것이 얼마나 잘되는지 평가하려는 것입니다.

책을 많이 읽은 아이들은 분석적 이해력까지는 어느 정도 훈련이 되어 있습니다. 하지만 비판적 판단력은 사고가 자리잡은 사춘기 시기가 지나야 더욱 발달하고, 창의적 적용력까지 다지려면 생각을 많이 해야겠죠.

두 아이는 기초가 다져졌다고 봅니다. 첫째 아이가 인문학 분야보다 과학 분야를 선호하는 건 아이의 성향이에요. 중학생이니 책 이외의 다양한 매체를 활용해보세요. 신문이나 뉴스, 〈고래가 그랬어〉 같은 잡지도 좋아요. 그런 매체에서 다룬 시사 문제에 대해 같이 이야기를 나누는 거예요. 그러고 나서 이야기 나눈 것을 글로 써보게 하세요. 말로 먼저 하고 그걸 글로 쓰게 하면 생각보다 쉽게 써내려간답니다. 아직 늦지 않았으니 아이에게 맞는 방법으로 조금씩 시작해보세요.

둘째 아이의 경우에는 글쓰기 부담 때문에 책 읽는 즐거움을 잃을까 걱정이라 했지만, 부담을 주지 않는 선에서 시작하면 됩니다. 쓰기는 결국 읽기 후에 자신의 생각을 정리해서 표현하는 것이니

다양하게 표현할 수 있게 해주세요.

글을 쓰는 일은 사람의 뇌에서 가장 고차원적인 형태의 작업을 하는 것과 같습니다. 학교 공부를 잘해도 글을 잘 쓰는 일은 결코 만만치 않습니다.

글쓰기지도가 도움이 되는가, 안 되는가를 판단하려면 일단 아이의 그릇이 채워진 상태인가, 아닌가를 먼저 살펴야 한다고 생각합니다. 그런데 그 판단을 초등학교 저학년 때 하기에는 무리겠지요. 아이의 그릇이 채워지지도 않았는데 글을 잘 쓰는 방법을 배우는 것은 별 의미가 없다는 말입니다.

훈련으로 이루어지는 것에는 한계가 있습니다. 정말 글을 잘 쓰는 작업은 사고의 조직이 가장 고난위도로, 가장 복합적으로 나타나는 것이기 때문입니다. 아이가 어떤 책을 읽은 후 사고를 확장하고, 책에 맞는 중심 내용을 정리합니다. 그런데 이 과정을 꼭 선생님을 통해 지도받아야 할까요? 그럼 그 생각 중 몇 퍼센트가 아이의 생각일까요?

초등학교 저학년 아이들의 글을 보면 문법적으로도 맞지 않고, 특히 줄거리만 죽 써놓고 마무리 지은 경우가 많습니다. 그런데 책을 많이 읽으면 이러한 경우들이 서서히 고쳐집니다. 확 드러나지 않으니까 기다리는 부모 입장에서는 더욱 확신을 할 수 없지만 정말 그릇이 차기 전까지는 흘러나오지 않는 것이 글쓰기입니다. 그러므로 아이가 글쓰기에 집중하기보다 즐겁게 책 읽기에 집중할 수 있도록 도와주세요.

많은 책을 읽고 또 같은 책을 읽은 어른과 대화를 나누거나 의견을 교환하는 작업이 글쓰기보다 더 중요한 전제 조건이 될 수 있습니다. 그러나 아이가 거부한다면 이 또한 끌어내야 한다는 강박관념을 버리세요. 저희 아이들에게 해주고 있는 두 가지를 방법을 알려드릴게요.

첫째, 일기나 독서록에서 가장 재미있고 특이한 표현이나 내용에 밑줄을 그어주는 것입니다. 둘째, 아이 글에 답글을 달아주는 일이지요. 수정이나 비판이 아니라 솔직하게 엄마의 의견을 표현해보세요. 예를 들면 아이가 쓴 내용 밑에 "이 표현 참 재미있네. 네 것을 빌려 엄마도 다른 표현을 써봤는데, 화가 난 공룡불길. 어때?" 이런 식입니다. 글로 대화를 나누듯 한 줄씩 답을 달아주세요.

교육에 있어 단시간 내에 해결되는 훈련 방법이 많이 있습니다. 그러나 아이의 목표에 도달하는 데 있어서는 큰 도움이 되지 못합니다. 오히려 한 계단 한 계단 올라가는 긴 과정이 더 큰 값어치의 결과를 가져올 때가 많지요. 특히 글쓰기가 그런 과정을 거친다는 것은 확실합니다.

글쓰기는 사고과정의 종합적인 결과물입니다. 그러므로 과정에 충실한다면 훨씬 더 깊이 있는 글이 만들어집니다.

매체의
역습

책 읽기란 단순히 글을 읽고 의미를 파악하고 나아가 시험을 잘 보기 위한 것이 아니다. 자신의 삶 속에 있지 않으면 알맹이가 없는 책 읽기가 아닐까 싶다.

강백향의 《읽어주며 키우며》에는 아들과 박경리의 《토지》를 읽고 그 책의 배경이 된 곳을 같이 여행하면서 작가에 대해, 등장인물에 대해 이야기하며 소통하는 장면이 나온다. 부럽다는 생각이 들 것이다. 책을 보고 감동을 받고 느낌을 쓰는 것에서 그치지 않고 현재형으로 진행시킨다는 것, 이것이야말로 진정한 책 읽기가 아닐까. 예전에 책과 관련된 교육에서 들었던 말이 생각난다. '책만 읽은 것은 20%, 작가의 의도(주제)를 파악하는 것은 50%, 실천하는 것이 100% 독서이다.'

인터넷 소설이 뭐기에

　요즘 아이들의 생활에서는 텔레비전, 컴퓨터 등의 매체가 많은 부분을 차지한다. 그러다보니 쉽게 인터넷 소설을 접하게 되고 더 나아가 이제는 모바일로 언제 어디서든 읽을 수 있게 되었다. 그런데 인터넷 소설은 중독성을 가진다. 그 소재가 말초적 자극성을 지니기 때문이다. 게다가 대부분이 연애소설이어서 여자아이들이 많이 본다. 무조건 막자니 숨어서 볼 것 같고, 그냥 두기에는 불안하다. 아이와 합의하여 규칙을 정할 필요가 있다.

Q 인터넷 소설, 무조건 못 읽게 해야 할까요?

　초등학교 6학년 딸을 두었습니다. 책을 많이 읽지는 않지만 싫어하지도 않습니다. 자기가 좋아하는 책은 몇 번씩 읽기도 하고요. 그런데 요즘 인터넷 소설에 푹 빠져 있습니다. 내용은 거의 연애소설이고요, 핸드폰에 다운을 받아 읽고 있어요.

　인터넷 소설은 내용도 내용이지만 사용되는 어휘나 문체에 있어서도 문제가 많습니다. 게다가 핸드폰의 작은 액정을 통해 읽으니 눈도 나빠질 테고요. 딸에게 제 걱정을 얘기하고는 선택해서 보든가 안 봤으면 좋겠다고 말했는데도 여전히 열심히 보네요. 그냥 두어도 괜찮을까요, 아니면 강제로라도 못 읽게 해야 할까요?

A 대화를 통해 규칙을 정해보세요

　저도 딸아이가 걱정스러운 내용의 인터넷 소설을 보기에 보지 않기로 약속을 받은 적이 있습니다. 그리고 얼마 후 딸아이에게 자연스레 물어보았더니 친구가 이메일로 인터넷 소설을 보내줘서 보고 있다고 하더라고요. 이번에는 지난번처럼 걱정할 만한 내용이 아니라면서요.

딸아이에게 제 경험을 이야기해주었습니다. 우연히 조금 야한 만화책을 보게 됐을 때의 기분, 친구 집에 갔다가 친구 오빠가 버린 〈플레이보이〉 잡지책을 보게 된 일, 그때 친구들과 '얼레리 꼴레리' 하면서 킥킥 웃었던 이야기를 해주니 재미있다고 깔깔대고 웃더군요.

제 생각을 딸아이에게 얘기했습니다. 모든 문제는 숨기는 것보다 터놓고 대화로 풀어야 서로에게 상처가 적다고요. 그러니 앞으로 같이 노력해보자고 했습니다. 그리고 딸과 몇 가지 규칙을 정해보았습니다. 어머님도 아이와 대화를 통해 규칙을 정하는 게 좋을 것 같습니다. 제가 딸아이와 정한 규칙을 참고해보세요.

① 인터넷 소설은 놀토 오전에 두 시간 정도 볼 것(저는 사실 이것도 너무 긴 것 같습니다.)
② 내용은 자신의 정신건강을 위해 스스로 잘 선택할 것
③ 성에 관해 궁금한 것이 있으면 엄마나 아빠에게 문의해주길 진심으로 바람

판타지 소설의 딜레마

판타지 소설은 중독성이 강해서 한번 접하게 되면 판타지 소설

만 읽게 되는 경우가 많다. 그런데 대부분 분량이 많아서 판타지 소설을 읽고 있으면 책을 많이 읽고 있다고 생각하게 된다. 그러나 판타지 소설은 묘사와 설명이 상당 부분을 차지하기 때문에 판타지 소설만을 보는 것은 좋지 않다. 판타지 소설은 신화에서 모티브를 가져온 것이 많으므로, 판타지 소설에 빠져 있다면 그리스 로마 신화뿐 아니라 북유럽 신화 등을 접하게 하여 주제를 전환시켜 본다.

Q 판타지 소설에서 어떻게 벗어나게 할 수 있을까요?

중학교 1학년인 아들을 두었습니다. 초등학교 저학년 때는 거의 반 강제로 동화책 정도는 꾸준히 읽었습니다. 고학년이 되고부터는 책 읽을 시간이 없으니 점점 책과 멀어지게 되었고요.

그런데 요즘 판타지 소설에 폭 빠졌습니다. 시험기간에도 읽고 있더군요. MP3에 다운받아서 읽고, 대여점에서 몰래 빌려다 읽기도 하고요. 판타지 소설도 책은 책이니, 읽게 놔둬야 할까요?

A 신화 이야기로 관심을 전환시켜주세요

우선, 초등학교 때 반 강제로 책을 읽은 것이 책과 멀어지게 된 원인이 아닐까 싶네요. 강요에 의한 책 읽기는 책과 멀어지는 지름길이에요. 책 자체를 싫어하게 되는 거죠.

그런데 책을 싫어하는 아이는 없습니다. 책을 읽고 싶은 환경을 만들어주면 자연히 책을 보게 됩니다. 그러나 책을 읽으려면 많은 집중력과 사고력이 필요하기 때문에 책 읽는 데 재미를 들이기는 쉽지 않죠.

그래도 대부분 본인이 좋아하는 주제나 분야에 대한 책은 잘 봅니다.

아이가 이제야 그 재미를 알게 된 것 같군요. 오히려 판타지 소설이 책을 읽게 해준 계기가 된 셈이에요. 몰입은 자발성에서 나오거든요. 하지만 중학생이 이제야 판타지 소설을 보는 것도 그렇고, 시험기간에도 보고 몰래 빌려다 보는 것이 걱정될 수 있어요.

일단 아이에게 판타지 소설이 왜 좋은지 물어보세요. 좋은 이유가 분명 있을 거예요. 그리고 "초등학교 때 책을 멀리한 것이 걱정이었는데 지금이라도 책을 잘 보니 좋다."고 해주세요. 그런데 너무 빠져서 걱정이라고도 이야기하면서 합의점을 찾아보는 겁니다. 예를 들면, 다운받아 보지는 말 것, 책으로 보고 시험기간에는 피할 것 등의 규칙을 정하는 거예요.

그리고 판타지 소설은 각 나라의 신화에서 모티브를 가져온 것이 많습니다. 세계 문화를 이해하는 데 도움이 될 수 있어요. 《반지의 제왕》도 북유럽 신화에서 기인한 것입니다. 못 읽게 하는 것보다 오히려 관련 내용을 더욱 다양하게 접할 수 있도록 폭을 넓혀주라고 말씀드리고 싶어요. 신화를 보면서 관련 명화, 조각 등을 보고, 〈토르〉 같은 영화를 보는 겁니다. 〈반지의 제왕〉 영화도 보면서 책과 어떻게 다른지 비교해보는 거예요. 이렇게 하면 다른 분야에도 관심을 갖게 될 것입니다.

경계성 자폐(유사자폐),
초독서증을 아시나요?

보통 사람들은 자폐를 선천적이라고 생각한다. 그러나 부모가 어떻게 아이들을 기르느냐에 따라 후천적으로 자폐가 나타날 수도 있다. 생후 초기에는 문제가 없었지만 커가며 보이는 자폐가 경계성 자폐(유사자폐)이다. 그런데 이 경계성 자폐의 한 유형이 독서와 연관된다.

'초독서증(Hyperlexia)'은 뇌가 성숙하지 않은 아이에게 텍스트를 주입한 결과, 의미는 전혀 모르면서 기계적으로 문자를 암기하는 것을 말한다. 2011년 11월 4일의 〈한국일보〉 기사에 따르면, 요즘 초등학생 가운데 일찍부터 글자 익히기에만 주력한 나머지 '초독서증 현상'을 보이는 학생들이 적지 않다. 이 증세는 책을 읽지만 내용을 이해하지 못하는 현상이다. 책에서 읽은 듯 어슴푸레한 기억만으로 대충 알고 있는 정보를 다 안다고 판단하는 학생들도 많다. 순간적인 흥미나 필요에 따라 책을 읽으니 일정 시간이 지나면 쉽게 잊어버리게 되는 것이다.

뇌과학자인 서유헌 서울대 의대 교수는 "뇌가 성숙하지 않은 아이들에게 과도하게 독서를 시키는 것은 가는 전선에 과도한 전류를 흘려보내는 것과 마찬가지"라며 "과부하로 전선에 불이 나는 것처럼 아이들의 뇌 발달에 큰 지장이 생길 수 있다."고 말한다. 신의진 연세대 의대 소아정신과 교수도 "요즘 불고 있는 유아 대상 독서 열풍은 너무 심각한 수준일 뿐 아니라 매우 잘못된 것"이라며 "유아기에는 책 대신 온몸으로 정서적 교감을 많이 하는 것이 최고의 육아법"이라고 강조했다.

신경학적으로는 아이가 자발적으로 마름모꼴을 따라 그릴 수 있을 때 글을 배울 준비가 된 것으로 본다. 평균 만 5~6세 정도이다. 또한 1차 상징인 말을 충분히 익힌 뒤 2차 상징인 글을 배우는 것이 좋다고 조언한다.

억지스러운 공부와
자연스러운 공부

삶과 앎의 문제

살아가면서 자연스럽게 배우는 시절이 있었습니다. 삶에서 앎의 욕구가 생기면 배움이 일어납니다. 너무도 유익한, 살아 있는 배움이 주류였던 시절이 있었습니다. 그러나 다양한 형태의 학교가 만들어지면서 삶에서 떨어져나간 앎이라는 것이 교육이라는 이름으로 행해지기 시작했습니다. 삶에서 분리된 앎은 그 자체로는 매력이 없습니다. 하지만 교과과정이 만들어지고 평가제도가 도입되면서 상황은 역전됩니다. 앎을 통해 경쟁에서 이기게 되면 삶이 달라지는 일들이 벌어지면서 뒤죽박죽 엉망이 됩니다.

삶이 주인이고 앎은 손님이었는데 이제는 반대로 앎이 주인 행세를 합니다. 앎이 삶을 지배하면서 곤란하게 되는 사람들이 나타납니다. 우선 삶의 문제로 인해 앎의 기회를 빼앗기거나 불리한 경우가 있습니다. 앎의 기회는 충분하지만 삶과 분리된 앎의 방식에 적응하기 어려운 사람들도 있습니다. 살아가면서 자연스럽게 배우면 되는데 앎만을 위해 따로 만들어진 과정과 평가방식에 적응하기가 어려운 사람들이 분명 존재합니다. 물론 삶에서 앎으로 주류가 바뀐 상황에서 그들은 적응하기가 어려운 사람들이 아니라 적응력이 떨어지는 사람으로 낙인찍히기 십상입니다.

경쟁심보다 협동심이 강하면 주류 공부에 적응하기 어렵습니다. 의지가 약한 사람으로 분류되기 마련입니다. 교과학습보다 체험학습에 강하면 주류 공부에 적응하기 어렵습니다. 산만하고 이해력이 떨어지는 사람으로 분류되기 마련입니다. 시험공부보다 호기심 추구가 강하면 주류 공부에 적응하기 어렵습니다. 기억력이 떨어지거나 도전정신이 부족한 사람으로 분류되기 마련입니다.

읽기 싫은 책을 억지로 읽으면 산만하지만 자신의 삶에서 찾아낸 호기심을 발전시켜 줄 책을 만나면 놀라울 정도로 집중할 것이 분명합니다. 삶에서 자신을 표현하고 싶은 욕구가 생기고 어렵지 않은 방식으로 의사소통을 할 수 있다면 분명 글쓰기에도 의욕을 보일 것이 확실합니다. 자신의 삶과는 전혀 상관없는 억지 글쓰기를 거부하고 있을 따름입니다. 자신의 삶과 쉽게 연결되지 않는 교육과정과 평가방식에 대한 거부감은 강하지만 자신의 삶을 존중하는 사람이 자기 삶에 필요한 앎을 위해 친절하게 안내하고 도움을 주면 분명 반길 것이 확실합니다. 주류인 앎을 중심에 두면 비주류인 자기주도적이지 못한 학습자로 분류되겠지만 비주류인 삶을 중심에 두면 자기주도학습자의 주류에 포함될 것이 분명합니다.

천상천하 내 아이 독존

기준과 관점에 따라 극과 극이 될 수 있습니다. 우등생은 전반적으로 우등한 삶이 아니라 주류 교육에 적응하는 능력이 우등한 것으로 봐야 합니다. 열등생은 열등한 인생이 결코 아니지요. 주류교육에 적응하기가 쉽지 않아 주류에 대한 열등일 뿐 자기 삶에서는 분명 우등일 것입니다. 주류 교육은 온갖 수단을 총동원하여 우등과 열등을 구분합니다. 진정한 삶을 위한 진정한 앎이라는 교육 본질에서 멀리 떨어져 있기에 비교육적인 분류와 선발에 몰두하고 있습니다.

주류교육의 시각으로 바라보면 열등생이지만 개인의 존엄성과 잠재력에 주목하면 우등생이 됩니다. 그렇습니다. 주류 교육의 시각이 아니라 소중한 개인의 시각으로 바라볼 수 있어야 합니다. 단어나 문장이해력이 부족하다는 지적은 주류의 시각입니다. 부모님까지 그런 부정적인 시각에 사로잡힌다면 아이는 점점 어렵게 되지 않을까요?

아이에게 맞으면서도 삶에서 진정한 앎이 일어날 수 있도록, 아이만의 관심사를 발굴하고 발전시킬 수 있는 주제를 다룬 책을 찾아주는 것이 급선무라고 생각합니다. 삶에서 필요성을 느끼지 못하는 억지 글쓰기가 아니라 진정한 앎을 통해 얻은 그 무엇을 자연스럽게 표현할 수 있는 기회를 만들어주는 것이 급선무라고 생각합니다. 교과과정에 관심이 없으면 교과서를 펼쳐보면서 다양한 소재와 주제, 인물을 탐색할 수 있도록 도와야 합니다. 적극적인 관심의 발굴을 통해 억지스럽게가 아니라 자연스럽게 교과 공부에 적응할 수 있도록 도와야 합니다. 실력이나 성적을 비교하여 경쟁으로 내모는 분위기에 힘들어 하는 아이들을 더 이상 희생시키지 않으려면 자신만의 관심사를 자신만의 속도와 방법으로 공부할 수 있도록 배려해야 합니다.

잘 적응하지 못하는데 계속 강요하면 억지스러운 공부가 되겠지요. 다른 방법, 그러니까 자연스러운 공부를 할 수 있도록 도와줘야 합니다. 하지만 어떤 방법이 아무리 효과적이라 하더라도 아이 입장에서 잘 적응할 수 있는지, 어려움이 있다면 어떤 준비과정이 필요한지, 정말 아이 처지에서 살필 수 있어야 아이가 무능력 또는 무기력자로 낙인찍히는 것을 막을 수 있습니다. 모든 배움, 진정한 앎의 중심에는 비교와 경쟁이 있는 것이 아니라 바로 아이만의 삶이 있다는 사실, 우리 모두 명심해야 하겠습니다.

5부

사교육, 지배할 것이냐?
지배당할 것이냐!

사교육이
아니라고?

　얼마 전 불황기에도 유아산업의 수익이 치솟고 있다는 뉴스가 보도되었다. 한두 자녀만 낳아 기르다보니 부모가 자녀에게 경제적으로 투자하는 것이 인생의 목표가 되었고, 애정의 척도가 되어버린 듯하다. 그런데도 대부분의 부모들은 "난 하는 것도 아니야."라고 말한다.

　사교육에 지출되는 금액이 100만 원을 육박하거나 넘어서는데도 그렇게 하면 아이가 잘될 것이라는 믿음 때문에 부모들은 아깝다고 생각하지 않는다. 게다가 나만 그러는 게 아니라 대부분의 부모가 같은 상황이니 그 정도 희생은 당연하다며 스스로를 위안한다. 그런데 그렇게 돈을 들이면 아이가 정말 잘될까?

사교육처럼 느껴지지 않는 사교육

놀이활동, 창의력활동 등을 표방하는 유아 사교육 시장은 그 종류도 참 다양하다. 그리고 대부분 놀이를 통해 자연스럽게 학습되기 때문에 아이의 발달에 매우 효과적이라고 광고한다. 놀이처럼 보여지는 그런 활동 때문에 아이가 잃는 것은 정말 없을까?

Q 학습과 관련 없는 학원은 사교육이 아니라고 생각했어요

저는 교과학습과 관련된 학원에 보내지 않으니 아이에게 사교육을 시키는 게 아니라고 생각했어요. 아이에게 스트레스를 주지 않는 활동은 사교육이 아니라고 생각한 거예요. 그런데 우연히 한 친구가 제가 여섯 살인 아들에게 시키고 있는 것을 듣더니 할 것은 다 하고 있다는 거예요. 그래서 따져보니 유치원비를 포함하여 교육비로 100만 원 가까이 지출하고 있더라고요. 문득 내가 지금 잘하고 있는 건가 하는 생각이 들어 조언을 구해보려고 합니다.

제가 지금 아이에게 시키고 있는 교육활동을 정리해보았어요.

• 유치원

생태 유치원에 보내고 있어요. 생태 유치원이라 텃밭 활동을 하고, 한글, 수학, 영어, 문학, 음악(장구), 미술, 블록 수업이 있어요.

• 체험미술

네 살 때부터 시작했어요. 일주일에 한 번 수업이 있고, 미술 기

술을 익히는 것보다는 체험을 통해 스트레스를 해소하는 역할을 하는 것 같아요.

● 블록 교실

다섯 살 가을에 아이가 가고 싶다고 해서 등록했어요. 일주일에 세 번 이상은 가요.

● 오르다, 가베

일주일에 한 번 해요. 사고력을 키워주고 도형 이해의 기초가 되는 것 같아서 올해부터 시작했어요. 아이가 즐거운 놀이시간이라고 여겨서 손꼽아 기다려요.

● 학습지

한 달에 한 번 받아보고 있는데 교구와 한글, 수학 워크북이 네 권씩 있고 15~20분 정도 수업해요. 단순히 문제만 푸는 것이 아니라 아이의 생활지도도 함께 해주어서 마음에 들어요.

현재는 이렇게 하고 있어요. 아이가 좋아하고 있어서 약간 고민됩니다. 앞으로 태권도, 수영 같은 체육활동과 피아노 같은 음악교육도 추가될 듯하여, 블록 교실 정도는 빠지게 되겠지요. 이래서 한 번 사교육에 발을 들이면 끊기가 힘들다고 하나 봐요.

일단은 아이가 스트레스 받지 않고(오히려 즐거워하는 편입니다.)

공부시키는 것이 아니라 괜찮다고 생각하고 있는데, 제가 잘하고 있는 걸까요? 계속하고 싶으면서도 이렇게 여러 개를 병행해도 되는 것인지 고민이 되네요.

A 아이에게 심심한 시간을 선물하세요

유아 사교육 시장이 지나치게 확대되고 있어 아이들이 불쌍하다는 생각이 절로 드는 때입니다. 많은 부모들은 '아이가 원해서 하는데 뭐가 어때서?', '능력껏 하면 되는 거 아닌가?'라고 쉽게 생각합니다. 게다가 아이들도 배움의 열정을 갖고 있다고 오해를 하기도 하지요.

보통 방문학습지 교사는 아이가 무엇을 해도 "잘한다, 잘한다."라고 말해줍니다. 중간중간 이벤트 선물도 있습니다. 선생님이 잘해주고 선물도 주니 아이는 재미있을 수밖에요.

그런데 많은 아이들이 또 이렇게 말합니다. "나 이러저러해서 이거 끊었다.", "그 선생님이 나보고 뭐라고 했어. 나 이거 안 할래.", "너도 다른 선생님으로 바꿔달라고 해." 실제로 아이들끼리 아무렇지 않게 나누는 이야기입니다.

요즘의 아이들은 학원과 학습지를 내 맘대로 끊고 선생님을 내 맘대로 바꿀 수 있다고 생각하며, 친절하지 않고 지적을 하는 선생님을 불쾌해합니다. 그래서 모든 사교육 선생님들이 무릎 꿇고 아이들의 비위를 맞추는 것이 현실입니다. 어느 누구도 교사의 권위를 인정하지 않고, 교사에 대한 진심 어린 신뢰를 갖지 않습니다.

어른들이 만든 잘못된 문화이지요.

이런 것에 익숙해진 아이들이 학교에 가서 객관적이고 관심이 덜한 상황을 잘 견뎌낼 수 있을까요? 또 혼자서 시간을 보내며 심심한데 무엇을 할까, 이리저리 고민해보지 못한 아이들이 자기만의 시간을 잘 계획할 수 있을까요? 많은 부모들이 아이가 "심심해, 심심해." 하면 뭔가를 해줘야 한다고 생각합니다. 그러고는 재미있는 놀이라며 프로그램화되어 있는 활동들을 안겨주지요.

그런 프로그램들은 아이에게 많은 것을 표현하는 기회를 주는 것처럼 보이지만 사실 모두 선생님이 짠 틀 안의 것입니다. 아이가 어느 순간 갑자기 '아! 이걸 한번 해봐야겠다.'고 생각한 게 아닙니다.

아이에게는 뭔가를 하고 싶어 하는 열정이 있어야 하는데 요즘 아이들은 열정이 없습니다. 그리고 얼마나 바쁜지 대부분 어린이집이나 유치원을 마치고 한두 개의 사교육을 끝내고 나면 저녁밥 먹고 조금 놀다가 자야 할 시간입니다. 그런데 이 나머지 시간조차 부모들은 불안해합니다. '더 해야 하지 않을까?' 하고 말입니다.

제 막내아이 이야기를 잠시 해보겠습니다. 아이는 어린이집에 다녀오면 할머니와 지내는 대부분의 시간을 산으로 쏘다니지요. 매일 아파트 근처 산에서 우렁이 잡고, 곤충 채집하고, 그도 아니면 무조건 뭐라도 하나씩 잡아와서 다시 저녁에 놓아주는 게 일입니다.

집에 들어오면 물 틀어놓고 물장난하다가 "심심하다, 심심하다." 노래를 부르지만 이내 좋아하는 곤충책을 꺼내 읽습니다. 이제 여섯 살, 한글도 모르면서 편지를 쓰겠다며 종이에 지렁이 몇 마리를 그려놓지요. 그러다 또 심심하면 종이에 산에서 봤던 풍경을 생각 나는 대로 그립니다. 가베, 오르다 등 별의별 교구가 협찬으로 들어와 집에 쌓여 있는데 그런 교구들을 역할극 하는 데 쓰기도 합니다. 때로는 종이에 알아볼 수도 없는 그림을 그리고는 자기 나름대로 설명을 늘어놓습니다.

만일 제가 한두 개의 사교육을 시킨다면 아이의 이 소중한 자유가 없어지겠죠? 이미 아이는 어린이집에서 단체생활을 통해 오전 동안 여러 가지 규칙을 배우는데, 소중한 오후 시간에까지 굳이 돈을 들여서 다른 사람이 만들어놓은 규칙을 배워야 할까요?

심심하지 않은 아이는 책을 보지 않습니다. 스스로 그림도 그리지 않습니다. 다른 무언가를 해보려고 하지 않습니다. 아이에게 심심한 시간을 선물하세요. 이 세상 모든 발명은 심심하고 필요해서 생겨난 것들입니다.

학교에 가면 원하든 원하지 않든 해야 할 공부의 양이 정말 지긋지긋하게 많습니다. 어린이집, 유치원에 다니는 아이들에게 미리 시킬 필요가 뭐가 있을까요? 이때만이라도 혼자 심심해보기도 하고, 시간을 자유롭게 써보기도 하면서 스스로 노는 방법을 터득하고, 정말 행복한 게 무엇인지 느껴봐야 하지 않을까요?

예체능 사교육

현재 대한민국의 예체능 사교육은 정형화되어 있고, 기술 습득 위주의 수업방식 때문에 오히려 창의성을 억압하고 있다. 예술교육에 있어서 가장 중요한 것은 아이의 심미감을 키워주는 것이다.

음악 교사는 우선 아이가 음악의 아름다움을 경험할 수 있게 도와주고, 아름다운 음악을 연주하는 기술을 습득하고 싶어 하는 아이의 의욕을 불러일으키는 역할을 해야 한다. 그리고 기술을 습득하기 위해서 왜 연습이 필요한지도 충분히 이해시킬 수 있어야 한다. 다른 예술 분야도 마찬가지이다. 이런 과정이 있어야 아이는 스스로 더 큰 발전을 이룰 수 있다.

Q 예체능학원에 보내는 게 왠지 마음이 편치 않아요

'사교육걱정없는세상'을 만나서 자유를 경험하고 있는 엄마입니다. 아홉 살 딸과 일곱 살 아들을 두고 있는데, 저희 아이들은 어려서부터 학습과 관련된 사교육은 하지 않았고, 예체능은 사교육의 도움을 받고 있어요. 딸은 예술 쪽에 관심이 많아서 발레, 피아노, 미술을 잠시 배웠는데, 너무 강압적으로 가르치는 것 같아 그만두었어요. 현재는 피겨스케이트를 배우고 있어요. 아이가 매우 좋아합니다. 앞으로 딸은 악기를, 아들은 바둑을 배우고 싶어 합니다.

그런데 아이들이 배우고 싶은 게 생겨도 학원에 보내자니 마음이 편치 않아요. 딸이 다녔던 예체능학원의 수업을 보니 정형화된 수업이 오히려 창의성을 억압하는 것 같다는 생각이 들었거든요. 창의적인 수업을 한다고 하여 알아본 곳은 동네 학원에 비해 수강료가 너무 비싸서 경제적 부담이 크고요.

외국에서는 지역사회 봉사 프로그램 등을 이용하여 배울 수 있

는 기회가 많은 것 같은데, 우리나라에서는 취미로 즐기고 싶어도 사교육에 의존해야 하니 안타깝네요. 악기나 운동 같은 것은 엄마가 가르칠 수도 없으니 어떻게 하면 좋을까요?

A 지역의 문화 프로그램을 적극 활용하세요

요즘에는 지역의 공공기관에서 운영하는 문화 프로그램이 매우 잘 되어 있습니다. 이런 프로그램들은 영리를 목적으로 운영하는 것이 아니기 때문에 좀 더 자유롭고 편안한 분위기에서 배울 수 있다는 장점이 있어요. 사설 학원의 강압적이고 진도 나가기에 바쁜 수업방식에 불만이 있다면 주변의 다양한 문화 프로그램을 찾아보는 노력이 필요할 것 같습니다.

그리고 사설 예체능학원의 선생님들이 다 잘못된 방법으로 아이들을 가르치는 것은 아닙니다. 오히려 부모들의 생각이 불편할 때가 있습니다. 가끔 주변에서 선생님을 평가하는 엄마들의 소리를 듣습니다. 보통은 '아이가 눈에 띄게 훈련이 되었다. 그것도 단시간에.' 아니면 '선생님과 말해보니 실력이 있는 것 같더라.'는 겁니다. 부모들의 만족을 위해 단순훈련에 집중했을 경우 기초가 부족해서 곧 벽에 부딪히게 되고 잘못된 습관으로 그 한계를 넘지 못하게 됩니다. 또 선생님의 과시적인 언변에 끌렸을 경우, 부모는 상식적인 판단력이 흐려지게 됩니다.

네 마디짜리 초보자 악보를 느리게, 빠르게, 슬프게, 아름답게도 표현해주고 이해시키는 선생님이 계셨습니다. 그런데 대부분의 엄마들은 진도가 안 나간다고 성화였습니다. 아이들을 밀어붙이지도 않는다고 해서 환영받지 못하는 걸 보았습니다. 다른 예술 분야도 마찬가지이지만, 아이가 생각할 수 있도록 도와주면 시간이 지난 후에는 스스로 더 큰 발전을 이룰 수 있습니다.

아이가 레슨을 받고 왔을 때 음악에서 어떤 표현이 중요한지에 대해서 배웠는지 확인하세요. 단순히 진도를 나간 것에만 의미를 뒀다고 한다면 다시 한 번 상담을 통해 아이에게 좋은 음악을 들려주고 설명해달라고 부탁해보세요.

무늬만 그럴듯한
사교육

　부모에게 내 아이는 말할 나위 없이 특별하다. 더 나아가 부모는 내 아이가 다른 아이보다 특별하기를 원한다. 사교육은 이런 부모의 심리를 파고든다. 다양한 이름을 내세워 부모를 유혹하지만 실상은 다른 경우가 많다.

　사교육의 종류는 다양해 보이지만 그 구조는 별반 다르지 않다. 옷만 갈아입듯 이름만 바꾸는 경우도 많다. 또 다른 형태의 사교육이 있다고 해도 그것이 꼭 내 아이에게 필요한 것은 아니다. 중요한 것은 아이를 정확히 아는 것이다.

　사고력과 창의력이 중요시되는 요즘 그것을 표방하는 학원이 생겨났다. 하지만 사고력과 창의력은 누가 만들어주는 것이 아니다. 스스로 생각할 수 있는 힘을 가진 아이가 사고력과 창의력을 가질 수 있는 것이다. 자기주도학습 역시 마찬가지이다. 공부는 원래 혼자 하는 것이지만, 사고력과 창의력은 더욱더 혼자 해야 얻을 수 있다.

사고력 수학과 창의력

사고력 수학학원은 원래 영재교육기관을 표방하며 생겨나 대중화된 것이다. 그러므로 사실 사고력 수학은 수학에 뛰어난 재능을 보이는 아이가 아니라면 굳이 할 필요가 없는 영역이다. 무엇보다도 사고력이란 이 궁리 저 궁리 하면서 혼자 해결방법을 찾는 경험이 쌓이면서 길러지는 것이다. 사고력 기르기가 학원 학습의 또 다른 유형으로 전락한다면 사고력, 창의력이라는 이름만 무색해질 뿐이다.

Q 사고력 수학학원에 다니면 도움이 되나요?

아이가 초등학교 3학년이에요. 오늘 우연히 아이와 같은 반 친구 엄마들을 만났어요. 저는 직장에 다니고, 별로 사교적인 편도 아닌데다가 학교의 엄마 모임에 대한 편견을 가지고 있어요. 그런 터라 반 모임에 적극적으로 참여하지 않고 친분이 있는 몇몇 엄마만 알고 지냈어요.

오늘은 다른 엄마들을 만났는데, 대부분 학원을 한두 개는 보내고 있더군요. 그런데 그 엄마들 말이 수학 심화문제를 풀려면 사고력 수학학원에 다녀야 한대요. 학교수업만 믿다가는 중학교에 가서 낭패를 본다네요. 중학교 입학할 때 보는 반배치고사 성적으로 수준별 영어, 수학반을 나누고, 수학시험에 교과서에 없는 심화문제가 나오기 때문에 학교 공부만 한 아이들은 잘할 수가 없다는 거예요.

그리고 과학실험을 하는 과학학원에 다니는 아이들도 있더라고요. 전 그런 학원이 있는지도 몰랐어요. 아이들이 직접 실험을 해보니까 정말 좋아한다고 하는데 그런 걸 경험해본 아이와 해보지 않은 아이는 다르겠다는 생각이 들었답니다.

팔랑귀여서인지, 그동안 학원 보낼 생각은 하지도 않았는데 '저런 곳도 있구나. 우리 애도 시켜야 하는 걸까?' 하는 고민을 하게 되었어요. 과도한 선행학습도 아닌 것 같고, 시험점수를 올리기 위한 전 과목 보습학원도 아니고요.

이런 학원에 다니는 것이 필요한지, 꼭 필요하지 않더라도 안 다니는 것보다는 아무래도 도움되는 것이 분명 있는지 궁금해요. 경험의 폭을 넓히는 차원에서요. 아니면 쓸데없거나 오히려 해가 될 수도 있을까요? 좋은 말씀 듣고 싶어요.

🅐 사고력 수학학원에서는 사고력을 길러주지 않아요

어머님들이 보통 한 번은 하게 되는 고민에 빠지셨군요. 너도나도 사고력 수학, 사고력 수학 하는데 도대체 사고력 수학이란 무엇일까요? 사전적 의미의 사고력 수학을 말하자면, 수학적 사고력을 발휘하여 문제를 해결하는 수학일 것입니다. 그런데 모든 수학문제는 수학적 사고력을 바탕으로 정답을 찾습니다. 그런데 왜 특별히 사고력 수학이 강조되고 있는 것일까요? 요즘 회자되는 사고력 수학이란, 단순 반복적인 연산학습에 의문을 품은 부모와 아이를 겨

낭한 사교육상품인 경우가 대부분이며 때로는 영재교육원에서 학생 선발용으로 사용되는 문제에 대비하는 교육상품이기도 합니다.

흔히 사고력 수학학원에서는 각종 이미지, 서술형 지문으로 문제를 포장하여 그 문제를 풀다보면 마치 대단한 사고력이 발달하는 것처럼 광고합니다. 하지만 학원에서 이루어지는 학습은 어쩔 수 없는 구조적인 특성상, 아이가 혼자서 할 수 있는 기회를 빼앗거나 줄어들게 할 수밖에 없습니다. 깊이 생각해야만 풀 수 있는 문제들을 안겨준다 해도 스스로 풀지 않고 풀어주는 것을 들어야만 한다면 무슨 소용이겠습니까?

사실 진정한 사고력 수학은 스스로의 힘으로 한 문제, 한 문제를 해결해가는 것 자체입니다. 심화학습은 아이 스스로 생각하는 힘이 길러질 때 가능합니다. 심화학습을 하려면 사교육에 의존하기보다는 충분히 과제를 곱씹어보고 문제를 해결하는 다양한 방법을 탐구하면서 시간을 보내야 합니다.

아이가 수학에 대한 기본 개념이 탄탄하여 심화학습을 원한다면, 사고력 수학학원에서 사용하는 교재 유형의 문제집을 서점에서 구입하여 스스로 풀어보는 것도 좋습니다.

과학실험학원에 대해서 말씀드리면, 칠판수업보다 영상수업이, 영상수업보다 실험수업이 보통의 경우 효과적이란 사실은 검증된 바 있습니다. 따라서 실험수업 경험이 부족한 아이라면 실험수업을 통해 얻는 것이 분명 있겠지요. 주입식 학습보다 호기심을 자극하고 다양한 경험을 제공하는 수업이라면 일주일에 한 번 정도 경험하는 것은 나쁘지 않다고 생각합니다. 그러나 우선 아이와 함께 아래의 방법을 생각해보면 좋겠습니다.

학교에서 실험수업을 할 수 있는 방법을 알아보세요. 학교에서 과학실험교실을 운영하는 경우가 있습니다. 보통 초등학교 4학년 이상 고학년을 대상으로 하지만 제한을 하지 않을 때도 있습니다. 학교 선생님 중에 관심 있는 분이 있다면 생각보다 좋은 기회를 갖게 될 것입니다.

학교가 아닌 지역의 여러 단체에서 운영하는 과학교실을 주민센터 등에 문의해보세요. 학원수업은 아무래도 주입식으로 이루어지고 경쟁구도가 조성될 우려가 있습니다. 그런 수업 분위기에서는 과학실험의 재미를 충분히 느끼지 못하겠지요?

그럼에도 불구하고 아이가 능동적으로 사교육에 관심을 가지며 하고 싶어 한다면 가능한 아이가 원하는 수업만 선택적으로 할 수 있는 곳을 알아보세요. 그리고 언제 그만둘지를 정하고 시작하기 바랍니다. 확실한 목표를 가지고 그 목표를 이뤘을 때 그만둔다면, 사교육에 의존한 것이 아니라 사교육을 이용한 것이라고 생각합니다. 사교육에 의존하지 않고 활용할 수만 있다면 다른 문제는 그리 크지 않을 거예요. '하고 안 하고'의 문제보다 아이가 진정 유익하게 즐기면서 이용할 수 있는지가 중요합니다.

자기주도학습 학원이란?

자기주도학습의 이상적인 모습은 무엇일까? '수업시간에 수업을 들으면서 이것을 내가 설명할 수 있을까?' 하고 생각해보고, 설명할 수 없다면 바로 복습하는 것이다. 대부분의 아이들은 수업시간에 선생님의 설명을 들은 후, 책 또는 참고서와 필기공책을 보면서도 설명하지 못한다. 그 이유는 무엇일까?

이유를 찾고 해결하는 것은 궁극적으로 아이가 스스로 해야 하는 것이다. 결국 자기주도학습력을 키우는 데 있어 중요한 것은 할 수 있을 때까지 끊임없이 노력하는 것이다.

Q 자기주도학습 학원이란 어떤 곳인가요?

아들이 이제 중학교 1학년입니다. 수학학원에 다닌 적은 아직 없고 영어, 중국어학원에 다니고 있어요. 수학은 어려워하면서도 학원에 다니고 싶어 하지는 않아서 집에서 혼자 하고 있는데 좀 더 효율적으로 공부하는 방법을 알면 도움이 될 것 같습니다.

자기주도학습 학원이라는 곳이 있다고 들었습니다. 학습계획도 세워주고 필기하는 방법도 알려준다는데, 이 학원에 가면 혼자 공부하는 데 도움을 받을 수 있을까요?

A 자기주도학습의 비결은 매일 저녁 밥상 대화입니다

요즘 자기주도학습이 유행이지요? 그래서 자기주도학습을 표방하는 학원마저 생긴 것 같습니다. 하지만 자기주도학습에 대한 의미 규정부터 구체적인 방법까지, 너무도 종류가 많아 쉽게 판단을 내리기는 어려운 것이 현실이지요. 자기주도학습을 내걸고 있지만,

스스로 학습하는 것보다 시켜서 해야 할 것이 많은 학원이 대부분입니다. 사교육을 고려할 때에는 다음의 단계를 고려하면 도움이 될 것 같습니다.

① 학교수업의 이해도가 낮은 이유를 찾아 구체적인 해결 방법을 찾아야 합니다.

② 학교수업에서 이해하지 못한 부분을 혼자서 할 수 없는지, 그렇다면 그 이유는 무엇인지 정리합니다.

③ 스스로 학습하는 것이 어려워 사교육의 도움을 받아야 한다면 가능한 일대일 수업으로 진행하며 등록과 동시에 언제 그만둘지 구체적인 계획을 세워야 합니다. 단순히 성적이 올랐다고 그만두는 것이 아니라 스스로 학습할 수 있는 방법을 찾는다면 언제든 멈출 수 있어야 합니다.

④ 사교육을 받게 되면 수업 후 학습한 내용을 설명할 수 있어야 합니다. 사교육을 받으면서도 학습내용을 설명할 수 없다면 근본적인 문제가 해결되지 못한 것입니다.

자기주도학습을 위한 능력으로 꼽히는 소통은 말하기가 아니라 듣기 중심의 능력을 말합니다. 선생님 또는 상대방의 이야기에 집중하고 핵심을 이해하는 능력은 학습하는 데 있어 기본이지요. 자기의사 표현력은 자신이 아는 부분과 모르는 부분을 정확히 표현하여 자신의 부족한 부분을 도움받기 위해 필요합니다. 두리뭉실하게 수업을 받는 것과 콕 집어 자신의 부족한 그 부분을 중점적으로 지도받는 것은 학습효과의 차이가 크겠지요.

자기주도학습력의 기본인 소통과 자기의사 표현력을 기르기 위해 가정에서 할 수 있는 손쉬운 방법이 있습니다. 바로 가족들과 함께 저녁 식사를 하면서 다양한 주제의 대화를 하는 것입니다. 부모와 대화를 충분히 한 아이는 학습할 수 있는 기본 능력을 갖추고 있으며 학교에서 집중하는 방법을 충분히 찾을 수 있을 것입니다.

사교육의 굴레

사교육은 불안을 먹고 자란다. 그래서 학원에 보내지 않아도 또다른 방법을 찾게 된다. 학원이 아니라면 사교육을 시키고 있는 것이 아니라고 생각할지도 모른다. 그러나 인터넷강의나 학습지를 비롯한 다른 사교육도 학원과 비슷한 구조를 가지고 있다.

사교육이 숟가락에 밥과 반찬을 얹어 아이의 입에 떠먹여준다고 생각할지 모르겠다. 그러나 그다음은 어떻게 할 것인가? 아이가 다시 뱉어버린다면 아무 소용없다. 씹지 않는다면 소화불량에 걸릴 것이다. 입에 넣고 씹었다 해도 위가 약하다면 대부분 배설되고 말 것이다.

가장 중요한 존재는 아이다. 누군가 떠먹여주지 않아도 씩씩하고 맛있게 밥을 먹고 건강하게 소화해서 양분을 섭취하는 것이 중요하

사
교
육

다. 하지만 사교육은 밥을 떠줄 뿐 아이의 건강은 생각하지 않는다. 사교육에 심취하면 언젠가 학습의 영양실조와 소화불량에 걸린 아이와 대면하게 될지도 모른다.

인강(인터넷강의)과 학습지

같은 강의를 두 번 듣는 것과 한 번 듣고 복습을 하는 것 중에서 무엇이 더 효과적인 공부 방법일까? 복습은 배운 것을 머릿속에 남아 있게 할 뿐만 아니라 스스로 생각하는 과정을 통해 지식을 자기 것으로 만드는 중요한 작업이다. 강의를 듣는 것은 무의식적으로 지식을 받아들이는 과정이 되기 쉬우므로, 여러 번 강의를 듣는 것보다는 단 한 번의 복습이 오히려 효과적이다.

학습지를 선택할 때는 아이의 상태를 파악하는 것이 중요하다. 아이의 실력에 알맞은 처방을 내려야 한다. 현재의 학습진도조차 소화하지 못하는데 심화문제 위주로 구성되어 있는 어려운 학습지를 풀고 있다면 무엇을 기대할 수 있겠는가?

Q 학습지와 인강 중 어느 것이 더 도움이 될까요?

초등학년 4학년인 아들은 하교 후 돌봐줄 사람이 없어서 학원을 전전하고 있습니다. 사실 학원에 보내지만 어떤 학습효과를 기대하는 것은 아니고, 다만 아이가 혼자 있는 시간이 길어지는 것이 불안하여 보내고 있습니다.

매일 피아노학원과 태권도장에서 한 시간씩 수업이 있고,

월·수·금요일에는 영어학원에 갑니다. 그리고 공부에 도움이 되겠거니 해서 학습지와 인강을 매일 하고 있습니다. 하교 후에 학원을 혼자 다니고, 집에 와서 학습지(국어, 수학, 한자)를 해놓으면 제가 퇴근하고 나서 학교 공부와 인강을 합니다.

그러다보니 정작 아이와 대화하는 시간이 정말 부족합니다. 피아노와 태권도, 영어는 아이가 무척이나 좋아하여 그만두겠냐고 물으면 안 된다고 합니다. 아이가 좋아하니 다행이란 생각이 들기도 합니다.

어제 저녁에 남편과 아이의 교육문제로 이야기를 나눴습니다. 저는 학습지를 그만두고 인강에 좀 더 집중하게 하는 것이 좋겠다고 했습니다. 학습지를 할 시간에 좋아하는 책을 보거나 좀 쉴 수 있게 하면 좋을 것 같아서요. 그런데 남편은 학습지를 그만두면 불안할 것 같다고 합니다.

현재 학습지의 내용은 학교 교과과정보다 1.5학년 정도 앞서 있습니다. 저는 이렇게 선행하는 게 문제인 것 같은데 남편은 아이가 나서기를 좋아하는 성격이니 미리 알고 있으면 도움이 되지 않겠냐며 차라리 인강을 그만두는 게 어떠냐고 합니다. 하지만 저는 아이가 학교수업시간에 덜 집중하게 될까 봐, 너무 빠른 진도 때문에 교과목 자체를 싫어하게 될까 봐 걱정됩니다.

지금껏 아이는 학습지를 스스로 한 적이 없습니다. 매번 하라는 말을 해야만 그때서야 한숨을 쉬면서 시작합니다. 남편과 의견이 맞지 않아서 학습지를 그만두게 하지도 못하고 있습니다. 학습지의 선행과 지겹도록 계속되는 반복학습이 학원과 별반 다를 것 없다고 여겨지는데 어떻게 남편을 설득해야 할지 고민입니다.

A 스스로 학습계획을 짜고 직접 해보는 시간이 더 중요해요

아직 혼자서 스스로 시간을 관리하기에는 어린 자녀를 둔 맞벌이 부부의 경우, 어머니처럼 아이를 맡길 곳이 없어서 어쩔 수 없이 사교육을 선택하는 경우가 많습니다.

그런데 정작 사교육보다는 아이와 대화하는 시간이 부족하다는 말이 가장 걱정됩니다. 아이의 학습을 확인하는 데는 하루 30~40분 정도의 시간이면 충분할 것입니다. 이 30~40분의 시간은 아이가 스스로 학습계획을 짜 볼 수 있는 중요한 시간이니 반드시 시간을 내어야 합니다.

요일별, 시간별 학습량을 구체적으로 기록하는 시간표를 월 단위, 주 단위, 일 단위로 계획하여 아이와 함께 작성해보세요. 아이에게 주간 단위 계획에 맞춰 일일 학습계획을 짜는 방법을 알려주면 곧 익숙해져 스스로 계획을 세울 수 있습니다. 아직 초등학생이니까 무리하게 학습시간을 늘려서 학습 스트레스를 주는 것보다는 학교수업내용을 복습하는 것이 좋습니다. 기본적으로 영어, 수학은 매일 일정한 시간과 분량의 학습을 진행하며 학습시간은 과목별로 한 시간을 넘지 않도록 하세요.

이런 방식으로 계획표를 짜게 되면 월 단위로 아이가 학습하고 있는 내용에 대한 전체적인 밑그림이 계획표를 통해 드러납니다.

아이는 목표의식을 가지고 학습하기에 좋고 부모는 아이가 무엇을 성취했는지 또는 성취해야 하는지를 확인하기에 수월하지요. 물론 중학교 이후까지 이어갈 바람직한 공부습관 형성을 위해서도 계획표를 짜서 학습하는 습관은 꼭 필요합니다.

다음은 인강에 대한 의견입니다. 먼저 인강의 경우 학교수업 진도를 보충하기 위해 이용하는 것이라면 오히려 자습서나 문제집 등 보조교재를 하나 더 활용하는 것이 어떨까 합니다. 아이의 수업태도가 좋다면 학기 중의 인강은 사실 시간낭비입니다. 물론 학교수업에 대한 이해가 부족하다면 선택적으로 또는 부분적으로 인강을 활용할 수는 있지만 일과처럼 일상에서 인강 듣기가 자리잡는 것은 바람직하지 않습니다. 실력 향상을 위해 수업을 두 번 듣는 게 얼핏 괜찮은 방법 같지만 결국 아이는 학교수업과 인강 둘 중 하나에 소홀해질 가능성이 높습니다. 아이가 학교수업에 소홀해지면 문제가 매우 심각해지겠죠?

학교수업과 인강은 음식을 만드는 과정에 비유하면 '장보기'입니다. 어떤 음식을 만들 것인지 주제를 정했으면 필요한 재료를 확인해서(학습의 흐름에서는 예습) 한 번에 장을 보는 것이 좋습니다. 학습한 내용을 이해하고 정리하고 암기하는 과정은 재료를 정리하고 다듬어서 요리를 준비하는 과정입니다. 마지막으로 문제풀이를 통해 학습내용을 점검하고 부족한 부분을 보충(복습)하는 것은 실제 요리를 만드는 과정과 맛보기가 되겠죠.

공부에도 같은 이치가 적용됩니다. 장보기가 요리 준비하기와 요리하기, 맛보기에 비해 많은 시간을 차지해야 할 이유가 전혀 없습니다. 두 번씩이나 장보기를 하는 것도 비효율적이고요.

학습지를 1.5학년 선행학습 하고 있는 것도 문제가 있습니다. 아이가 최상위권 수준이어서 이미 해당 학년의 학습내용을 완전히 이해하고 이른바 '심화문제'에 있어서도 완벽한 풀이가 가능하다면 선행학습이 의미가 있을 수도 있습니다. 그러나 현재의 학업성취 수준이 현재 진도를 완벽히 이해하고 응용하는 정도가 아니라면 '선행학습'은 말 그대로 미리 한 번 '훑어봤다'는 자신감을 주는 것 이외의 학습효과를 가질 수 없습니다.

따라서 아이의 현재 학업성취도를 정확히 진단하는 것이 우선일 것 같습니다. 주요 과목의 해당 학년 성취도 수준을 파악하여 최상위 수준이 아니라면, 과감히 학습지를 중단하고 기본문제, 심화문제를 중심으로 해당 학년의 학습이 이루어지도록 이끌어주세요.

제안대로 인강과 학습지를 중단하면 책 읽기에 집중하길 바랍니다. 아이의 일과를 보니, 책 읽을 시간이 없네요. 책 읽기는 아무리 강조해도 지나치지 않습니다. 특히 학습에서 조금이라도 자유로운 초등학교 때 충분히 독서를 하고, 독서습관을 갖는 것은 매우 중요합니다.

사교육에서 벗어나기

효과적인 학습을 위해 가장 중요한 것은 학교에서 하는 공부이다. 학습은 학교수업에서 시작되며 학교에서 보내는 학습시간이 가

장 길기 때문이다. 만약 학교수업만으로 국어·영어·수학·과학 등
의 교과학습이 뒤처진다면 학습내용이 어렵기 때문이 아니라 학습
능력이 튼튼하지 않기 때문일 것이다.

학교수업에서 이해하지 못한 부분이 있다면 그다음 단계는 스스
로 해결하는 것이다. 이 과정을 통해 자신의 부족한 학습 능력을 찾
아내야 한다. 이런저런 시도를 해보고 마지막으로 선택할 수도 있
는 것이 사교육이어야 한다.

사교육을 하기로 결정했다면, 정말 사교육이 필요한 이유, 다른
방법으로 해결하지 못하는 이유를 정리해보자. 사교육을 통해 얻
고자 하는 목표가 되면서 동시에 그만둘 때 이유가 된다. 꼭 필요한
사교육은 가능하면 일대일 수업으로 한다. 불필요한 수업은 최소화
해야 한다. 그리고 시작하면서 그만둘 때를 계획해야 하고 목적을
달성하면 그만둘 수 있어야 한다. 그만둘 계획없이 시작하면 불필
요한 사교육을 할 수밖에 없다.

Q 맞벌이에 주말부부, 학원마저 안 보내면 앞이 캄캄해요

큰아들은 초등학교 4학년, 작은아들은 초등학교 3학년 그리고
막내아들은 다섯 살입니다. 저는 직장에 다니고, 남편은 직업상 주
말에만 집에 옵니다. 그래서 아이들은 제가 퇴근하기 전까지 영어
학원과 수학학원 그리고 태권도장과 한문학원 그리고 역사논술학
원에 다니고 있습니다. '사교육걱정없는세상'에 회원가입을 하고도
여전히 불안감과 학원에 대한 믿음 아닌 믿음으로 이렇게 애들을

학원에 맡기고 있어요. 사실 제가 아이들 공부를 봐줄 시간이 부족합니다. 그리고 솔직히 영어, 수학을 전공한 선생님이 전문화된 교수법으로 학습을 지도하는 게 효과적이라는 생각도 들어요.

아이들은 학교 숙제와 학원 숙제 때문에 11시가 넘어야 잠을 자요. 숙제하는 데 시간을 다 보내느라 정작 스스로 공부할 시간은 생각도 못하고 있어요. 상황이 이렇다보니, '한참 잘못하고 있는 건가?' 하는 생각이 들어서 머릿속이 혼란스러워요. 하지만 제가 직장을 그만두고 전업주부가 되지 않고서는 아이들이 스스로 공부할 수 없을 거란 생각밖에 안 드네요.

작년에는 아이들도 학원 가기 싫다 하고《아깝다 학원비!》를 읽고 난 뒤여서 3개월간 학원에 안 보냈어요. 그랬더니 정말 공부는 안 하고 놀기만 하더라고요. 3개월간 학원에 안 보내니까 처음엔 경제적으로 여유로워서 좋았는데 시간이 갈수록 불안해지고 걱정이 되었습니다. 결국 그래도 학원에 보내야 된다는 결론만 나오더라고요.

맞벌이에 주말부부인 저희 부부가 세 아이들이 올바른 공부습관을 갖도록 어떻게 이끌어줄 수 있을까요?

A 사교육에서 벗어나기 위한 노력을 시도해보세요

흔히 사교육을 항생제로 표현하지요. 중학교 정도까지는 급할 때 어느 정도 당장의 효과를 가져오지만 내성이 생겨서 다음에 비슷한 효과를 내기 위해서는 더 큰 비용이 들고 스스로 학습하는 능력을 버려야 하기 때문이에요. 사교육의 맹점은 아이가 학습내용을 주입

받을 수밖에 없는 구조라는 것입니다. 아무리 실력 있는 강사라도 아이가 스스로 학습에 몰입하고 여러 번의 시행착오를 거쳐 문제를 해결하도록 지도할 수 없습니다. 학원은 다수의 아이가 모여 정해진 시간 안에 정해진 진도를 나가는 수업을 해야만 합니다. 그것도 한참 선행학습을 해야 하니 오죽하겠습니다. 그러므로 강사가 영어, 수학 전문가인 것과 아이의 영어, 수학 실력과는 상관관계가 높지 않습니다.

사교육 없이 보낸 지난 3개월의 경험은 계획된 준비를 통해서 불필요한 사교육 중심으로 줄여나간 게 아니라 너무 갑작스럽게 환경이 바뀐 것이어서 별로 도움이 되지 않았을 거라는 생각이 듭니다. 그 경험을 살려 한 번 더 사교육을 줄이는 도전을 할 수 있도록 힘을 보태드리겠습니다.

일단 스스로 학습할 능력이 갖추어졌다고 판단되는 초등학교 4학년인 큰아이 중심으로 이야기하겠습니다.

① 학원을 보내는 목적에서 학습과 돌봄의 목적이 각각 어느 정도의 비중을 차지하는지 명확하게 판단해보세요.

귀가 시간은 늦고, 남편 없이 세 아이를 돌봐야 하는 엄마의 입장에서는 돌봄의 목적이 더 크지 않을까 합니다. 아이들끼리 집에 방치되는 시간이 길어지는 게 염려되어 학원에 보내는 이유가 크다면 지역아동센터, 공동육아방과후, 사교육걱정없는세상 지역등대모임, 휴직 등 모든 가능성을 열어놓고 정보를 찾아보세요. 어떤 결정을 내리든 이 과정을 통해 알지 못했던 유익한 정보를 얻을 수 있을 것입니다.

② 현재 하고 있는 사교육에서 '불필요한 사교육'은 무엇인지 냉정하게 생각해보세요.

불필요한 사교육을 중심으로 조금씩 줄여나가면서 엄마와 아이 모두 자신감을 키울 수 있습니다. 학원에 다니는 이유를 하나하나 정리해보면서 구체적인 목표를 세운 뒤, 실제로 그 목표를 이루면 그만두는 겁니다. 아이들은 학원을 그만두면서 자신의 능력이 발전했음을 확인하는 기회가 될 것입니다. 이때의 구체적인 목표는 성적보다는 공부습관을 중심으로 세우는 것이 좋습니다. 학교수업과 학원수업의 집중력이 좋아졌다거나, 스스로 오답을 정리할 수 있을 때, 학습에 대한 자신감이 생겼을 때 실제 학원을 그만두고 스스로 공부하기 시작하는 거예요.

③ 사교육을 줄여서 생기는 시간에 무엇을 할지 구체적인 계획을 세우세요.

'중간 난이도 수학문제 10문제 풀기, 영어원서 30쪽 이상 읽기, 게임 레벨 2단계 올리기, 거실 청소하기, 친구에게 편지 쓰기, 20분간 아무 생각 안 하기, 아빠에게 전화하기, 일요일에 할 놀이 정하기' 등 구체적인 계획을 세우는 것이 좋습니다. 가장 좋은 계획은 지킬 수 있는 계획입니다. 계획이 세워지면 계획표를 작성하여 매일 무엇을 실천하고 있는지 확인해보세요.

④ 아이와 정서적 공감을 높일 수 있는 대화 계획을 세우세요.

학습보다 아이의 건강과, 행복, 그리고 가족 간의 관계가 우선입니다. 아이와 정서적으로 좋은 관계를 유지하면 사교육에 대한 고민은 생각지도 못한 곳에서 해결될 수도 있습니다.

⑤ 아빠가 아이의 교육에 참여할 수 있는 방법을 마련하세요.

몸이 떨어져 있다 해도 노력하면 할 수 있는 방법은 얼마든지 있습니다. 실제 보내는 시간의 양보다 아이가 아빠의 관심을 느끼고 있느냐 그렇지 못하고 있느냐가 더 중요합니다. 그리고 무엇보다 엄마 아빠의 행복한 모습, 행복한 대화 모습을 아이들이 볼 수 있도록 해주세요. 아이들은 부모의 거울입니다.

⑥ 위의 모든 방법은 부모의 입장이 아니라 아이의 입장에서 생각하고 계획되어야 한다는 것을 기억하세요.

초등학교 때는 평생학습을 위한 기본학습능력을 기르는 시기이지 복잡한 계산과 높은 암기력을 요구하는 시기가 아니에요. 공부란 필요할 때 하는 것이고 즐거운 것임을 알아야 하는데 주변에서 그런 아이들을 만나기가 참 힘듭니다.

올바른 소통은 말하기가 아니라 듣기에서 시작된다고 합니다. 상대방의 이야기를 진정으로 온 힘을 기울여 들어주면 상대방은 나에게 감동받고 내 이야기도 들어줄 준비를 하게 됩니다. 귀를 열고 아이들의 말을 충분히 들어준 다음 하나씩 불필요한 사교육을 줄여가는 방법을 찾길 바랍니다.

사교육보다 중요한 것은 습관

　학교수업을 통해 배움을 완성하겠다는 생각을 갖고, 특히 예습과
복습이라는 방법을 능숙하게 활용하는 것이 습관이 된다면, 단언컨
대 공부 걱정은 하지 않아도 됩니다. 사교육을 우상화하는 문화에
오염된 사람들은 뻔한 소리라고 비웃지만 아무리 따져봐도 가장 강
력한 공부전략임이 확실합니다. 학생들의 일상에서 가장 긴 학교
수업시간을 통해 얼마나 많은 공부소득(?)을 얻느냐에 따라 판도가
완전히 달라지기 때문입니다. 특히 자습시간을 학교수업에 대한 예
습과 복습에 할애하면 수업과 자습의 상승효과를 기대할 수 있습니
다. 하지만 대부분의 학생들이 학교수업을 무시한 채 사교육을 받
고, 사교육에서 내준 숙제를 하면서 대부분의 시간을 보내고 있습
니다. 그렇게 되면 학교 안의 수업과 학교 밖의 공부가 서로 충돌하
면서 상승의 반대인 상쇄효과를 보이게 됩니다.

　학생들의 공부를 오래 연구했습니다. 지금도 열심히 학생들의 공
부를 돕기 위해 노력하고 있습니다. 두뇌기반학습 등과 같은 첨단
학습법도 눈여겨볼 만하지만 여전히 주목해야 할 가장 중요한 전략
적인 승부처는 바로 학교수업에 대한 학생들의 활용 능력이었습니

다. 학교 안과 밖의 공부가 서로를 살리는 전략을 선택하면 정말 쉽게 갈 수 있습니다. 수업과 자습의 상승효과를 톡톡히 본 학생들은 여전히 지금도 개천에서 난 용이 되고 있습니다.(단, 사교육에 오염된 인식이 그렇게 보지 못할 따름입니다.) 반대로 대다수 서로를 죽이는 쪽으로 방향을 잡으면 정말 성공하기 어렵습니다.(물론 대다수의 선택이기에 그들이 성공하는 것처럼 보이기는 합니다.) 돈도 많이 들고, 부작용도 심각하며, 정말 낭비가 심한 그런 공부에 적응할 수 있는 소수만의 성공을 위해 대다수는 들러리가 될 수밖에 없는, 정말 위험천만한 선택입니다. 그렇다면 효과적인 예습과 복습의 습관화에 대해 알아볼까요?

행동과 마음의 문제

스스로 공부하는 습관이 사교육보다 훨씬 중요하다는 인식은 진일보입니다. 하지만 습관에 대한 강조가 지나치면 핵심을 놓치게 됩니다. 마음이 없는데 행동을 하는 것은, 그것도 꾸준히 반복적으로 하는 것은 정말 어려운 일이겠지요. 습관 이전에 마음을 잘 살펴야만 합니다. 결론부터 말씀드리면 하기 싫은 일을 억지로 하면서 습관을 기를 수는 없습니다. 오랜 시간이 걸려 자연스럽게 형성되는 생활습관과 달리 공부습관은 특히 그렇습니다. 행동(습관)을 결정하는 마음(동기)을 보지 못하면 실패하기 마련이지요.

상대방으로부터 원하는 행동을 이끌어내기 위해 쉽게 쓰는 방법이 외적 동기입니다. 흔히 당근과 채찍이라고 말하는 방법입니다. 하지만 습관을 위해 사용하는 보상과 처벌의 한계는 분명합니다. 마음이 생겨야 하는데 오히려 거부감을 갖게 될 가능성이 매우 높습니다. 오히려 역효과를 내기 십상입니다. 어떤 행위를 처음 시작하게 할 수는 있지만 그 행위가 지속되려면 반드시 내적 동기가 충족되어야만 합니다. 저는 내적 동기를 맛이라고 생각합니다. 배가 고프니까 먹기는 하겠지만 맛이 없으면 억지로, 어쩔 수 없이 먹게 되겠지요. 하지만 우연히 맛을 보았는데 정말 맛이 좋으면 계속 먹고 싶은 마음이 생깁니다. 점점 공부를 게을리하는 아이와 열심히 하는 아이의 차이를 어떻게 설명하는 것이 맞을까요? 머리가 좋고 똑똑한 아이가 아니라 공부를 하면서 어떤 맛을 느꼈느냐가 정말 중요합니다. 공부를 하면서 유쾌한 감정을 많이 느꼈다면 당연히 공부하고 싶은 마음이 커집니다. 공부에 대한 자발성이 생기는 것이지요. 그런 상태에서 습관화는 정말 쉽습니다. 입맛에 맞는 메뉴를 찾은 다음에 매일 먹게 하면 자연히 가장 좋아하는 메뉴, 바로 습관이 되는 것입니다. 자칫 마음을 보지 못하고 행동에만 집착해서 마음을 잃게 되면 정말 후환을 두려워해야 합니다.

공부를 하면서 어떤 느낌을 갖게 되는가? 습관을 생각하기 전에 꼭 살펴야 할 핵심 대목입니다. 참고로 공부의 참맛을 빼앗아가는 정말 맛없는 공부의 예들입니다.

- 어쩔 수 없이 해야 하는 숙제
- 무작정 해야만 하는 반복학습

- 하고 싶은 일이 있는데 참고 하는 공부
- 궁금하거나 어려운 것을 물어보지 못하고 그냥 해야 하는 공부
- 준비 정도와 상관없이 주어진 시간에 마쳐야 하는 시험공부
- 주로 활자만으로 이루어져 따분하고 잘 이해되지 않는 공부
- 외롭게 혼자서 하는 공부
- 감시·감독을 받는 공부

최소한 위와 같은 공부를 피하면서 습관화를 시도해야 성공할 수 있습니다. 습관화에 성공하면 공부 걱정은 하지 않아도 된다고 했습니다. 그만큼 중요한 게 공부습관이라면 조급하게 서둘러서 될 일이 아니라고 생각해야 합니다. 단기간에 해결해야겠다는 욕심도 버려야 합니다. 충분한 시간을 두고 천천히 하나하나 잡아나가야겠다고 생각해야 행동(습관)보다는 마음(동기)을 살필 수 있습니다.

의지와 환경의 문제

환경의 중요성을 과소평가하면 습관화는 너무도 쉽게 실패합니다. 공부를 잘하려면 의지가 강해야 한다는, 매우 한국적인 사고방식이 여전히 흔들리지 않고 있습니다. 제가 가장 싫어하는 말이 바로 자신과의 싸움이라는 말입니다. 종종 유명인들의 인터뷰에 자신과의 싸움이 가장 어려웠다는 말이 나옵니다. 이어지는 자신의 영웅담이 매력을 더하기는 하지만 저는 명백한 사실 왜곡이라고 생각합니다. 그들도 어린 시절, 지금의 학생들처럼 유혹에 약한 시절이

있었습니다. 어떤 사람도 주변의 유혹에 자발적으로 넘어가려는 의도를 가지지 않습니다. 할 일이 있는데 유혹이 생기면 이겨내려고 합니다. 다만 준비가 되어 있지 않을 따름입니다. 누구나 기를 수 있는 체력처럼 충동이나 감정 조절도 노력하면 강해진다고 봐야 합니다. 아직 의지를 기르지 못한, 의지를 기르는 단계에 있는 학생들에게 의지의 중요성을 강조하는 것은 강한 의지의 소유자들이 보이는 오만이라고 생각합니다.

의지도 중요하지만 가급적 유혹을 느끼지 않는 환경을 만들어주는 것을 우선시해야 합니다. 습관화를 위해 꼭 실천해야 할 항목을 미리 정해놓고 의무적으로 하라고 요구하면 실패합니다. 무리가 있는 요구임이 분명하기 때문입니다. 의지가 없어서가 아니라 의지가 있어도 아직은 하기 어려운 상태라고 이해하는 것이 맞습니다. 가정을 방문해서 살펴보면 정말 공부하기 어렵겠다는 생각이 드는 경우가 많습니다. 가정의 전반적인 분위기가 공부와 어울리지 못합니다. 여기저기에 약한 의지로는 이겨내기 어려운 유혹들이 즐비합니다. 먼저 약한 의지로도 실천할 수 있는 양호한 환경을 만드는 데 주력하기 바랍니다. 유혹하는 대상에 대한 특별 관리와 분명한 사용규칙을 정하는 것도 필요합니다. 그냥 의지로 이겨내라는 요구는 결코 하지 말아야 합니다. 또한 환경 중에서 가장 중요한 것은 바로 사람의 모습이라는 사실도 알아야 합니다. 아이에게는 습관을 요구하고 부모는 방종하는 생활을 한다면 성공확률은 정말 희박합니다. 습관화 초기 단계에서는 최소한 부모가 함께하는 모습이 정말 중요합니다.(그렇다고 부모가 무엇을 억지로 하라는 말은 아니겠지요. 부모 입장에서도 동기가 있는 일을 적극적으로 찾아 아이와 함께 좋은 기회를 만든다고 생각하면 되겠지요.) 보통 습관이라는 것은 의지의 결과물이 아니라 어떤 환경의 자연스러운 산물이라는 사실을 잊지 말아야 겠습니다.

효과적인 방법이란

보다 강력한 효과에 대한 욕구가 점점 강해지고 있습니다. 다이어트 약도 부족해 지방흡입술이라는 직효와 특효를 선호하는 세상입니다. 강남 등 일부 지역에서는 집중력 강화제, 기억력 강화제가 음성적으로 유통되기도 합니다.(아직 효과를 봤다는 사람을 보지는 못했습니다. 부작용 사례는 심심치 않게 봅니다.) 저는 정말 수없이 많은 공부 방법을 알고 있습니다.

정말 다양하고 많은 방법을 모아놓고 어떤 방법이 가장 효과적인가, 기준을 정해 순위를 매길 수는 있지만 그런 일을 해본 적은 없습니다.(주변에서는 자주 묻곤 합니다.)

방법은 그 자체로 존재할 수 없지요. 실행을 위해 존재하는 수단인데 그 주체가 실행하지 않으면 어떤 효과도 기대할 수 없기 때문입니다. 결론을 말씀드리면 아무리 효과가 떨어지는 방법이라도 꾸준히 실행하면 반드시 효과를 볼 수 있습니다. 보다 효과적인 방법은 욕심에 지나지 않습니다. 자신이 실천하기에 가장 적합한 방법을 찾아야 성공합니다. 효과만을 쫓는 사람의 비참한(?) 최후를 심심치 않게 봅니다. 효과라는 기준이 아니라 얼마나 잘 실천할 수 있는지, 자신에게 잘 맞는 방법인지가 핵심이라는 말입니다.

그래서 저는 다양한 실험을 제안합니다. 공부를 시작해서 끝내기까지의 시간, 다양한 공부조건과 교재와 교구 활용, 다양한 공부 방법에 대한 실험을 해봐야 합니다. 습관화에 성공하려면 효과적인 방법을 정해놓고 그걸 반복적으로 실천하면 된다고 생각하는데 천만의 말씀입니다. 대부분 실패합니다. 다양한 실험을 통해 자신에게 맞고 반복적으로 실천하기 쉬우며 실천하는 과정에서 유쾌한 감정을 느낄 수 있는(내적 동기를 강화시키는) 방법을 찾아야 합니다. 그런 다음에 습관화에 도전하면 대부분 성공하게 됩니다. 다양한 방법은 메뉴라고 생각하기 바랍니다. 아무리 영양가가 높아도 아이가 싫어하는 음식이라면 먹지 않습니다. 어떤 효과도 기대할 수 없습니다. 가장 효과적인 방법은 바로 내 아이가 쉽게 따라 할 수 있는 방법이라고 생각하면 됩니다.

부모의 역할

대증요법이 아니라 원인치료에 집중해야 합니다. 습관이 문제라는 생각은 어렵지 않습니다. 하지만 나쁜 습관은 증상일 뿐 원인은 다른 곳에 있습니다. 억지 춘향격으로 왜곡된 동기, 어린 학생 수준의 의지력으로는 이겨내기 어려운 환경의 유혹, 자신에게 잘 맞지 않아 실행하기 어려운 계획 등이 원인이라고 설명했습니다. 나쁜 습관을 통제와 관리를 통해 좋은 습관으로 바꾸려는 시도는 대증요법에 해당됩니다. 대증요법은 대부분 실패합니다. 생각을 바꿔서 원인 치료 쪽으로 부모역할의 방향을 잡아야 아이들의 공부를 도울 수 있습니다.

1단계 : 방향과 역할을 분명히 정한다

학교를 버리지 않고 최대한 활용하면서 시간과 자원을 낭비하지 않는 효과적인 공부 방법의 습관화를 위해 노력하겠다고 부모가 먼저 다짐해야 합니다. 보통 빡센 공부(Study hard), 그러니까 성적이 나쁘면 주로 사교육을 활용해 공부를 더 시키고 보자는 쪽이 부모들의 성향에 맞지만 아이들을 위해서는 반드시 'Study smart' 쪽으로 방향을 잡고 가겠다는 결심을 해야 합니다. 본격적인 경쟁을 시작하기 전, 그러니까 최소한 초등학교 단계까지는 성적에 대한 집착에서 벗어나 유쾌한 공부, 효율적인 공부가 몸에 밸 수 있도록 지원하겠다는 약속을 하기 바랍니다. 경제력이나 정보력이 아니라 아이와 함께 좋은 공부습관을 들이기 위해 부모로서 해야 할 역할이 무엇인지, 깊이 생각하고 실천하면 분명 모두가 좋은 부모가 될 것입니다.

2단계 : 환경과 생활을 관찰한다

아이들의 생활을 주의 깊게 관찰해보면 공부에 유리한 시간대를 찾을 수 있습니다. 또한 주말에는 어떻게 시간을 보내는지, 공부하는 분위기를 만들기 위해 필요한 것은 무엇인지, 관찰을 통해 유혹을 조금이라도 덜 느끼면서 공부에 전념할 수 있는 조건을 찾아야 합니다. 그리고 아이의 의지에 기대는 것이 아니라 자발성이 발휘될 수 있는 환경의 힘을 잘 활용해야 합니다. 특히 예습과 복습의 습관화를 위해서는 하루 주기와 일주일 주기를 잘 활용해야 합니다. 하루 주기의 예습과 복습 그리고 주말 주기의 총정리를 잘 설계하면 효과는 배가됩니다.

3단계 : 습관의 순서를 정한다

순서를 잘못 정하면 습관화는 이내 난관에 빠집니다. 아이가 어떤 공부(과목, 교재, 방법 등)에서 유쾌한 감정을 느끼는지 알아야 합니다. 그런 마음을 잘 살려야 쉽게 습관화가 됩니다. 유쾌한 공부부터 습관화를 시도해야 합니다. 좋아하는 과목을 좋아하는 방법으로 공부하는 것부터 시작해야만 합니다. 다양한 실험을 통해 습관화를 시도할 후보 목록을 정하고 아이의 판단과 선택에 따라 우선순위와 순서를 정하는 과정을 꼭 거치기 바랍니다.

4단계 : 함께 노력한다

좋은 습관을 가진 사람들에게는 좋은 습관을 보여준 부모가 있다는 공통점이 있습니다. 아이에게 요구만 하는 것이 아니라 함께 시도해 성공하고 싶은 부모의 습관 목록을 정해서 함께 노력하는 모습을 기대합니다.

사교육이 여전히 맹위를 떨치고 있습니다. 부모들이 사교육을 시키지 않으면 아이의 미래가 없을 것 같다는 말을 서슴지 않고 하는 세상입니다. 정말 사교육이 위력적인 것일까요? 학교수업을 무시할수록, 공부습관이 아니라 더 일찍, 많이, 빨리 시키기 경쟁을 할수록 사교육은 매우 중요하고 효과적인 대안이 됩니다. 하지만 방향을 틀어 학교수업을 소중하게 생각하고 학교수업에 대한 예습과 복습을 통해 더 일찍이 아니라 제때에, 더 많이가 아니라 꼭 필요한 것을, 더 일찍이 아니라 교육과정에 맞게 공부를 하게 되면 사교육은 맥을 추지 못한다는 사실을 누가 더 빨리 깨닫느냐에 따라 부모의 행복도, 아이의 성공도 달라집니다.

6부

아이의 삶,
부모의 삶

부모로
산다는 것

　생활 및 심리 상담 게시판에 부모의 역할, 즉 자녀와의 관계 형성에 대한 고민이 종종 올라온다. 학습 관련 문제의 고민에도 사실 그 원인이 '부모-자녀 관계'인 경우가 많다. 특히 학습을 지도할 때 개입하는 방법, 아이의 반응이 부모 자신의 기대와 다르게 나타날 때 소통하면서 더 좋은 관계를 맺는 방법에 관한 고민들이 눈에 띈다.

　많은 부모들이 자신의 역할에 대해 고민하는 것은 지극히 당연하다. 이상적인 부모-자녀 관계는 우리가 나아가야 할 방향과 목표이다. 그러므로 현재의 내 모습에서 그 간극을 발견하는 것은 너무나 자연스럽고, 마땅히 있어야 할 과정이다. 오히려 자신이 부족하여 부모의 역할을 적절하게 수행하지 못했다는 것을 인정할 때 아이와 솔직하고 수용적인 만남을 가질 수 있다. 이러한 과정이 있어야 문제를 제대로 볼 수 있고 더 나은 방향으로 개선할 수 있음을 알아야 한다.

그러면서 아이가 자신의 삶을 주체적으로 살아갈 수 있도록 격려와 지지를 보내야 한다. 그리고 실패를 경험한 후 스스로 일어설 수 있는 기회를 가질 수 있도록 기다려주어야 한다.

성적이 전부인 아이

성적에 관심이 없는 아이만큼이나 성적에 지나치게 신경 쓰는 아이도 부모의 관심이 필요하다. 아이가 성적에 집착에 가까운 욕심을 내는 이유는 불안감 때문이다. 그동안 자신을 인정해주던 외부적 요인(부모, 선생님, 친구 등)의 기대에 못 미친 결과가 나올 경우 자신에 대한 평가가 어떻게 바뀔지에 대한 불안감을 갖는 것이다.

대부분의 아이들은 좋은 성적을 받기를 바라고 누구에게나 인정과 칭찬을 받고 싶어 한다. 그렇기에 부모의 격려와 지지가 중요한 것이다. 성적의 높고 낮음과 상관없이 현재 아이의 모습 그대로를 인정하고 어떤 모습이든 그 자체로 소중하다는 것을 아이가 느낄 수 있도록 해줘야 한다. 그런 다음 아이의 미래 모습과 진로에 대한 큰 그림을 그릴 수 있는 경험과 조언이 있다면 당장의 성적에 연연하지 않고 전체적인 계획을 세울 수 있을 것이다.

Q 아이가 지나치게 성적에 매달려요

중학교 3학년인 딸은 스스로 공부를 하는 편인데 시험 준비를 완벽하게 하지 않으면 자기 자신에게 신경질을 많이 냅니다. 준비가 부족하면 시험기간에 잠을 네 시간 정도밖에 안 자요. 평소에는 잠이 많은 편이라 시험기간만 되면 잠이 부족해서 힘들어 해요.

시험은 이번에만 있는 것이 아니니까 다음에 잘 보면 된다고 말해주지만 성적이 안 나오면 자기가 싫어진다고 하네요. 성적에 너무 집착하는 것 같아서 걱정이 됩니다. 이럴 때는 어떻게 해야 할까요?

A 이유를 구체적으로 알아보고 격려와 지지를 보내주세요

'우리 아이가 제발 공부 좀 했으면…….' 하는 부모님들은 스스로 성적에 신경 쓰는 딸이 얼마나 좋아 보일까요?

중학교 3학년이면 고입 입시가 코앞이라 성적에 조금이라도 관심 있는 학생들은 예민해지기가 이루 말할 수 없습니다. 특목고, 자율고, 일반고 등 선택의 폭이 넓어진 만큼 갈등도 많아지지요.

저도 3학년 담임을 하면서 1, 2학년 때는 그닥 열심히 하지 않던 학생들의 태도가 달라지며 성적에 신경 쓰는 모습을 많이 봅니다. 여학생들은 특히나 예민해져서 친구관계에 어려움을 겪기도 하고 집에서 엄마와 부딪치는 경우도 많습니다.

성적에 신경 쓰는 딸이 자못 안쓰럽고 걱정되는 마음 십분 이해합니다. 성적에 너무 신경을 안 써도 문제이지만 지나치게 집착하는 것 역시 건강한 태도는 아니니까요.

아이들이 좋은 성적을 바라는 이유는, 당장은 그것이 가져오게 될 주변(선생님, 친구들, 부모님)의 '인정', 거기서 오는 '존재감'일 수

있고 좋은 학교에 진학하지 못하면 사회에서 낙오될지도 모른다는 막연한 불안감 때문일 수도 있습니다.

아이가 성적에 집착하는 이유가 무엇인지 구체적으로 대화하는 시간을 가져보세요. 무엇보다도 아이에게 해줄 말은 '네가 공부를 잘하든 못하든, 좋은 학교를 가든 못 가든 엄마는 너를 사랑하고 믿고 지지한다는 것'입니다. 여건이 허락된다면 둘만의 여행을 떠나보는 것도 좋겠지요.

또한 아이의 꿈에 대해서도 함께 이야기해보세요. 청소년을 대상으로 하는 직업체험박람회에 참가해보는 것도 좋습니다. 구체적인 진로계획을 세우면 성적에만 집착하기보다는 그것을 이루기 위해 갖추어야 할 소양, 청소년기에 준비해야 할 것, 다양한 체험 등에 대한 밑그림을 그릴 수 있게 되며 불안감도 줄어들 것입니다.

기다림의 미학

많은 부모들이 부모의 역할에 대해 고민한다. "이것이 좋습니다, 저것이 맞는 길입니다." 하고 조언해도 실은 이야기를 들은 직후 얼마 동안은 지켜진다 싶지만 또다시 고무줄처럼 본래의 자신으로 돌아오고 만다. 먼저 부모부터 굳은 확신과 인내심, 일관적인 태도를 가져야 한다.

Q 학습에 흥미가 없는 아이, 언제까지 기다려야 할까요?

이제 기말고사도 끝나고 약간의 수행평가만 남아 있어 한숨 돌리고 나니 앞으로의 문제는 어떻게 해결해야 할지 마음이 복잡해지네요.

주변의 많은 엄마들이 유치원부터 초등학교까지 영어, 수학에 공들이며 선행학습을 시키는 동안 저는 '저렇게까지 시켜야 할까. 지금은 한참 놀아야 하는 나이인데.' 하며 '지금부터 안 해도 괜찮아. 스스로 받아들일 수 있을 때 하면 돼.'라고 생각해왔습니다.

그런데 큰아이가 중학교 2학년인 현재, 걱정이 조금씩 밀려와요. 무엇보다 아이가 학습에 대한 흥미가 없어 걱정입니다. 학교 숙제도, 공부도 무언가를 배우는 데 재미를 느끼는 것 없이 기계적으로 하더라고요.

아이가 저와 친분이 두터운 한 선생님에게 영어 과외를 받고 있는데 그 선생님 말씀이 '선생님이 도움을 줄 수 있는 것은 빙산의 일각일 뿐이기 때문에 방학 동안 영어에 푹 빠져서 생활할 수 있도록 듣기, 읽기에 시간을 아주 많이 투자해야 한다.'고 합니다. 하지만 영어에 흥미가 많지 않은 아이가 그것을 받아들일지, 또 엄마인 저도 아이와 부딪치며 그 역할을 해낼 수 있을지 걱정입니다.

엄마표 학습을 하기 위해서는 도대체 어느 정도의 노력과 열정이 있어야 하는 걸까요? 아이와 매번 부딪치는 상황이 반복되자 서로에게 좋을 게 없다 싶어 요즘은 거의 지켜보고만 있는데 계속 이렇게 지켜보기만 해도 될까요?

A 계기를 만들어주고 나서, 공감하면서 기다려주세요

어머님이 겪고 있는 갈등은 모든 부모들이 안고 있는 문제입니

다. 기다려주고 도와주고 아이와 같이하고 싶은 마음은 굴뚝 같은데 문제는 맞닥뜨린 현실이죠. 이 현실 앞에서 언제까지 인내심을 갖고 기다려줘야 할지 몰라 혼란스럽고, 다른 부모들은 엄마표로 잘하는 것 같은데 나만 부족한 엄마처럼 느껴져 위축되고요. 게다가 사춘기 아이와의 대화가 매번 잔소리로 치부되어버리면 공부 좀 시키려다 사이까지 나빠지겠구나 하는 좌절감에 휩싸이게 됩니다.

아이가 스스로 깨닫고 자극을 받아 공부하고, 진로에 대해 곰곰이 생각하는 진지함을 보여주었으면 좋겠는데 급한 것은 부모 마음뿐이지요.

아이가 학습에 흥미를 갖고 몰입하게 하려면 어떻게 해야 할까요? 누구나 스스로 원해서 시작한 일은 즐겁게 하고, 몰입하여 하게 되죠. 문제는 모든 아이들이 무작정 기다린다고 때가 되면 원하는 게 생겨서 몰입하는 건 아니라는 사실입니다. 그래서 대부분의 부모들은 스스로 몰입하기는 바라지도 않고 일정 시간 동안 공부를 시키는 것에 만족하고 있습니다. 그것이라도 안 하면 안 될 것 같은 마음으로 말이지요.

현실과 이상이 어느 정도 다 만족되도록 좀 더 적극적으로 기다리는 건 어떨까요? 아이가 스스로 학습해야겠다고 생각하게 될 계기를 만들어주는 것입니다. 이제 아이가 자신의 진로에 대한 고민을 시작할 나이가 되었으니, 여러 가지 직업을 접할 수 있는 책을 준다거나, 다양한 캠프에 참가하여 자신이 하고 싶은 일이 무엇인지 생각해볼 수 있도록 지적, 신체적 기회를 주는 거예요. 사회문제에 관심을 갖도록 함께 신문을 읽는 것도 좋습니다. 많은 사례와 이야기들을 접하다보면 어느 날 자신이 하고 싶고 도움되고 싶은 것이 무엇인지 느끼게 되지 않을까요?

어떤 자극도 경험하지 못한 아이가 어느 날 갑자기 몰입할 가능성은 희박합니다. 하지만 여러 가지를 선택한 경험이 많은 아이는 틀림없이 생각의 폭이 넓어지고 고민거리도 많아지겠죠. 이런저런 생각을 하다보면 자연스럽게 좋아하는 것이 생기고, 목표가 세워질 것입니다. 목표도 없이 막연하게 좋은 성적을 받기 위해 공부해야 하는 것보다는 내가 세운 목표를 달성하기 위해서는 공부를 해야겠다고 느끼는 것이 더 실질적인 동기부여가 됩니다.

하지만 아이가 좋아하는 것을 찾았다고 문제가 다 해결되는 것은 또 아닙니다. 제 딸은 영어를 매우 좋아합니다. 그런데 학교에서 배우는 영어는 싫어합니다. 영어를 교과서나 문제집으로 공부하는 것보다 영어로 일기를 쓰거나 좋아하는 원서를 읽거나, 스스로 책을 만들어보면서 공부하는 것이 더 효과적이라고 말합니다.

그런데 시험을 준비하려면 원하는 방법대로 공부할 시간이 도통 나질 않습니다. 그렇다고 시험을 포기할 대범함은 없으니 억지로 공부하는 거죠. 하고 싶은 대로 못하니 점점 의욕을 잃어가더라고요. 옆에서 지켜보는 제 마음이 참 아팠습니다.

그래서 저는 아이의 속상한 마음에 공감해주고, 네 방법대로 공부해도 결과가 크게 달라지진 않을 거라고 격려해주었습니다. 당장은 학교 시험에서 좋은 성적이 나오지 않을 수도 있지만, 네 방법이 결국에는 성공할 거라고요. 그랬더니 아이가 마음을 좀 편하게 갖게 되었고, 다행히 시험공부에 대한 거부감도 조금씩 떨쳐내고 있어요.

아이의 학습진도와 공부시간을 확인하며 닦달하는 것보다 아이가 세상의 많은 일에 관심을 가질 수 있도록 돕는 것이 학습에 대한 흥미를 갖도록 돕는 빠른 길일 것입니다. 마음이 움직여 스스로 할 때 가장 몰입할 수 있다는 것을 기억하세요.

내 아이의 자존감

노워리 상담넷의 많은 영역에서는 학습 및 교육과 직접 관련된 내용을 다룬다. 그만큼 많은 부모들이 자녀의 학습과 관련된 고민을 하고 있다는 것이다. 그런데 여기에서 한 가지 분명한 것은 학습과 관련된 교육의 기저가 되는 것 중 하나가 '자존감'이라는 것이다.

자존감은 스스로 자신을 존중할 줄 아는 감정이다. 이 자존감은 단지 학습뿐만이 아니라 성인이 된 뒤까지 아이의 삶 전체를 관통하여 영향을 미치기 때문에 매우 중요하다. 최근 들어 부모교육이 활성화되면서 자존감이 아이의 삶에 어떤 영향을 주는가가 알려진 후 어떻게 아이의 낮은 자존감을 높이도록 도와줄 수 있는지가 가장 큰 화두가 되었다. 많은 부모들이 아이가 초등학교에 들어가면 자존감 형성에 가장 큰 영향을 미치는 요소가 선생님과 친구들의 칭찬, 상장 등이라고 생각하여 이에 민감하게 반응한다. 그러나 아이의 자존감에 가장 큰 영향을 미치는 것은 바로 부모 자신이다. 아이가 부모에게 어떤 대접을 받는지, 부모에 대해 어떤 정서를 갖는지가 아이의 자존감과 바로 연결된다. 따라서 아이의 자존감이 고민된다면, 먼저 부모 자신과 아이가 어떤 관계를 맺고 있는지 점검해야 한다.

Q 아이의 자존감은 어떻게 키워주나요?

초등학교 3학년, 6학년인 두 아이를 둔 엄마입니다. 아이들에게 특별히 문제가 있진 않다고 생각하고 있었는데 어제 큰아이가 학교에서 받아온 진로적성검사 결과를 보고 상당히 충격을 받았습니다.

큰아이는 성격이 느긋하여 무슨 일이든지 마지막까지 미뤄놓곤 합니다. 공상도 많아 한 가지 일에 잘 집중하지 못하고 예민하기까지 합니다. 예를 들어 집에 오면 바로 씻고 숙제를 마치고 나서 하고 싶은 일을 시작하라고 권유, 협박, 불이익 주기 등등 여러 가지 방법을 써봤지만 고치지 못하고 밤 10시가 넘어서야 씻고 숙제를 시작합니다. 그렇게 며칠 지켜보다가 격한 말로 꾸중하기를 반복해 왔지만 공부습관, 생활습관 어느 하나 바로 잡지 못하고 사춘기를 맞이했어요.

요즘은 외모와 친구관계, 특히 남의 이목에 지나칠 정도로 신경 쓰고 때로는 안절부절못하는 것처럼 보이기도 해요. 크면서 좋아지겠지, 좀 더 느긋하게 지켜봐야지 하는 생각은 늘 갖고 있지만, 막상 그런 아이를 마주하면 끓어오르는 화를 참지 못하고 한바탕 야단을 칩니다. 그래서인지 검사 결과에서 아이의 자존감, 자율성이 굉장히 낮게 나왔습니다. 커서 하고 싶은 것도 없고, 자기가 잘할 수 있는 것도 없고, 가치 있는 사람이라는 느낌도 아주 낮다는 거예요.

제가 직장생활을 하기 때문에 외할머니가 아이들을 돌봐주시는데 외할머니의 보살핌을 늘 받고 자라서인지 엄마와는 애착도 별로 없는 것 같고 바라는 것도 별로 없는 것 같아요. 아빠는 늘 바빠서 귀가 시간이 늦기 때문에 아이들과 대면할 시간도 별로 없고 게다가 본래 성격도 너그러워요. 그래서 제가 항상 엄한 역할, 잘못을 지적하는 역할을 맡아서 합니다. 이런 상황이 아이의 자존감에 영향을 미쳤을까요?

항상 걱정하면서도 우리 아이들은 엄마의 바람대로 커줄 거란 기대, 환상이 있었는데 이것들이 한번에 와장창 깨지면서 그동안 애들을 위해서 뭘 했는지, 나름대로 열심히 산다고 살았는데 아이들에게 잘못한 것만 같아 마음이 괴로워요.

A 아이의 마음을 먼저 읽어주는 관계 형성이 중요해요

맞벌이에 육아까지, 참 바쁘게 열심히 살았는데 어느 순간 '내가 지금까지 뭐 하고 살았나?' 하는 생각이 들면 정말 힘이 쭉 빠지죠.

지친 몸으로 퇴근하여 집에 왔는데, 이제 사춘기에 접어든 나이의 아이가 아직도 생활습관, 공부습관이 안 들어 늘 할 일을 뒤로 미루는 모습을 보면 많이 속상하고 화날 것 같아요. 대부분의 가정에서 아이와의 갈등이 일어나는 지점이 이런 부분이 아닌가 싶습니다. 초등학교 때까지는 숙제가 그렇게 많지 않아 30분에서 1시간

정도 집중하면 금방 끝낼 수 있을 것 같은데 자꾸만 뒤로 미루고 결국엔 큰소리를 내야 시작하는 모습도 마음에 들지 않죠. 그런데다가 진로적성검사에서 자존감과 자율성이 낮게 나오니 덜컥 겁이 났을 거예요.

우선 진로적성검사의 결과에 너무 절망하지 않았으면 좋겠어요. 물론 결과의 내용이 걱정될 거예요. 뭐가 문제인지, 어떻게 해야 하는지, 왜 이런 결과가 나왔는지 등등 머릿속이 복잡해지지요. 그런데 아이들은 학교에서 실시하는 진로적성검사에 진지하게 임하지 않는 경우가 많아요. 특히나 초등학생이잖아요. 그리고 그 결과가 계속 이어지는 것도 아니고요. 아이의 자존감과 자율성이 낮다 하더라도, 부모의 도움으로 충분히 높아질 수 있습니다.

자존감을 결정짓는 가장 큰 요인은 부모와의 관계라고 생각합니다. 많은 부모들이 아이와 관계를 형성하려면 함께 시간을 많이 보내야 한다고 생각하는데, 사실 양보다는 질이 더 중요하지요. 짧은 시간이라도 아이의 마음에 공감한다면 아이와 좋은 관계를 형성할 수 있어요. 생활습관, 공부습관을 잡기 위한 잔소리는 잠시 멈추고, 아이의 학교생활 이야기를 아이의 생각과 기분에 맞장구쳐주면서 들어보세요. 자신이 이해받고 있다고 느끼는 순간, 아이는 엄마와 대화가 된다고 생각하게 될 겁니다.

그런 다음, 아이의 생활습관과 공부습관을 지도하세요. 이때 지켜야 할 것은 한 번에 하나씩, 지켜진 일을 칭찬으로 강화하는 것입니다. 먼저 학교 다녀와 씻는 것을 약속하고, 아이가 지키면 칭찬해주는 거예요. 그 습관이 고쳐지면 다음 생활습관으로 넘어가세요. 이렇게 하면 아이도 지금 당장 해야 할 것이 무엇인지 알기 쉽고, 지키는 게 어렵지 않게 느껴져 의욕도 생깁니다.

공부습관도 마찬가지예요. 아이에게 한꺼번에 요구하지 말고 한 번에 하나씩 습관을 잡아나가야 해요. 예를 들어, '그날 주어진 숙제는 그날 꼭 하고, 책가방 싼 후 잘 것!' 이런 식으로 진행하되 '영어는 무엇을 해야 하고 한자는 어디까지 하고, 수학은 또⋯⋯.' 이렇게 한꺼번에 요구하지 않는 거예요. 이렇게 말씀드리면 '초등학교 6학년이 해야 할 것이 얼마나 많은데.'라고 생각할지도 몰라요. 그렇지만 좀 길게 보세요. 아직 초등학생이니 중학교까지 이렇게 생활습관과 공부습관을 바로잡으면 본격적인 공부를 해야 하는 고등학교 때는 스스로 잘할 수 있을 거예요.

참고 기다려준다는 건 참 어려운 일이에요. 아이 또한 힘들겠지요. 하지만 부모는 반걸음 뒤에서 아이를 믿어주고 응원해주고 아이가 힘들 때 기댈 수 있는 존재여야 합니다. 아이의 자존감을 높이려면 부모의 잔소리와 짜증보다는 격려와 칭찬, 믿음이 우선이어야 한다는 것을 기억하세요.

자율성은 자존감이 높아지고 생활습관 등이 자리잡으면 해결되는 부분이에요. 하지만 어른들도 계획한 것을 실행하는 데 어려움을 겪듯이 아이들도 마찬가지입니다. 한꺼번에 많은 것을 바라지 말고, 해야 하는 이유를 이해하도록 도와주세요.

아이는 부모가 바라는 모습대로 크는 것이 아니라 스스로 자신

의 모습을 만들어갑니다. 아이가 스스로의 모습으로 성장할 수 있
도록 지지해주고 기다려주는 것이 부모의 역할이라고 생각합니다.

아이도 감정의 동물이다

아이가 극도로 불안정한 감정을 드러내면 부모는 당혹감을 느끼
게 된다. 평소와 그리 다르지 않은 상황이나 작은 일에도 분노를 표
출하고, 또는 유달리 분리불안의 모습을 보인다거나 욕심이 많아
잘하고 있음에도 자신의 작은 실수를 용납하지 못해 스스로를 괴롭
히는 아이들이 있다. 그런 아이들을 마주할 때는 그 아이들의 마음
속 깊은 곳을 들여다보아야 한다. 그리고 적절한 개입 방법에 대해
함께 성찰하는 과정이 필요하다.

Q 아이가 감정 조절을 못해요

초등학교 1학년인 딸 때문에 잠도 못 잘 정도로 고민스럽습니다.
아이가 원래 잘 우는 편이라, 초등학교에 입학하고 나서 걱정이 많
았습니다. 입학한 지 2주 정도 지나 선생님이 불러서 갔더니 선생
님 말씀이 이렇습니다. 아이가 상황이 조금만 자기 마음에 안 들거
나 자기 생각과 다르면 울어버린다는 겁니다. 해야 할 일을 하지도
않고 달래도 고집을 부리고요. 심지어 스스로 기분이 풀릴 때까지
수업시간에 공부도 안 하고 급식실도 안 가고 혼자 교실에 남아서
입을 내밀고 있다는 거예요.

선생님의 말씀을 듣고 너무 충격을 받았습니다. 그런데 얼마 뒤,

엄마 모임에 갔다가 다른 아이들이 우리 아이가 학교에서 울고 고집을 부린다는 이야기를 많이 한다는 것을 전해 들었습니다. 너무 속상한 나머지 집에 와서 아이를 혼내버렸습니다. 어릴 때부터 정말 말만 하면 울었습니다만 이 정도인 줄은 몰랐어요.

그리고 딸은 항상 놀아달라고 친구를 쫓아다닙니다. 저는 이런 것도 보기에 안 좋네요. 저희 부부가 어떻게 노력해야 딸의 성격을 바꿀 수 있을까요? 참고로 여섯 살 남동생이 있습니다.

A 아이의 감정을 먼저 읽어보세요

초등학교 1학년에 들어가면서 반 모임도 하고 청소도 하면서 원하든 원하지 않든 내 아이에 대한 여러 이야기를 듣게 되지요. 별것 아닌 일도 담임선생님과 다른 엄마의 입을 통해 전달되면 굉장히 심각하게 받아들여지고요.

수업시간에 운다거나 너무 개구지게 행동한다거나 친구를 때린다거나 하는 문제행동을 보인다면 잘 생각해보세요. 아이가 갑자기 그런 행동을 보이는 것인지를요. 어쩌면 이전부터 계속 이런 행동을 하며 신호를 보냈는데 그때는 미처 알아차리지 못했거나 대수롭지 않게 넘긴 것은 아닐까요?

그리고 우선 어머니가 아이와 놀이활동을 얼마나 해왔는지 궁금합니다. 부모와 상호적인 놀이를 많이 한 아이는 친구에 대한 집착이 크지 않습니다. 또 부모가 자녀를 대해왔던 행동에 과잉적인 상황은 없었는지도 되돌아볼 문제입니다. 아니면 반대의 상황도 있을 수 있습니다. 아이와의 문제를 해결하는 방식이 대화보다 지시나 명령이 많았을 경우입니다. 대화가 이루어질 수 없는 상황에서 아이는 대화 대신 눈물로 표현하는 방법을 선택해왔던 거죠. 특히 개구쟁이 남동생이 있는 가정에서 이런 경우가 많이 나타납니다.

동생과 문제없이 놀이가 잘 이루어져왔고 또 부모와 의사소통이 잘 되어왔다면, 학교라는 환경 변화 때문에 일어나는 일시적인 문제일 수 있습니다. 하지만 그동안 질적인 상호작용이 부족한 것이 문제라면 일단 그 부분을 보완해야 합니다.

아이가 학교에서 돌아오면 학교에서 있었던 일을 직접 묻지 말고, 역할극을 통해 자연스럽게 이야기하도록 유도해보세요. 소꿉놀이나 인형놀이를 하면서 학교생활 이야기를 이끌어내는 것입니다. 그리고 그 상황에 맞는 적절한 대화법과 행동을 놀이로 알려주세요. 놀이로 유도하는 것이 좋은 이유는 직접적인 질문과 답보다 아이가 훨씬 유동성 있게 반응하며 반복해도 잔소리로 듣지 않기 때문입니다. 예를 들어 아이가 겪고 있는 비슷한 상황을 만들어서 역할극을 해보면서 적절한 상호작용을 놀이로 반복하는 것입니다. 가장 효과가 좋은 방법입니다. 또 참고로 아이와 같이 읽으면 도움이 되는 책이 있습니다. 《알리키 인성교육》 시리즈입니다. 쉬운 것 같지만 기본적이고 사회적으로 적절한 행동을 어떻게 취해야 하는지 아이의 눈높이에 맞게 잘 풀어내고 있습니다.

두 가지를 병행하면서 그동안 아이를 대했던 어머니의 양육방식을 점검하세요. 완벽한 부모가 어디 있을까요? 모두가 내 아이를 잘 알아서 키우는 것은 아닙니다. 속상하고 답답한 마음으로 야단치고 혼내지 말고 어차피 겪어야 할 일을 배운다고 생각하면 됩니다.

피할 수 없는 사춘기

사춘기 자녀를 둔 부모의 가장 큰 고민은 아이와의 관계 형성이다. 사춘기를 겪는 아이들은 각자 다양한 모습과 강도, 그리고 사춘기를 겪는 시기마저도 다르게 나타난다. 때문에 많은 부모들이 이 시기의 부모역할에 대한 근본적인 고민을 하게 된다. 부모와의 관계 맺기나 소통이 가장 어려운 이 시기를 현명하게 보낼 수 있는 방법은 무엇일까? 아이와 같은 눈높이에서 바라보며 공감해주는 것이 관계 개선을 위한 첫 단계라 할 수 있다.

Q 사춘기에 접어든 아이와 갈등이 끊이지 않아요

초등학교 6학년인 아들이 사춘기에 접어들자 반항하기 시작했습니다. 엄격했던 남편은 아이가 소아우울증 치료를 받기 시작한 2년 전부터 많이 달라졌고 주말에는 늘 같이 무언가를 하면서 놀아주려고 노력합니다. 남편은 저보고 그냥 놔두라고 해요. 학교에 안 가겠다고 하면 깨우지 말라고 하는데, 전 그게 잘 안 돼요. 아침에 깨워도 일어나지 않아서 학교 갈 시간이 되면 제가 폭발할 지경입니다. 그러다가 이틀 전부터는 아이와 말을 안 하게 될 정도로 심각해졌고, 어제 저녁에 대화를 시도해보았습니다. 그런데 아이의 마음속에 응어리처럼 뭔가 있다는 것이 느껴졌어요.

아이가 감정 표현을 잘 안 하는 것 같아서, 네 감정을 엄마에게 보여줬으면 좋겠다고 했더니, 아이는 자신에게 감정이 없으면 좋겠다고 합니다. 감정을 표현하면 '찐따'나 '왕따'가 된다는 거예요. 그러면서 속마음을 보이지 않으려고 해요. 아이와 애착 형성은 잘 되었다고 생각했는데, 그마저도 아닌 것 같아 속상합니다.

그리고 제가 엄마로서 너무 못난 모습을 보이고 말았어요. 혼자가 될까 봐 두려워하는 그저 어린아이일 뿐인데, 중학교는 기숙학교로 가라고, 너랑 이렇게 살다가는 내가 너무 힘들다고 했어요. 요즘 계속 부딪쳐서 제가 정말 지쳤거든요. 아이가 '가출한다. 죽겠다.' 이렇게 협박하니, 저도 정말 화를 참지 못하고 말았지요.

어떻게 하면 좋을까요? 선생님께서는 학교에서는 문제가 없다고 해요. 친구관계는 괜찮다고 하는데 아이는 친구가 없을까 봐 즐겁지 않아도 웃고 화나도 참는다고 하더라고요. 학원은 아이가 다니지 않겠다고 해서 안 다니고 아이가 원하는 피아노와 미술만 하고 있습니다.

A 그럴 수밖에 없는 아이의 입장을 이해해주세요

사춘기를 겪는 우울하고 반항적인 모습의 아들과 그걸 지켜보는 엄마는 주변에서 흔히 볼 수 있는 모습인 듯하지만, 이렇게 아이로 인해 무거워지는 집안 분위기를 감당하는 것만큼 힘든 일도 없는 것 같습니다.

대체로 사춘기를 겪거나 해소되지 않는 심리적 갈등이나 문제를 품고 있는 아이들은 무기력증이 같이 동반되는 경우가 많습니다.

그래서 이상하리만큼 잠을 많이 잔다든지 피곤해한다든지 행동이 느려진다든지 하는데, 그러면서도 아주 사소하고 작은 일에 쉽게 화를 내거나 슬퍼하는 식으로 표출되기도 하지요.

그리고 일단은 약한 소아우울증이라고 의학적인 진단이 내려진 거라면 더욱더 아이의 행동이 당연한 것일 수도 있다고 여겨집니다. 아이는 일부러 그러는 게 아니라 자신의 감정을 잘 조절하지 못하는 미숙함 때문에 문제를 보이고 있는 거예요. 어쩌면 지금 아이는 그러는 자신이 싫어서 엄마 아닌 그 누구에게도 자신을 드러내놓고 위로받지 못하고 있는 상황일 겁니다. 가장 중요한 건 부모로서 아이가 보여주는 모습을 '잘못된 문제행동'으로 인식하는 게 아니라 왜 그럴 수밖에 없는지를 이해하려는 마음이 필요한 것 같습니다. 그동안 아이와 엄마와의 애착이 컸던 것으로 보여지는데, 그런 아이일수록 엄마의 감정 표현에 더 민감하게 상처를 받을 수 있습니다.

아이가 그렇게 된 원인이야 여러 가지가 있을 수 있겠지만, 학교에서 큰 문제가 없고 친구들한테 따돌림당할까 봐 참고 지낸다는 걸 보면 어느 정도 객관적으로 비춰지는 자아에 대한 의식은 할 줄 아는 상태로 보여집니다. 생각한 것만큼 심각해 보이지는 않네요. 다만 이런 시기에 적절한 자아 형성이나 자존감 확립이 안 된다면 커가면서 겪을 많은 외부 자극에 대해 쉽게 좌절하고 패배감을 가질 수 있으니 조금씩 자존감을 가질 수 있도록 도와줄 필요는 있다고 봅니다.

어쨌거나 이론적으로 말하기는 쉬워도 실제 행동으로 실천하는 것은 쉽지 않죠. 부모님이 해볼 수 있는 몇 가지를 정리했으니 실행에 옮겨볼 것을 권합니다.

① 지금까지 받은 놀이치료로 상태가 좋아지고 있는 거라면 상담 치료를 시작해보는 게 좋을 것 같습니다. 그러나 무엇보다 기관의 치료 행위보다는 부모의 지속적인 노력과 인내가 더 중요합니다. 등산이나 수영, 인라인 등을 서서히 그리고 꾸준히 해볼 수 있도록 도와주세요. 그러다가 취미가 되고 흥미를 갖게 된다면 더할 나위 없이 좋겠지요. 집 안에서 육체적으로 너무 정체되어 있는 시간이 많아지지 않도록 신경 써주세요.

② 아이 행동의 결과에 대해 책망하거나 실망이 섞인 표현으로 아이를 다그치지 않아야 합니다. 지금 아이의 문제는 치료와 보호가 필요한 것이지 호된 질책이나 규율로 다스려질 수 있는 것이 아닙니다. 물론 간혹 아이들의 응석이나 엄살을 무조건 받아들이고 잘한다고 해서는 안 되는 경우도 있습니다만 상담내용으로 판단해볼 때 아이는 스스로도 굉장히 힘든 상태입니다. 이럴 때 아이에게 말로 하기 힘들다면 짤막한 '사랑과 위로의 메모나 편지'를 가방 속에 넣어주거나 아이 방에 붙여주는 식으로 엄마의 마음을 보여주는 건 어떨까 싶네요. 누구보다도 아이는 엄마의 따뜻한 말 한마디를 그리워하고 있는지도 모르거든요.

③ 아들의 사춘기를 예외적이고 특이한 일이라고 생각하지 말고 마음을 조금 느긋하게 내려놓고 바람처럼 지나갈 것이라고 생각하세요. 그리고 마음을 다스리는 좋은 책들을 찾아 읽어보면서 가족과 아이에 대해 더 특별한 관심을 가질 수 있는 좋은 기회라고 여기세요. 부모의 마음이 느긋하고 여유롭지 않으면 아이도 절대 따라오지 않거든요. 이런 일들을 잘 극복해나간다면 오히려 가족 간에 더 특별한 애정을 갖고 하나가 될 수 있는 기회가 될 거라고 생각됩니다.

엄마의 마음이 열리면 그때 비로소 아이도 편안해질 수 있다는 것을 다시 한 번 강조하고 싶네요. 부디 따뜻한 소식이 있기를 기대해봅니다.

맞벌이 가정의 자녀교육

사회의 급속한 변화와 여성의 사회 진출이 늘어나면서 맞벌이 가정이 증가하는 추세이다. 맞벌이 가정의 문제는 제도적 지원이나 사회적 보완책이 마련되지 않은 상태에서 책임이 각 가정에게 떠넘겨져 있다는 것이다. 이러한 실정 속에서 맞벌이 가정의 자녀교육 문제가 대두되고 있다. 특히 정규 보육·교육시간 이후나 방학 때 더 많은 문제가 발생하고 있다. 결국 맞벌이 가정의 경우 다른 선택의 여지없이 손쉬운 사교육 시장에 의지할 수밖에 없는 구조가 형성된다. 그렇기 때문에 맞벌이 가정의 자녀교육 문제에 대해서 원론적 언급보다는 함께 고민하고, 위로하고, 여러 방안들의 장단점을 따져보아 그중에 가장 나은 것을 선택할 수 있도록 하는 현실적인 대안이 필요하다.

Q 방학 때 혼자 있는 아이의 인터넷 사용 어떻게 해야 할까요?

딸이 초등학교 3학년인데, 제가 직장에 다니기 때문에 방학 때 혼자 집에 있습니다. 그래서 아무래도 컴퓨터 하는 시간이나 텔레비전 보는 시간이 점점 늘어가고 있습니다. 학교 다닐 때는 컴퓨터도 30분 하는 것이 고작이었지만 방학 때는 거의 하루 종일 하는 것 같습니다. 컴퓨터 하는 시간을 정해놓았지만 통제하는 사람이 없으니 더 하게 되지요.

요즘 포털사이트 다음에 '마이짱'이라는 카페가 있습니다. 아이들만 가입할 수 있는데, 여기서 팬도 만들고 포인트를 받아 예쁘게 꾸미고 또래나 언니, 오빠들과 대화하는 것에 푹 빠져 있어요. 자기를 좋아해주는 팬도 점점 늘어나고, 혼자 자란 아이라 언니, 오빠들도 생기니까 좋았나 봐요. 아침에 눈뜨면 컴퓨터부터 켭니다.

게임을 하는 건 아니지만 이것도 중독인 것 같아 남편에게 말했더니 인터넷을 끊으라는 겁니다. 그런데 인터넷을 못하게 하면, 아이에게 대안을 제시해줘야 할 것 같아요. 무조건 하지 말라고 하면 반발심만 커지지 않을까요? 이런 경우 어떻게 하면 좋을까요? 조언 부탁드립니다.

A 인터넷 사용의 주도권을 잡으세요

이제 초등학교 3학년인 아이가 인터넷상의 사이버 인간관계에 몰두하는 것은 여러모로 좋지 않습니다. 그렇다고 일방적으로 인터넷을 끊어버린다면 아이가 반발할 수도 있으므로 이 또한 조심스럽지요.

전문가들은 초등학교 때만큼은 인터넷 사용의 주도권을 온전히 부모가 가지라고 권합니다. 우선 인터넷 사용에 대한 확실한 원칙을 세우세요. 부모님이 있는 시간에만 할 수 있다든가 어느 요일에 몇 분을 할 것인지 등 구체적으로 세워야 합니다.

하지만 일방적으로 정하지는 마세요. 어느 정도 원칙을 정한 후 왜 인터넷에 일찍부터 몰두하면 안 되는지 이해시켜야 아이가 받아들일 수 있어요. 인터넷에 몰두하면 뇌의 전두엽 발달에 지장을 줍니다. 전두엽은 이해하고 판단하는 역할을 하는 곳인데, 이것이 발달하지 못하면 지능도 떨어지고 학습장애가 오며 일차적 욕구에만 민감해집니다.

정한 약속이 지켜지지 않을 경우를 대비한 방안도 있어야겠지요. 일정 기간 동안 인터넷 사용을 금지하거나 용돈을 삭감하는 등의 벌칙이 필요할 거예요. 이때 벌칙은 너무 과하지 않도록, 아이가 감당할 수 있는 수준으로 해야 합니다. 예를 들어 '한 달 동안 금지'와 같이 과한 벌칙을 제시하면 아이의 불만과 반발이 커져 약속 자체를 지키려고 하지 않을 수 있습니다.

불량식품을 사 먹는 아이에게 먹지 말라고 말하는 것보다 더 효과적인 것은 더 맛있고 좋은 음식을 주는 것입니다. 인터넷 채팅보

다 아이가 더 재미있어 할 만한 다른 활동을 찾아보세요. 저희 아이
들도 게임을 무척 좋아하는데 체스, 장기, 자전거 타기 등에 재미를
붙이게 되니 자연스럽게 게임하는 시간이 줄어들었습니다.

그대로 두면 병이 되는
나쁜 습관

　아이의 나쁜 생활습관은 연령을 막론하고 부모와 갈등을 일으키는 주요 원인이다. 남의 물건을 말없이 가져오거나 사용하는 일회성 행동부터 초등학교 고학년 이상에서 나타나는 도벽 문제, 순진한 거짓말에서 시작하여 습관처럼 반복되는 거짓말까지 일상생활에서 자녀를 어떻게 교육해야 할지 난감한 경우가 많다.

　바른 생활습관을 갖게 하기 위해서는 부모가 자녀와 친밀한 관계를 유지하면서도 특정 부분에 대해서는 일관되고 엄격한 모습을 보일 필요가 있다. 그리고 무엇보다 인내심이 필요하다. 일시적인 효과를 주는 임시방편을 찾아 이것저것 시도할 것이 아니라 진득하게 아이를 기다려주는 마음을 가져야 한다.

　생활습관은 단기간에 바로잡히지 않는다. 한 번에 하나씩 바로잡

생활 및 심리

을 습관을 정해 서두르지 않고 변화를 시도해야 한다. 또 잘못된 습관을 바로잡는 데는 그 습관이 형성된 시간만큼 아니 어쩌면 더 많은 시간을 쏟아야 할지도 모른다. 아이의 잘못된 습관을 고치려고 할 때 이러한 것이 전제되지 않고서는 어떤 노력과 시도도 좋은 결과를 얻어내지 못할 것이다.

남의 것을 탐하는가? 사랑을 탐하는가!

아이의 생활습관을 바로잡을 때, 부모는 지혜로워야 한다. 지나치게 엄격하거나 언어폭력이 사용된다면 오히려 더 나쁜 결과를 초래할 수 있다. 아이의 나쁜 생활습관을 고치기 위한 가장 좋은 방법은 부모가 일관적인 태도를 보이면서 적절한 때에 긍정적으로 격려해주는 것이다. 또 부정적 행동을 하는 아이의 마음을 읽어주고, 채워지지 않은 욕구가 무엇인지 알아보는 세심함도 필요하다. 그리고 아이의 부족한 욕구는 아이를 온전히 이해하려고 노력하는 부모의 마음으로 채워질 수 있다.

Q 남의 물건에 손대는 아이는 어떻게 지도해야 할까요?

일곱 살인 막내딸은 욕심이 많은 편이고, 위로 언니가 둘 있습니다. 막내를 낳고 나서 집안에 힘든 일이 많아 돌 때부터 어린이집에 보냈습니다. 어린이집에 다닐 때는 반일반에 다녔고, 다섯 살이 되어 유치원에 가면서 6시까지 종일반에 다녔습니다. 여섯 살 때부터는 맞벌이를 하면서 6시 20분까지 유치원에 있습니다.

여섯 살이 되면서부터 가끔 친구의 반지, 챕스틱 같은 물건을 가져오길래 물어봤더니 친구가 줬다고 하더군요. 그래서 친구가 줬어도 엄마 허락 없이 받아오면 안 된다고 얘기해주면서 돌려주라고 했습니다. 그다음에는 하루만 빌렸다고 하며 가져왔다가 다시 갖다주는 경우도 있었습니다. 어제도 친구의 매니큐어와 챕스틱을 가져왔길래 물어보았더니, "잘 들어봐." 하면서 30분을 설명하더라고요. 그런데 이야기를 이것저것 짜 맞추는 것 같다는 느낌이 들었습니다. 이런 일이 한두 번이 아니라 걱정이 됩니다.

얼마 전에는 유치원에선 안 그러는 데 집에만 오면 옷에다 오줌을 누는 바람에 이만저만 걱정되는 게 아니었습니다. 며칠 동안 저녁만 그러더니 일요일에는 하루 종일 옷에다 오줌을 누는 거예요. "유치원에서는 어떻게 실수를 안 하니?" 하고 물어봤더니, 실수할까 봐 미리미리 화장실에 간다고 합니다. 무슨 문제라도 있는 게 아닌가 싶어 병원 검사도 해보았습니다. 아무 이상이 없다고 나왔고, 그다음부터는 실수를 안 하더군요.

엄마한테 관심받고 싶어서 그런 게 아닌가 하는 생각이 듭니다. 다른 사람의 물건은 손대면 안 된다고 계속 이야기해주고 있지만 습관이 될까 봐 걱정입니다.

A 아이의 욕구를 살피고 양육방식을 확인하세요

3, 4, 5세 때는 놀이에 집중하다가 소변 실수를 많이 합니다. 이러한 실수는 성장과정 중에 자연스럽게 나타나는 것이지만, 상담 아이의

경우는 심리적인 요인이 큰 것 같습니다. 어머니도 알고 있다시피 아이가 남의 물건을 가져오는 것과 안 하던 소변 실수를 자주 하는 경우의 대부분은 욕구가 적절하게 채워지지 않아서일 때가 많습니다.

좀 더 구체적으로 말씀드리자면 가정의 경제적인 문제를 자녀 앞에서 자주 거론하거나 애착 욕구가 충분이 충족되지 않은 경우, 가장 대표적으로 일어나는 상황이 물건 가져오기와 잦은 소변 실수입니다.

부모와 아이의 애착을 높일 수 있도록 전반적인 양육방식을 바꿔보세요. 아직 아이가 유아기에 있기 때문에 함께 보내는 시간을 최대한 늘리고, 스킨십을 충분히 할 수 있는 놀이를 적어도 하루에 10분 이상 같이 해주세요. 아이가 부모의 애정을 느낄 수 있도록 해야 합니다. 아이의 부정적인 행동이 나올 때 큰소리로 꾸짖지 말고, 조금이라도 개선된 점이 보이면 반드시 칭찬해주세요.

소변 실수를 하면 "괜찮아. 엄마도 어릴 때 자주 그랬어."라고 말하면서 대수롭지 않다는 듯 행동하세요. 단 며칠만이라도 최대한 화나는 감정을 억제해야 합니다. 그리고 조금이라도 소변 실수하는 간격이 벌어질 때를 틈타 적절한 언어적 격려를 해주면 됩니다. "아직도 바지가 뽀송뽀송하네? ○○가 오줌을 잘 참고 있구나. 엄마도 덜 힘들고 ○○도 뽀송뽀송한 옷을 입고 있으니 기분 좋지?" 하며 긍정적인 언어를 사용하여 대화하세요. 그러다가 또 실수를 하더라도 "괜찮아. 어제보단 실수가 많이 줄었잖아. 내일은 더 줄어들 거야."라고 하여 안심시키고 엄마의 마음이 평온하며 아이를 믿고 있다는 것을 확인시켜주세요.

그리고 유아기 때 남의 물건을 가져오는 것은 처음 물건을 가져왔을 때 미온적인 태도로 넘어간 경우가 많아서 생기는 반복적인 상황입니다. 아무리 작은 물건이라도 유치원 선생님께 전화해서 알린 후 "많이 찾고 있었는데 네가 용기 내어 돌려줘서 고맙다."라는 말을 꼭 해달라고 요청해보세요.

사실은 같이 찾아가서 아이와 함께 돌려주는 방법이 가장 좋습니다. 함께 돌려주고 돌아오면서 아이에게 직접 용기 내어 돌려준 것을 칭찬해주세요. 물건을 훔치는 나쁜 아이로 만들기 전에 돌려줄 수 있는 용기를 가진 아이로 칭찬해주는 게 중요합니다.

한 번에 될 거라는 기대는 절대 하지 말고 귀찮더라도 꾸준히 시도한다면 대부분 이러한 행동은 시간이 지나면서 사라집니다. 소변 실수와 물건 가져오는 일은 기관에서 생활하는 많은 아이들에게서 일어나는 일 중 하나입니다. 그냥 넘기면 다른 생활습관에도 영향을 미치니, 구체적인 행동요령과 전반적인 양육방식을 점검해보는 계기가 되어야 합니다.

거짓말의 이유

아이의 거짓말은 어른의 거짓말과 다르게 인식해야 한다. 거짓말이 습관이 되지 않도록 교육해야 하는 것은 맞지만, 거짓말을 하게 된 상황을 이해하고 아이의 마음을 읽어주는 것이 먼저이다. 무엇보다 아이가 거짓말을 할 수밖에 없는 상황을 만들지 않도록 해야 하며, 거짓말을 했더라도 그럴 수밖에 없는 아이의 마음을 받아주겠다는 부모의 마음이 전해지면, 아이는 부모를 긍정적으로 대하게 된다.

Q 반복되는 거짓말을 잡으려면 어떻게 해야 할까요?

아홉 살 딸이 거짓말을 너무 아무렇지도 않게 반복합니다. 아이가 매일 성장호르몬 주사를 맞고 있어서 살이 찌면 효과가 떨어지기 때문에 먹는 것에 신경을 쓰고 있습니다. 그래서 학교 마치고 학원에 가기 전에 먹을 간식을 아침에 싸주거나 집에 와서 가져가도록 싸놓습니다.

워낙 식탐이 많아서인지, 이렇게 간식을 싸주어도 인스턴트 불량식품이 먹고 싶나 봅니다. 친구에게 돈을 빌려서 불량식품을 사 먹고는 포장을 가방 안에 두었다가 발견되어 혼난 적이 여러 번입니다. 그때마다 처음부터 돈을 빌려서 사 먹었다고 말하지 않고, 친구가 준 것이라고 합니다.

처음에는 믿었는데 사실이 아니더군요. 너무 화가 나서 많이 때렸습니다. 혼이 나면 아이는 죄송하다고 안 그러겠다고 하지만, 같은 일이 몇 번이나 반복되었습니다. 자꾸 아이를 추궁하듯, "너 오늘 친구한테 또 돈 빌려서 사 먹었니?" 하고 묻게 됩니다.

제가 있으면 조금 먹고, 없을 때면 게걸스럽게 먹는 아이를 보면 화가 나다가도 안쓰러워 마음이 아픕니다. 어떻게 도와주어야 할까요?

A 마음을 받아주겠다는 메시지를 보내세요

아이의 반복되는 거짓말로 속상하시죠? 거짓말은 분명히 나쁜 것이지만 어른의 거짓말과 아이의 거짓말은 접근하는 관점을 달리해야 합니다. 판단력이 완전히 발달하지 않은 아이가 거짓말을 하는 것은 발달 과정상 나타나는 것일 수 있습니다. 특히 초등학교 저학년 시기는 논리적 사고력이 완성되지 않은 때이므로 자기를 방어하는 수단으로 거짓말을 하기도 합니다. 즉 엄마, 아빠한테 혼날까 봐 무서워서 순간을 모면하기 위해 거짓말을 하는 것입니다.

우선 아이가 불량식품을 사 먹었더라도 아이가 거짓말을 하지 않고 대답할 수 있는 질문을 해보는 건 어떨까요? 예를 들면 가방에서 과자봉지가 발견되었을 때, "너 오늘 또 불량식품 사 먹었어, 안 사 먹었어?" 하고 추궁하듯이 물어보면 혼날 것이 두려운 아이는 그 순간을 모면하기 위해 아니라고 둘러대게 됩니다.

이렇게 물어보세요. "오늘 학교 끝나고 나서 배가 많이 고팠나 보구나. 가방 속에 과자봉지가 있는 것을 보니 엄마가 그런 생각이 드는걸. 내일은 학교 끝나고 곧장 집으로 와서 엄마가 만든 간식을 먹어볼래?" 엄마가 사실을 이미 알고 있다는 것과 그런 너의 마음을 받아주겠다는 메시지를 담아 이야기를 하면 아이가 굳이 거짓말을 할 필요가 없지요. 당장은 어렵겠지만 의식적으로 이렇게 아이의 마음을 읽어주는 말하기를 연습해야 합니다.

그러면서 동시에 옳고 그름에 대한 도덕적 개념을 정확하게 알려주어야 합니다. 평소에 아이가 어떤 일에 대해 정직하게 사실대로 말했다면 크게 기뻐하며 칭찬을 해주세요. 아이는 자연스럽게 '정직'에 대한 긍정적 행동을 배우게 될 것입니다. 무엇보다 가장 중요한 것은 부모의 모범이겠지요. 가게에서 거스름돈이 더 왔을 때 반드시 돌려준다든지, 아이가 보는 앞에서 타인에게 하는 말과 행동이 다르지 않도록 주의한다든지, 먼저 모범을 보여야 해요.

한 가지 더 말씀드리고 싶은 것은 먹는 것 문제로 자꾸 아이와 부딪친다면 혹시 아이에게 마음의 허기가 있는 것은 아닌지 살펴보세요. 어른도 스트레스를 받으면 먹는 것으로 푸는 경우가 많지 않습니까? 부모의 양육방식이 너무 엄격하다든가, 혹은 처벌 위주의 방식 등이 강한 경우 아이가 거짓말을 하게 되고, 그로 인한 가장 손쉬운 스트레스 해소법이 식탐이 되기 쉽습니다.

아이가 학교에서 돌아올 때, 매일 잠자리에 들기 전, 많이 안아주세요. 어린 시절의 엄마와의 스킨십은 면역력 강화뿐만 아니라 심리적 안정감, 정서적 포만감, 자신감 등 셀 수 없이 많은 긍정적 효과를 가지고 있답니다. 그 순간만큼은 사랑받는다는 느낌이 듬뿍 들도록 어루만져주면서 "너는 소중한 아이야. 엄마는 너를 사랑해. 넌 할 수 있어. 잘 될 거야." 같은 긍정적 메시지도 매일 들려주세요. 아이뿐만 아니라 엄마도 행복해집니다.

진화하는 전자통신
제품과의 전쟁

어린아이부터 수능을 앞둔 청소년까지 지금의 아이들은 컴퓨터, 스마트폰, 태블릿 PC, MP3 등 각종 전자통신 장비에 그대로 노출되어 있다. 심지어 중독현상까지 일어나 부모들의 고민거리가 되고 있다. 21세기를 사는 아이들의 사회적 환경은 부모 세대와는 분명하게 다르므로 사회성 형성을 위해서라도 어느 선까지 허용해야 하는지 갈피를 잡을 수 없다. 만약 허용해야 한다면 어떻게 스스로 통제할 수 있도록 지도할 것인지에 대한 의문이 생긴다.

분명한 것은 각종 전자통신 장비에 빠져 있는 아이들의 경우 일상의 관계와 활동에 몰입하지 못하고 불만족스러운 경험을 더 많이 한다는 것이다. 일상생활에서 스트레스와 좌절을 겪을 때 만족스럽게 해소해가는 과정을 배우기보다는 참고 억누르는 방식만 강요당

하는 상황이다보니 손쉽게 더 많은 자극과 재미를 얻을 수 있는 쪽으로 눈을 돌리게 된 아이들의 현주소를 바로 이해하지 않고서는 적절한 개입 방법을 찾기 어렵다.

우선, 아이가 한때 관심을 기울였던 것들이 무엇이었는지, 무엇이 아이를 한걸음 뒤로 물러서게 만들었는지 알아보고, 아이가 바라고 원하는 것에 대해 귀 기울이는 자세를 통해 아이의 꺼져 있는 흥을 되살리는 것이 필요하다.

엄마보다 좋은 전자기기

전자기기 사용 연령대가 갈수록 낮아지고, 사용 빈도도 증가하고 있는 것이 현실이다. 엄격히 말하면 전자기기 사용 문제에 대해서 어른들도 자유로울 수 없는 상황이다. 부모가 전자기기에 집중하면서 아이들에게 절제를 요구하기란 쉽지 않다. 아이들의 전자기기 사용에 대한 절제를 요구하기 전에 좋은 본보기를 보여주는 것이 필요하다. 더불어 전자기기를 대신할 수 있는 부모와의 놀이, 활동을 통해 가족이 함께하는 정서적 경험이 필요하다. 이 경험을 통해 아이는 부모와 함께하는 시간의 소중함을 몸과 마음으로 느낄수 있게 되는 것이다.

Q 아빠와 아이의 스마트폰 사용을 어떻게 막을 수 있을까요?

다섯 살 남자아이인데 처음에는 아빠와 함께 스마트폰으로 기차 동영상을 보는 걸로 시작했던 것 같아요. 그러다가 아이가 가만히 보고만 있지 않고 이것저것 눌러보며 익숙해지니 이제는 거의 하루에 한 시간씩 스마트폰을 가지고 놉니다. 주로 기차 관련 동영상을 찾아서 보더라고요.

그런데 한 시간이 되었다고 말을 해도 끄려고 하질 않아요. 그리고 스마트폰 사용을 제한하는 엄마, 아빠에게 적개심을 드러내기도 하고요. 심지어 죽여버리고 싶다고도 하네요. 엄마, 아빠가 죽으면 하루 종일 스마트폰을 보고 싶대요. 좀 심한 상태 아닌가요?

사실 남편도 집에서는 스마트폰을 들고 있는 시간이 많아요. 저 역시도 스마트폰을 보는 시간이 좀 됩니다. 아무래도 그 영향이 큰 것 같아요. 이대로 가다간 중독이 될 것 같아 남편도 스마트폰 보는 시간을 줄였으면 좋겠는데, 좋은 방법이 있을까요?

A 그 무엇도 부모와 함께하는 신체놀이를 대신할 수 없어요

부모 스스로 스마트폰이나 컴퓨터에 쏟는 시간을 스스로 줄이거나 다른 활동으로 대치해야 합니다. 컴퓨터야 어떤 일정한 자리에 앉아 켜고 꺼야 하는 번거로움이 있으니 시간 제한하기도 그나마 괜찮은데, 스마트폰같이 들고 다닐 수 있는 휴대용 컴퓨터는 사용을 제한하는 것이 더 어렵습니다. 발달하는 현대 문명이 실은 스스로 제 살 깎아먹기가 되는 것 같아 걱정스럽기 그지없습니다. 휴대용 컴퓨터는 언제 어디서나 사용하기 편리하니 그 위력은 더할 수밖에요.

하지만 남편들에게도 이유가 있지요. 하루 종일 일하고 들어와서

하루 한 시간 정도 쉬면서 조용히 스마트폰 보는 것도 못하냐고 하면, 이 정도는 내가 눈을 감아줘야 하나 말아야 하는 마음이 드니까요.

또 이런 문제로 싸우면 싸울 일이 한도 끝도 없는 것 같죠. 그래서 저는 이런 방법을 쓰곤 합니다. 기계와 놀던 아이들의 불행한 청소년기의 실례와 제가 느끼는 내 아이의 성장 일기, 사건 등을 화장실 앞에 붙여놓는 거예요. 말로 백번 하는 것보다 글이 더 큰 설득력을 발휘합니다. 어머니의 질문과 비슷한 질문의 답변들을 화장실 문에 붙여 놓아 보세요. 그 글을 읽은 남편이 스마트폰을 손에 드는 순간 마음속에 찜찜한 기분이 들도록 말입니다.

중독은 뇌를 변화시킨다고 합니다. 안와전두엽이라고 하는 뇌가 파괴되어 스스로 가치판단을 할 수 없는 지경에 이르는 것입니다. 즉, 부모가 죽는 것과 내가 지금 스마트폰을 하는 것 중 무엇이 더 중요한지 스스로 가치를 판단하는 게 힘들어지는 것입니다.

아이가 엄마, 아빠를 죽여버리고 싶다고 말한 것은 스마트폰을 하면서 느끼는 즐거움을 더 갖고 싶다는 마음의 표현일 겁니다. 그 맘을 헤아리되, 방법을 바꿔보세요.

하루에 한 시간으로 제한하는 방법보다 아예 하지 않도록 지도하는 것이 옳다고 생각합니다. 어른이 담배를 끊을 때도 많이 줄이던 것을 조금씩 소량으로 줄여가는 방법을 선택하는 것보다 아예 피지 않는 쪽의 방법을 선택하는 것이 성공률이 높다고 합니다. 다만, 아이에게 요일의 개념을 알려주고 달력에 같이 토요일, 일요일을 표시하여 이 날짜에 할 수 있다고 약속을 정하세요. 또 말로 "한 시간 하는 거야." 하는 것보다는 아이가 잘 볼 수 있는 시계에 시작하는 곳과 끝나는 곳에 스티커를 각각 다른 색으로 붙이거나 알람 설정을 하여 아이가 스마트폰을 드는 순간 사전에 약속한 구체적인 상황을 눈으로 보여주는 것이 더 효과적입니다.(사실은 아이가 다섯 살로 아직 어리니, 주말에도 하지 않도록 하는 게 좋습니다.)

그러면 평일에 스마트폰을 해왔던 한 시간은 무엇으로 대치하는 것이 좋을까요? 아이가 가장 재밌어 하는 신체놀이를 함께 해주는 것이지요. 다섯 살 아이에게 잡기놀이나 힘겨루기놀이, 괴물놀이만큼 땀 흘리게 하는 즐거운 놀이가 어디 있을까요?

유아기에는 부모가 몸으로 놀아주는 10분이 그 어떤 시간보다 가치 있다고 생각합니다. 책을 읽어주는 것도 산책을 하는 것도 유아기의 아이들에겐 10분 이상의 신체놀이보다 더 강력한 효과를 갖지 못합니다. 게다가 원하든 원하지 않든 강한 스킨십이 이루어져 아이에겐 스마트폰보다 더한 최고의 놀이이자 강력한 부모의 정서 메시지를 경험할 수 있는 계기가 되는 것이지요.

게임의 강력한 마력

컴퓨터게임(인터넷 게임)은 강력한 유혹이다. 어느 정도 하다보면 재미없어지는 것이 아니라 더욱 자극적인 게임으로 업그레이드되고 새로운 게임이 나오기 때문이다. 강력한 유혹으로 무장된 게임 중독으로부터 아이를 지키기 위해서는 부모의 일관성과 단호함이 필요하다. 그러나 일관성과 단호함을 갖기 전에 먼저 아이를 이해하고자 하는 마음이 선행되어야 한다.

Q 게임 중독? 매일 게임을 하고 싶어 해요

인터넷 게임 중독 상담이라니, 왠지 겁부터 나네요. 아이는 게임 직후에도 다시 학습에 몰입하는 건강한 초등학교 5학년입니다. 초등학교 4학년 때 저 몰래 PC방에 몇 번 갔다 들켜서 바로 매를 들었었죠. 다시는 엄마 몰래 가고 싶지는 않고, 친구들과 약속하고 돈을 모아서 가고 싶다고 해서 그러라고 했습니다. 속으론 자주 그러지 않기를 소망하면서요.

집에서는 주말에 세 시간만 게임을 하는 것으로 정했는데, '한자마루'를 공짜로 이용할 수 있게 되면서 그 게임을 매일 하겠다고 조릅니다. 제가 단호하게 안 된다고 하면 받아들이지만 제가 좀 허용하는 것 같으면 점점 더 하고 싶어 하네요. 아이 아빠도 컴퓨터게임을 자주 하는 편이라 아이를 통제하는 게 더욱 쉽지 않아요. 조언 부탁드립니다.

A 무조건 막기보다는 마음을 읽어주는 대화로 시작하세요

아이에게 큰 문제는 없다고 생각됩니다. 일반적인 초등학교 5학년 또래 아이들과 비슷한 상황인 듯합니다. 엄마가 "안 돼." 하면 받아들일 줄 알고, 게임 후에 공부에 몰입하는 모습은 바람직합니다.

그리고 PC방의 경우에도 엄마 몰래 가긴 했지만 그 후에는 허락 받고 가겠다고 하는 모습을 보니 제가 다 대견하네요. 방학기간에

는 아무래도 학기 중보다 여유로우니 게임하는 시간을 조금 더 늘려주는 것도 괜찮습니다. 그만큼 책 읽기나, 방학숙제, 공부 등의 시간도 늘릴 수 있으니까요.

다만, 일방적으로 정하는 것보다 아이와 대화를 통해서 정하는 게 좋습니다. 그리고 아이가 하는 게임을 함께 해보길 권합니다. 아이가 어떤 게임을 하는지 엄마도 알아야 하고 함께하면서 이야기를 하다보면 서로 간의 신뢰가 형성되니까요.

아이와 대화를 할 때는 '아이'를 주어로 하기보다는 '엄마'를 주어로 해보세요. "네가 게임을 너무 많이 하지 않았으면 좋겠다."라는 말보다는 "엄마는 네가 게임을 너무 많이 하는 것을 보면 걱정이 된단다."라는 말이 아이한테 더 긍정적으로 다가가게 됩니다.

엄마가 아이를 믿고 있다는 신뢰를 보여주고, 아이와의 대화를 통해 방학 중 시간표도 짜보고, 아이가 하는 게임이 어떤 게임인지 함께 해보기도 하면 별문제 없이 방학을 잘 보낼 수 있으리라 생각합니다.

가장 정직하고 단순한 해답은
관심과 사랑의 사용설명서

아이가 그리기, 만들기, 퍼즐 맞추기, 책 읽기 같은 놀이에 몰두해 있는 모습을 볼 때 부모는 절로 미소를 짓는다. 내 아이라서 뿌듯하고, 저 아이가 자라서 어떤 사람이 될지 기대된다. 그런데 언젠가부터 아이의 놀이가 컴퓨터, 스마트폰 등의 게임이나 채팅이 되면서 불안과 답답함을 느끼게 되었다.

실제로 아이에게 컴퓨터, 스마트폰 사용을 제재했을 때 터져나왔던 예상 외의 짜증과 날카로운 눈빛, 목소리에 놀라움과 충격을 느꼈던 경험이 있을 것이다. 중독의 위험을 생각하게 되는 순간이다.

처음에는 단순히 시력이 나빠지지 않을까, 공부하는 시간이 줄어들지 않을까 걱정하지만 점차 아이의 인성, 사회성, 장래 문제까지 심각하게 염려된다. 더 늦기 전에 내 아이를 구해내고 싶은데, 인터넷·스마트 미디어의 세계라는 낯선 상황은 부모에게 큰 장애가 되고 있다. 또한 아이들의 발달 과정과 그 단계별 위기와 과업이 이 낯선 상황과 결부되어 예전의 양육지침이나 부모역할로는 다소 어려움이 생길 수밖에 없는 시점이다.

그러나 해답은 멀리 있지 않다. 많은 전문가들이 한목소리로 강조하는 것은 바로 아이에 대한 부모의 관심과 사랑, 소통이다. 너무나 예상되는 답이라 실망스러울지도 모르겠다. 부모들은 그런 뻔한 정답 말고 실제적이고 특별한 답을 원한다. 좀 더 단시간에 해결되거나 적어도 변화의 과정이 쉽게 보이는 것 말이다. 아쉽게도 해결책은 항상 시간과 품을 팔아야만 얻을 수 있다. 특히 사람을 대상으로 하는 일은 더욱 그렇다. 어쨌건 이 정직한 해답에 대해서는 사용설명이 필요하다.

우선 아이가 전자기기, 인터넷 및 스마트 미디어에 빠지는 이유는 무엇일까? 요즘의 전자기기들은 접근성과 관계성에서 큰 매력을 가지고 있다. 또 게임은 그 자체로 재미와 몰입을 이끌어낸다. 자극과 즐거움을 추구하는 우리 인간의 경향에 적합한 도구들이라고 볼 수 있다. 지루할 때 경제적·시간적인 조건에 구애받지 않고 언제든 접할 수 있고, 단계적인 섬세한 사회적 스킬이 없어도 손쉽게 만날 수 있는 대상들이 있다. 현실에서 만족스럽지 못한 자신의 상태를 쉽게 업그레이드하여 자신을 포장할 수 있는 세계이다. 때로는 내가 원하지 않더라도 또래들의 세계에서 소외되지 않기 위해 연결되어 있는 상태를 포기하지 못하기도 한다. 아이들이 이렇게 인터넷·스마트 미디어 세계를 쉽게 벗어날 수 없는 상황에 있음을 이해하고 있어야 한다. 그래야만 이 세계와 병존하면서 자신의 다른 세계를 꾸려나갈 수 있는 균형감을 갖게끔 도울 수 있다.

아이의 일상생활에서 문제가 생기고 있다면 과다 사용, 중독의 측면에서 접근해야 한다. 중독의 원인은 굉장히 다양하다. 그러나 우리가 일상에서 쉽게 접근할 수 있는 설명은 환경적인 요인과 그에 따른 정서적인 면인 것 같다. 아이가 일상생활에서 불행한 것은 아닌지, 외로운 것은 아닌지 생각해볼 필요가 있다. 대개 이러한 문제가 있을 때 가장 손쉽게 빠지게 되는 수단이 전자기기 사용이기 때문이다. 부모로부터 적절한 돌봄을 받지 못하거나 무관심에 방치될 때, 또는 과도한 보호와 기대에 억눌려 있을 때, 일상의 다른 관계에서도 존중받지 못하고 소외당할 때, 그 외 학업부진 등의 원인으로 지속하여 좌절되고 있는 욕구가 있을 때, 그에 따른 스트레스를 적절하게 해소하지 못하고 있는 경우가 많다.

이런 상황에서 가장 우선적인 접근은 가정에서 부모가 아이와의 관계를 통해서 풀어갈 수밖에 없다. 어떤 올바른 조언과 방향 제시도 부정적인 관계 속에서는 힘을 가질 수 없다. 인간이란 먼저 받아봐야만 줄 수 있기 때문에 그동안 아이들이 말하고 싶어 했던 것들, 원했던 것들에 대해 진지하게 들어주어야 한다. 그 과정을 놓쳤다면 지금이라도 아이의 지나가는 말 한마디, 표정, 행동에 대해 관심을 두고 표현해야 한다. 꼬치꼬치 묻는 게 아니라, "오늘 힘들었니?", "네가 걱정이 있는 것 같아 마음이 쓰이네." 등 관심을 표현하고 기다리는 것이다. 지금까지 부모 자신의 말을 더 많이 해왔다면 아이가 쉽게 말문을 열지 않을 것이다. 그렇지만 아이가 진정으로 바라는 것은 부모의 관심과 사랑이기 때문에 관심을 적절히 지속적으로 표현하며 기다린다면 아이는 분명히 부모를 향해 말하기 시작할 것이다. 그때 바쁘다고 귀찮다며 넘겨버리면 안 된다. 짧게 듣고 대수롭지 않은 일이라고 간단히 위로하고 해결책을 제시하면 안 된다. 아이의 입장에서 아이가 느꼈을 기분과 생각을 살펴주는 게 먼저이다. 잘 모르겠다면 아이에게 물어보면 된다. 그다음에 부모 입장에서 느껴지는 것들이나 생각을 말할 수도 있다. 그 과정에서 아이가 부모에게 원하는 것들이나 부모가 아이에게 해줄 수 있는 것들을 서로 나눌 수 있다. 그리고 전자기기 사용에 대해 아이가 스스로 느끼고 있는 어려움은 없는지, 있다면 개선하기 위해 부모가 돕겠다는 메시지를 전한다. 이때 부모도 자신감을 가져야 하는데, 충분히 갖추지 못했다면 전문기관이나 전문가의 도움을 받으면 된다.

사용과 관련된 규칙을 살펴본다면, 대체로 관계가 안정적인 가정이라면, 자녀와 상의하여 규칙을 정하면 된다. 먼저, 인터넷 게임 등을 할 수 있는 시간대나 요일 등을 정한다. 매일 하도록 시간을 정하는 것은 중독의 측면에서 위험하기 때문에 토요일, 일요일 등의 한정된 시간을 정하는 것이 좋다. 식사 시간 동안에는 스마트폰 사용하지 않기, 잠자리에 들기 전 또는 10시 이후 스마트폰 사용하지 않거나 합의된 장소에 놔두기, 어떤 경우 카카오톡이나 카카오스토리 꺼놓기 등도 활용할 만한 규칙이다. 그리고 이미 지나치게 사용하고 있는 경우라면 컴퓨터나 스마트폰 등의 사용을 제한하는 것과 동시에 그 대체물을 줄 수 있어야 한다. 어린아이들의 경우에는 부모가 함께 즐길 수 있는 활동을 해주면 된다. 좀 더 큰 아이들의 경우에는 무조건적인 접촉 차단만으로는 어렵기 때문에 아이와 함께 규칙을 정하고 차단된 시간 동안에는 마찬가지로 다른 대체 활동이 있어야 한다. 함께 쇼핑하기, 함께 운동하기, 함께 여행하기, 함께 영화 보기 등 부모와 함께하는 시간이 최고의 시간이 되도록 노력하는 과정이 필요하다. 이를 통해 부모-자녀 관계 개선까지 이룰 수 있다.

아주 심각한 정도의 중독 상황이라면 부모 자녀 양쪽 다 특화된 인터넷중독 치료 프로그램이나 전문기관의 진단과 치료적 처치를 받으면서 회복의 과정을 거쳐야 할 것이다.

어떤 경우이든 아이의 상황을 가벼이 넘기지 않고 살펴보는 게 필요하다. 내 아이가 지금 생각하고 느끼고 있는 것들을 부모인 내가 당연히 잘 알고 있다고 여길 수 있겠지만, 대개의 경우 잘 모르고 있다. 귀 기울이고 관심을 기울이고 있어야만 아이의 마음을 이해할 수 있게 된다. 그리고 아이가 필요로 할 때 안전하고 든든한 울타리가 되어줄 수 있다. 또한 아이에 대한 관심과 사랑이 제대로 전해지려면 부모인 내가 심리적으로 건강해야 한다. 아이의 방황을 제대로 버텨줄 수 있으려면 체력적으로도 강건함을 유지할 수 있어야 한다. 부모는 정말 기본적으로 자기 자신을 돌보는 데도 소홀하지 않아야 하면서도 자식을 충실히 돌보는 엄청난 일을 해내야 하는 존재이다. 이 전쟁 같은 상황에서 부모 개인에게만 모든 책임을 돌리는 것 같아 버겁기도 하지만, 우선 부모인 내가 할 수 있고 해야만 하는 일에 소홀할 수 없다. 사회의 책임을 물으며 손 놓고 있기에는 내 아이가 너무 빨리 크고 있기 때문이다.

학교,
그 오래된 고민

　초등학교 1학년 입학식! 아이가 드디어 학교에 간다. 학교의 모든 것은 아이에 비해 너무 크다. 지나가는 고학년을 보니 덩치가 어른만 하고 선생님들의 모습과 표정은 어린 시절 학교 선생님의 기억을 떠올리게 한다. 입학식장에는 유치원생 티를 아직 못 벗은 아이들이 새 옷을 입고, 커다란 새 가방을 메고는 나름대로 긴장을 하며 줄을 선다. 교장선생님은 역시나 훌륭한 말씀을 해준다. 이제 담임선생님을 따라 교실로 간다. 담임선생님이 앞장서니 졸졸 따라가는 아이들의 모습이 제각각이다. 그 뒤를 따라 교실까지 가서 책상에 앉는 것을 보고 내일부터 아이가 이 자리에 앉아 선생님을 바라보며 공부할 것을 상상해본다.

　이제 아이는 아침마다 교과서를 챙기고, 방과후에는 숙제를 하고 받아쓰기 연습도 해야 한다. 저기 저 선생님이 우리 아이에게 얼마나 절대적일지는 경험해봐서 안다. 아이가 잘할 수 있을까? 선생님 말씀을 잘 알아들을 수 있을까? 선생님이 우리 아이를 좋아할까? 아이가 잘 못한다고 선생님이 미워하지는 않을까?

아이의 숙제와 준비물을 챙기고 아이를 통해 학교생활을 들어보려고 한다. 혹시나 아이가 모르거나 말하지 않은 무슨 문제가 있을까 싶어 주변의 엄마들과도 연락하여 여러 아이들의 말을 종합해서 학교생활을 재구성한다. 하나둘 선생님을 만나고 온 엄마들이 선생님과 학교생활에 대해서 이야기를 늘어놓는다. '아 그렇구나. 그래서 그날 아이가 시무룩했구나.' '아, ○○가 잘하는 녀석이구나. 이런 것까지 준비해서 갔구나.' 다시 아이에게 학교생활을 확인한다. 아이가 알면서도 이야기 안 한 것도 있고 모르는 것도 있다. 내일 준비해오란 것을 아이는 전혀 다르게 알고 있다. 여기저기 확인해서 정확한 내용을 파악해서 준비시켜 보낸다.

아이의 선생님을 만났다. 듣기 좋은 얘기만 하는 걸 보니 선생님은 아이에 대해 큰 애정이나 관심은 있는 것 같지 않다. 왜? 뭐가 문제일까? 우리 아이는 정말 학교생활을 잘하고 있는 걸까?

담임선생님을 신뢰하나?

대부분의 학교 선생님들은 학부모에게 아이 이야기를 하는 것이 어렵다고 한다. 많은 학부모들이 선생님의 말씀을 신뢰하지 않기 때문이다. 또 대부분의 학부모들은 선생님들이 통제하기 어려운 아이들을 미워한다고 생각한다. 서로 신뢰가 없으니 소통은 불가능하다. 대부분의 부모는 아이의 학교생활을 파악하기 위해 아이 주변을 통한 정보는 많이 모으려고 최대한 애쓰지만, 왜 정작 담임선생님과는 소통하지 않는 것일까?

우리에게는 한 명쯤 불공평한 선생님에 대한 기억이 있다. 선생님 대부분이 그렇다고 생각하는 학부모도 많다. 그리고 선생님에게 미움 받는 아이가 학교생활을 어떻게 했는지를 우리는 모두 기억한다. 이런 상태에서 아이에 대한 부정적인 이야기를 듣게 되면 이 선생님은 바로 아이를 편애하는 선생님이고 우리 아이가 그런 대접을 받고 있다고 생각한다. 특히 한두 자녀를 키우는 상황에서 비교할 대상을 갖지 못한 부모의 입장에서는 집에서 보이는 모습만을 보고 자신의 아이가 학교에서 행동하는 내용에 대해 쉽게 인정하지 못한다.

그것이 절대적인 것은 아니지만 학교에서 여러 아이들과의 비교를 통한 의견은 부모로서 충분히 검토해볼 만하다. 그 원인과 처방에는 여러 의견이 있을 수 있으나 의사가 이상 소견이 있으니 정밀 검사를 해보라고 할 때는 적극적일 필요가 있다. 이를 무시할 경우는 마치 의사가 과잉진료를 한다고 의심하며 무작정 괜찮다고 하는 것과 같다. 정 그렇게 의심이 간다면 다른 병원에라도 가서 다시 한 번 확인해봐야 하지 않을까? 그냥 방치하면 암덩어리를 키울 수도 있으니까 말이다.

현명한 학부모는 현명한 환자와 같다. 자신의 건강 상태와 평소 습관을 제대로 알려서 의사가 정확하게 진단하는 데 도움을 준다.

그리고 치료 후에는 의사의 처방에 따라 제 시간에 약을 먹고 식단을 조절하고 생활습관을 고쳐나간다. 그리고 그 과정에서 발견될 수 있는 여러 가지 상황들을 의사에게 정확히 알려 치료에 참고하도록 한다. 결코 의사도 모르는 이상한 시술에 눈을 돌리지 않는다.

가정과 학교에서 각각 다르게 보여지는 아이의 모습을 교사가 소통을 통해 나누고 좋은 방법을 함께 찾아나가는 지혜가 필요하다.

Q 아이가 선생님을 우습게 생각해요

저희 아이는 또래보다 옳고 그름에 대한 생각이 분명합니다. 그래서인지 선생님의 말씀을 순진하게 받아들이지 않고, 선생님 말씀에 불만을 가져요. 선생님에 대해 "불공평해요.", "재미없어요."하는 말을 자주 하는 편이에요. 친구들과는 원만하게 지내는 것 같은데 주입식이고 통제가 많은 학교수업이나 선생님에 대해서는 나름대로 이유 있는 불만을 쏟아내고 학교생활에 매우 부정적입니다. 그러니 선생님도 아이를 좋아하지 않는 것 같고 아이도 학교생활과 공부에 적극적이지 않아요.

고학년으로 올라갈수록 성적은 떨어지고, 학교에 가기도 싫어합니다. 게다가 요즘은 "선생님이 수업을 잘 못해요.", "교과서도 안 보고 학습지로만 수업해요!" 하며 구체적으로 선생님에 대한 불만을 이야기해요. 홈스쿨링 이야기도 하고요. 점점 학교에 흥미를 잃고 있는 게 눈에 보이는데, 어떻게 하면 좋을지 모르겠습니다. 조언 부탁드려요.

A 학교와 선생님을 긍정적으로 생각하도록 도와주세요

대한민국의 학교교육이 아이 개개의 요구를 충족시키기에는 부족한 면이 많은 게 아직까지의 현실이에요. 학급당 학생 수도 많고, 정해진 진도에 맞춰 주입식으로 수업을 진행하고, 학교문화 또한 지시와 통제가 많습니다.

하지만 학교는 대한민국 국민으로 사회화되는 과정을 배우는 곳으로, 다소 답답하고 합리적이지 않아 보일지라도 앞으로 아이가 살아가야 할 사회이며 익혀야 할 문화 그 자체입니다. 그러므로 부모는 아이가 학교를 긍정적으로 바라보고 이해할 수 있도록 도와주어야 합니다.

대개 아이들은 부모가 학교에 선입견을 가지고 비판적으로 이야기하는 것을 통해 학교에 대한 부정적인 시각을 갖게 됩니다. 예로부터 배움이란 배우는 이가 가르치는 사람의 권위를 인정하고 배우고자 할 때 비로소 이룰 수 있다고 했습니다. 따라서 권위를 상실한 선생님으로부터 아이가 얻을 수 있는 것은 아무것도 없다는 것을 부모는 꼭 알아야 합니다.

물론 선생님이 지나치게 권위적으로 아이들을 대하고, 신체적, 언어적 폭력을 사용하는 경우까지 무조건 이해해야 하는 것은 아닙니다. 이런 경우, 오히려 아이가 사회에 대한 불신을 키울 수 있으므로 어른들이 개입해서 상식적으로 해결될 수 있도록 하여 잘못된 것은 바뀔 수 있는 건강한 사회를 경험하게 꼭 도와주어야 합니다.

우선 아이가 학교에 가기 싫어하는 이유가 무엇인지 차분하게

이야기를 나눠보세요. 선생님과 관계 맺는 것에서 어떤 어려움을 겪고 있는지 충분히 들어주세요. 그리고 나서는 학교와 긍정적인 관계를 맺을 수 있는 방법을 찾아보아야겠지요.

선생님께는 아이가 겪는 어려움을 전하여 선생님이 아이를 이해할 수 있도록 도와주세요. 가능하다면 아이가 선생님의 어떤 부분을 불합리하다고 생각하는지도 알려주되 오해가 없도록 설명을 하고, 아이의 성격과 현재 부모가 걱정하고 있는 부분도 정확히 알릴 수 있으면 좋겠습니다.

부모가 먼저 선생님을 이해하려는 노력도 필요합니다. 실제 대부분의 선생님들은 교실 환경 속에서 아이가 섭섭해할 수 있는 부분을 알고는 있지만 어찌할 수 없었을 것입니다. 그래서 부모의 역할이 더욱더 중요한데, 선생님을 비난하는 입장이 아니라 아이의 감정을 전하고 이해해주기를 바라는 보호자로서 다가간다면 결코 만남의 자리를 외면하지 않을 겁니다. 오히려 교사와 학부모가 교육적으로 의미 있는 대화를 나눌 수 있는 기회가 될 것입니다.

그리고 부모는 자신의 입장에서는 당황스럽고 안타까운 상황이 생기더라도 담대해질 필요가 있습니다. 어떤 부모들은 학교의 거친 환경을 너무나 안타까워합니다. 하지만 넓은 세상으로 나갈 준비를 하는 아이에게 필요한 것은 바뀌지 않는 환경 탓을 하거나 불만을 늘어놓는 것이 아닙니다. 격려와 긍정의 메시지가 필요합니다.

아이의 학교생활에서 친구뿐만 아니라 선생님과 관계 맺기도 매우 중요합니다. 아이가 선생님과 긍정적인 관계 맺기에 성공한다면 문제 있는 관계를 풀어가는 경험을 할 수 있는 좋은 기회가 될 것입니다.

선생님과 겪는 갈등

우리는 아이의 보호자로서의 역할을 얼마나 하고 있는지, 과연 무엇이 보호자로서 어른으로서 해야 할 일인지를 생각해보아야 한다. 아이들끼리의 문제라 하더라도 아이들끼리만 해결해야 한다고는 할 수 없다. 인간이 동물과 다르게 질서를 가지고 문명을 이룩해온 것은, 약육강식의 정글의 환경을 의미 있는 협력과 상생의 환경으로 만든 것은 교육으로 이러한 사회질서를 가르쳤기 때문이다.

이러한 어른의 역할이 제대로 전달되지 않았을 경우 나타나는 것이 자연스럽게 발생하는 학교 폭력일 수 있다. 하지만 이는 학교뿐만 아니라 인간 사회 어디에서나 일어날 수 있는 갈등이고 이러한 힘의 불균형은 법을 통해 통제되도록 되어 있다.

학교에서 교사는 학생들에게 이러한 법을 가르쳐서 준법시민을 만들어 사회로 내보내야 하는 역할이 있다. 학교에서 교사를 통해 법은 약한 사람을 지켜주고, 법을 지킨다는 것이 모두를 위해 필요한 것이라는 신뢰가 심어질 때 앞으로 이 아이들이 자라서도 사회질서가 유지되고 발전할 수 있다.

그런데 만약 아이가 이러한 준법의식을 습득하지 못하고 있다면 그 이유는 여러 각도에서 검토해보아야 할 것이다. 아이의 발달 수준에 맞는 훈련내용이 있어야 할 것이고 이에 대한 학부모들의 이해와 협조가 있어야 할 것이다. 교사의 교육적 의도가 학부모의 실제 상황에 대한 피드백을 통해 교육적으로 해석되어 보완될 수 있어야 한다.

교사와 학생의 관계, 교사와 학부모의 관계는 목적에 의해 만들어진 관계이다. 그 목적을 잊어버리고 감정적인 문제로 해석하고 이에 따라 행동할 때 학교는 그 역할을 제대로 할 수 없다. 이런 학교를 통해 우리 아이들은 제대로 된 교육을 받을 수 없다.

Q 선생님이 아이를 미워하면 어떻게 해야 하나요?

아들이 내년에 초등학교 1학년에 들어가요. 여느 남자아이처럼 활동적이고 쾌활하며 장난기 많은 아이예요. 그런데 얼마 전에 아들과 비슷한 성격의 아이가 초등학교에 들어가 선생님과 겪은 갈등 이야기를 들었어요. 그 이야기를 듣고 나니 마치 우리 아이가 겪을 일 같아서 너무 걱정이 되네요. 이야기의 내용은 이렇습니다.

그 아이는 이제 막 교대를 졸업하여 열정이 넘치는 젊은 선생님이 담임선생님이 되어 1학년 생활을 무척이나 기대했습니다. 선생님이 너무 좋아 몰래 보고 오기도 했답니다. 그런데 언제부턴가 선생님이 발표를 안 시켜준다고 실망한 모습을 보였대요. 엄마는 30명이나 되는 아이들이 골고루 발표하려면 한참을 기다려야 된다고 위로했지요.

그런데 장난이 심한 아이가 선생님께는 늘 걸림돌이었는지 지적받고 혼나는 일이 종종 있더니 어느새 매일 혼나는 아이가 되었습니다. 쉬는 시간에 뛰는 것이 문제였어요. 하루는 선생님이 아이의 칭찬카드를 친구들 앞에서 찢어버려서 아이가 큰 상처를 받고 집으로 왔습니다. 아이의 엄마는 아이가 선생님을 너무 힘들게 하니까 그러셨구나 했답니다.

아이가 벌로 독후 감상 그림을 그리는 숙제를 받아온 적도 있었대요. 엄마는 다섯 권이나 되는 두꺼운 책을 무겁게 들고 온 아이를 보니 속상했지만 그래도 혼나는 것보다 낫다고 생각하며 하기 싫다는 아이를 달래어 책을 읽고 그림을 그려서 숙제를 마쳤습니다. 그런데 숙제를 가져간 날, 아이가 볼멘 목소리로 전화를 해서 하는 말이 선생님이 "찢어버리고 싶은데 내가 참는다." 했답니다. 엄마는 선생님에게 전화를 했고, 선생님이 말하는 이유는 글밥이 너무 적고 성의가 없다는 것이었습니다. 칭찬카드를 찢긴 다른 아이는 이제 말을 잘 듣는데 그 아이만 바뀌지 않으니 너무 힘들다고 했대요. 그래서 아이를 포기하겠다고요. 아이의 엄마가 그렇게 힘들면 전학을 가겠다고 했더니 고쳐서 가지 않으면 어디에 가도 똑같을 거라고 했다는군요.

교사가 처음 학교생활을 시작하는 초등학교 1학년 아이에게 이래도 되는 건가요? 정말 이런 선생님이 있기는 하나요? 저는 그 아이가 정말 큰 잘못을 한 것 같지는 않아요. 하지만 그 선생님의 태도는 교사의 자질이 의심될 정도라고 생각돼요. 만약 우리 아이가 그런 상황에 놓이게 되면 저는 어떻게 해야 할까요? 마치 제게 닥친 일 같아서 걱정이 한 아름입니다.

A 엄마가 아이의 진심을 전해주세요

아이가 학교에 들어가기 전에 들려오는 여러 가지 이야기들이 학부모들을 불안으로 몰아넣지요. 하지만 우선 이런 상황은 그리 많지 않다고 말씀드리고 싶네요. 그러니 이런 이야기 때문에 부정적인 선입견을 갖고 선생님을 대하지 않기를 꼭 당부드립니다.

하지만 만약 이런 상황에 처해진다면 어떻게 해야 할까요? 이럴 때 어떻게 대처해야 할지 모르기 때문에 두려움도 더 커지고 또 이런 이야기들이 돌고 도는 것 같습니다.

우선 쉬는 시간에 아이들을 자유롭게 움직이지 못하게 하는 것, 칭찬카드를 아이들 앞에서 찢는 것, 아이를 포기하겠다고 말한 것 모두 교사로서는 할 수 없는 언행입니다. 사례 속 선생님은 잘못을 하고 있는 것은 분명하지만, 전화 통화로 서로의 생각을 전하다보니, 선생님도 본의 아니게 격한 표현을 사용한 것 같습니다. 선생님의 경험 없는 열정이 때로는 아이의 마음까지 헤아리지 못할 수 있고 또 내 아이만을 바라보는 부모의 사랑이 선생님에겐 힘겨울 수 있습니다.

선생님은 아이들의 단체생활을 이끌어야 하기 때문에 나름대로의 규칙을 정해놓는데, 부모 입장에서는 그 규칙이 내 아이에게는 가혹하다 느낄 수 있습니다. 누가 잘했다, 못했다는 식으로 이야기하다보면 감정 대립이 일어날 수밖에 없습니다. 내 마음 같지 않은 교사의 태도가 당장은 섭섭하더라도 일단 찾아가서 아이가 느끼는 감정, 아이가 속상해했던 진심을 전하는 것이 중요합니다. 아이가 무엇 때문에 힘들어 하고 있는지 정확하게 전달하되, 선생님의 잘못을 지적하는 것이 아니라 부모가 어떻게 도움을 줄 수 있는지 선생님께 자문을 구하는 방법으로 접근해야 합니다. 그러면 선생님도 감정적으로 아이를 지적하기보다는 이성적으로 문제를 해결하기 위해 무엇이 필요한지 생각해볼 것입니다.

선생님의 잘못을 가리는 것보다 아이가 힘들어 하는 상황을 도와주는 것이 먼저예요. 아이가 쓴 편지를 가져가면 더욱 아이의 진심을 전할 수 있겠지요. '선생님, 저도 잘하고 싶은데 그게 힘들어요. 선생님한테 칭찬받고 싶은데 어떻게 해야 하는지 잘 모르겠어요. 선생님과 친해지고 싶어요.'라고 쓴 아이의 편지를 읽고, 마음을 움직이지 않을 선생님은 없습니다. 이렇게 조금 방법을 바꿔보면 아이와 선생님 관계는 좋아질 거라고 생각합니다.

만약 이렇게 오해를 풀기 위해 충분히 노력했음에도 불구하고 선생님이 바뀌지 않는다면 관리자와 이야기해야 되겠죠. 흔한 일은 아니지만 충분히 있을 수 있는 일입니다. 그리고 해결할 수 있는 일이고요. 지레짐작과 소문, 학교에 대한 막연한 불신과 보호자 역할에 대한 자신감 부족이 괴담 수준의 이런 이야기를 키우고 있는 것은 아닐까요? 아이보다 먼저 부모가 학교에 긍정적인 기대를 할 수 있어야 아이도 즐겁게 학교생활을 시작할 수 있을 거예요.

아이들은 학교에서 부모가 전해줄 수 없는 지식을 배우고 경험을 쌓습니다. 그 과정에서 어려움을 겪을 수 있지만, 하나하나 극복해 나가면서 성장할 것이고 그렇게 부모의 품을 떠나 세상을 향해 자라나갈 것입니다. 아이가 즐겁게 학교생활을 시작할 수 있도록 격려해주세요.

공동체에서 긍정적인 위치 찾기

주어진 환경에 각각의 개성을 맞추는 작업은 결코 쉽지 않은 일이다. 특히, 자신의 개성이 존중받지 못하는 경우에 아이는 매우 힘들어 한다. 활달한 아이에게 신중함을 강요하거나 유약한 아이에게 경쟁을 부추기는 경우라면 집단적인 프로그램이 더욱더 힘들 수 있다.

하지만 학교라는 시스템 속에서 아이들은 대체로 각각의 방식으로 시스템을 이해하고 참여하며 나름의 즐거움도 찾는다. 학교는 어떠한 환경과 어떠한 취향이 만나도 나름의 이해로 적응할 수 있는 방법을 찾아나갈 수 있도록 훈련하는 좋은 환경이다. 부모는 무엇을 어떻게 도와줄 수 있을까? 역시 스스로의 방법을 찾을 수 있도록 아이의 어려움을 헤아려주고 뒤에서 지켜보며 격려하고 기다려주는 것이다.

Q 초등학교 6학년 남자아이, 수학여행이 가기 싫대요

학교에서 세 개 학급 정도만 수학여행을 가는 프로그램이 있었는데, 아이가 가기 싫다고 하여 보내지 않았어요. 전 학년이 가는 것도 아니고, 강제사항도 아니라는 담임선생님의 말씀에 저도 대수롭지 않게 생각했지요. 그런데 어제는 현장체험학습 신청서를 갖고 왔는데, 또 안 가겠다고 하는 거예요. 몇 명이나 안 가는지 물으니

우리 아이와 아이의 단짝 친구, 이렇게 둘만 가지 않는 거였어요. 이번에도 왜 가기 싫은지 물으니 여러 번 갔던 경주여서 가기 싫고 같이 다닐 친구도 없다며 볼멘소리로 말하더군요. 다른 아이들은 다 참석하는 행사에 너만 가기 싫다고 하니 엄마는 당황스럽고 특별한 사유 없이 혼자만 안 가는 것도 마음에 걸린다고 했어요. 그랬더니 아이는 그게 왜 이상하냐며 오히려 엄마가 이상하다네요.

사춘기가 시작되고 있어서 본인 의사가 점점 뚜렷해지니 매일매일이 지옥입니다. 뭐 하나 그냥 지나가는 게 없어요. 속으로 한숨을 쉬며 알았다고 네 의견을 존중하겠다고 말을 해놓고도 "몇 사람 되지 않는 학교에서 너 혼자 뭐 할래.", "다른 체험학습을 알아보겠다." 하며 아이를 윽박질렀어요. 나름 몇 년간 부모교육을 받으며 노력하고 있지만 매번 새로운 문제가 벌어져 버겁습니다.

6학년이 되면서 운동기능이 취약한 아이에게는 늘 열등감과 우울감이 보였고 그걸 지켜보는 저도 편하지가 않아요. 어쩜 소신이 뚜렷하다는 건 건강한 증거는 생각도 들지만 우리 아이가 정말 문제가 있는 건 아닌가 하는 불안감이 남는 건 어쩔 수가 없네요. 담임선생님은 특별한 일이 아님 같이 가자고 했다는데 아이는 정말 싫다고 합니다. 아이의 의견을 존중해야겠지요? 그럼 2박3일이란 시간을 어떻게 보내는 것이 지혜로울까요? 다들 이렇게 크는 건가요. 아이는 사춘기, 엄마는 성장기, 힘이 듭니다.

A 마음에 맞는 친구를 사귈 충분한 기회를 갖도록 도와주세요

학교의 단체활동에 참가하지 않으려고 하는 아이의 속마음이 도대체 무엇인지 고민되리라 여겨집니다. 제가 지켜보았던 비슷한 아이의 경우를 말씀드려볼까 합니다. 중학교 1학년 학생들을 데리고 몇 해 전 수학여행을 갔었는데 평소 소극적이고 얌전하여 눈에 띄지 않던 한 여학생이 밤에 집으로 전화를 해서 한밤중에 부모님이 데리러 온 적이 있었어요. 이유는 함께 지낼 친구도 없고 서먹한 분위기 속에서 여러 명과 한 방을 쓰며 자는 것이 불편하다는 것이었지요. 결국 그 학생은 부모님을 따라 집으로 돌아갔습니다. 그런데 올해 3학년이 된 그 학생의 담임을 다시 맡게 되었습니다. 그 아이가 지금은 어떻게 지낼까요? 수학여행 못 가서 난리입니다. 그때와 달리 지금은 마음에 맞는 친구들을 사귀었기 때문이죠. 물론 공부도 열심히 하고 아주 잘 지낸답니다.

수학여행에 불참하는 이유는 사실 거의 대부분이 친구문제입니다. 마음에 맞는 친구가 없다고 생각해보세요. 2박3일 동안 혼자 밥 먹고, 혼자 차 타고, 다른 아이들은 방에서 끼리끼리 놀 때 혼자 멍하니 있다 와야 하니 거의 지옥이나 다름없겠죠.

수학여행에 안 가겠다고 하는 아이의 소극적인 태도를 나무라기 전에 아이의 스트레스, 외로움을 헤아려주세요. 그리고 충분히 그 마음을 읽어주고 보듬어주세요. 부모한테 충분히 위로받는다는 믿음이 쌓이면 아이에게 자신감이 생깁니다. 그 자신감을 바탕으로 친구를 사귈 의욕을 갖게 될 테고요.

그리고 지금부터라도 아이가 마음을 나누는 친구를 사귈 기회를 충분히 가질 수 있도록 도와주세요. 무엇보다 친구를 사귈 수 있는 힘은 부모님한테 충분히 정서적으로 지지받고 공감받는 믿음에서 부터 출발한다는 점을 기억하세요.

교실에서의 괴롭힘

아이는 다양한 사람들과의 관계를 배우면서 어쩌면 자기보다 힘 센 누구와 한 번쯤은 만나 스스로 헤쳐나가야 한다. 하지만 이런 상황을 어떻게 겪어내느냐 하는 경험 하나하나가 앞으로 세상을 살아가는 데 많은 영향을 주게 되기 때문에 이 과정을 통해 아이는 반드시 배워야 할 것이 있다.

첫째, 폭력은 정의롭지 않다는 것이다. 어떤 이유에서건 폭력으로 공포를 유발한다는 것은 누군가에게 큰 고통을 주므로 이는 결코 옳지 않다는 것을 아이는 폭력의 경험을 통해 올바로 정리할 수 있어야 한다. 둘째, 폭력은 사회적으로도 결코 용인될 수 없다는 것이다. 부모님과 선생님, 주변 친구들도 평화롭고 사이좋게 지내는 것이 옳다고 하고 사회적으로 인정받기 위해 기대되는 모습은 폭력적이지 않고 모범적인 학생의 모습이라는 것을 인정할 수 있어야 한다. 교실에서는 선생님께서 평화와 질서를 유지시키고 더 나아가 법과 질서는 모두를 위해 반드시 지켜져야 한다는 사회적 합의에 대해서도 배울 수 있어야 한다.

그러기 위해서는 선생님이 모를 수 있는 교실의 상황을 잘 알리는 것이 중요하다. 알려보았자 소용없다는 절망감은 오히려 더 많은 사건을 야기한다. 부모로서 선생님과 다양한 방법으로 보다 적극적인 소통을 해야 하고 불의는 바로잡을 수 있다는 사회에 대한 신뢰를 아이들에게 가르치기 위해 선생님의 역할을 적극적으로 요구해야 한다.

Q 반 친구가 괴롭혀서 힘들어 하며 눈물 흘리네요

초등학교 3학년인 아들이 요 며칠 욕하고 놀리고 툭툭 건드리는 친구 때문에 속상하다고 합니다. 그것 때문에 속상해서 할 일도 못하고 있어요. 아이는 합기도 운동을 하고 있기 때문에 싸워서 이길 자신은 있지만, 선생님께 혼날까 봐 받아치지도 못하겠다네요. 눈물을 흘리며 말하는 아이를 보며 어찌 도움을 줘야 하는 건지 정말 난감했습니다. 담임선생님에게 상담을 요청했는데 이 문제를 어떻게 말씀드려서 도움을 받을 수 있을까요?

A 아이의 마음을 충분히 알아주고 괴롭히는 친구도 챙겨보세요

아이가 학교에서 친구와 겪는 문제에 바로 개입해서 뭔가를 하려고 하니 걸리는 게 한두 가지가 아니라 정말 난감하지요.

우선 아이 마음을 잘 들어주는 게 먼저입니다. 객관적인 사실을 알아내려고 캐묻는 것보다는 아이 마음과 기분을 알아주는 말을 더 많이 해주세요. 엄마 감정이 안 좋은 상태에서 사실을 묻다보면 이상하게도 아이를 다그치는 듯한 분위기가 되고 아이 입장에서는 엄마한테 혼나는 것으로 받아들일 수도 있어요. 그러니 "정말 화나고

속상하겠다. 너도 욕하고 때릴 수 있는데, 친구끼리는 사이좋게 지내야 한다고 생각하기 때문에 참은 건데, 그것도 모르고 덤비고 말이야." 하면서 편을 들어주세요.

마음을 알아주고 들어주는 걸 충분히 해주고 나서, 그다음에 아이에게 엄마가 무엇을 도와주면 좋을지 물어보세요. 아이의 마음을 충분히 들어주면 의외로 술술 이야기를 잘합니다. 혹시 이야기를 선뜻 하지 못할 땐, 예를 좀 들어주는 것도 좋아요. "네가 할 수 있는 건 이런 게 있고, 엄마가 할 수 있는 것 중엔 이런 게 있어. 또 그 외에도 몇 가지 더 좋은 방법이 있을 수 있고. 그럼 이중에서 어떤 게 좋을까?" 그리고 어떤 방법을 택했을 때 그다음에 벌어질 수 있는 예상 상황에 대해서도 아이와 이야기를 나눠보세요.

아이와 구체적인 상황에 대응하는 방법도 하나하나 함께 생각해보세요. 친구가 이유 없이 집적거리거나 욕할 때 분명한 목소리로 "그러지 마!" 하고 싫다는 의사표현을 해야 한다고, 그래야 그 아이도 네가 싫어한다는 걸 안다고 말이에요. 물론 그렇게 해도 그 아이가 똑같이 행동할 수는 있지만, 분명하게 느낌을 전달하는 게 중요하다고 생각해요. 몇 번 그 행동을 반복했는데도 개선이 안 된다면 담임선생님께 말할 수밖에 없다고 경고를 할 수도 있어요. 어쨌든 때로는 담임선생님이나 다른 아이들도 다 알게 되어야 문제가 해결되기 쉽다고 덧붙여주세요. 그리고 아이에게 네가 너무 힘들다면 엄마가 언제든 바로 뛰어가서 도와줄 거라고 분명하게 이야기해주세요. 실제로 그 아이랑 함께 듣는 방과후 수업을 마치는 시간에 복도 앞에서 기다리고 있다가 그 아이에게

"나는 ○○ 엄마야. ○○한테 네 얘기 많이 들었어. 친구로 잘 지냈으면 좋겠다." 하면서 아이를 괴롭히는 친구에게도 관심을 가져보세요. 기회가 될 때마다 "아줌마 기억 안 나니? ○○ 엄마야. 잘 지내고 있니?" 이렇게 개인적인 관심을 가져주면 좋겠어요.

상황이나 경우가 조금씩 다르겠지만 가장 중요한 건 아이 마음을 충분히 알아주고, 이 상황에서 무엇을 원하는지 제대로 들어주는 것입니다.

Q 친구관계가 원만하지 않은 아이, 전학 가서 잘할 수 있을까요?

초등학교 6학년인 딸이 있는데 발표하기 좋아하고 지기 싫어합니다. 숙제 안 하고 놀면 불안해하는 그런 아이입니다. 어려서부터 습관이 그렇게 들었어요. 요즘은 컴퓨터 프로젝트 수업 준비 때문에 블로그를 만들었는데, 거기에 들어가는 것을 즐거워합니다.

그런데 학교 친구들이 딸을 별로 좋아하지 않나 봐요. 발표도 많이 하고 선생님 심부름 많이 하는 것을 시기하여 딸에게 "재수 없어."라고 한다는 거예요. 아이의 단짝 친구들은 네 명이고, 자기들끼리는 잘 지내지만 반에서는 비주류 아이들이래요.

2학기에 이사 계획이 있는데, 그곳 학교 아이들과 잘 지낼 수 있을지 걱정입니다. 우리 아이에게 어떻게 조언해주어야 할까요?

A 아이의 학교생활, 스스로 해결할 수 있도록 지켜보세요

친구관계에서 일어나는 문제는 부모의 문제라기보다는 아이의

문제라고 할 수 있습니다. 이럴 경우 직접적으로 문제에 개입하거나 지시하기보다는 아이가 스스로 해결할 수 있도록 지지하는 것이 더 효과적일 수 있습니다. 친구들과 계속 관계를 맺으면서 지내야 하는 당사자가 바로 아이이기 때문입니다. 아이는 아마 그러한 상황에서 고려해야 할 것들을 가장 잘 알고 있을 것입니다. 그러므로 가장 현실적인 대안을 생각해낼 가능성도 높죠.

아이가 친구들과 겪는 문제가 신체적 위협이나 학교생활을 지속하는 데 지장을 주지 않는 정도라면 먼저 아이가 스스로 해결할 수 있도록 해주세요. 스스로 방법을 고민하고 시도해보는 것입니다. 부모의 역할은 그런 과정 속에서 힘들어하는 아이의 이야기를 잘 들어주고 지지해주는 것입니다. 아이들은 생각보다 자신의 문제를 스스로 해결할 수 있는 힘이 있습니다. 단지 그 과정에서 발생하는 어려움을 공감해주고 격려해주면서 여러 감정들을 털 수 있도록 도와주면 좋겠습니다. 그리고 이후에 아이가 도움을 요청할 경우 함께 방법을 생각해도 늦지 않을 것입니다.

학교에서 발표를 많이 하고 선생님 심부름을 많이 하는 것 때문에 아이들에게 부정적으로 평가받고 있다는 것이 아이 본인의 이야기라면 사실 확인이 필요할 것도 같습니다. 얼마나 많은 아이들이 또는 누가 그렇게 말했냐는 것이죠. 실제 특정 몇몇 친구의 말일 수도 있고 아이가 중요하다고 생각하는 특정 친구들의 말일 수도 있습니다. 이 시기의 아이들에게 또래의 평가는 중요한 것이긴 해요. 그러나 사람이 모든 사람에게 좋은 평가를 받을 수가 없다는 것을 감안할 때 친구 중 누군가는 우리 아이를 좋아하지 않을 수도 있는 게 자연스러운 일입니다. 현재 아이에게 네 명의 친구가 있다고 하니 그 친구들과 질적으로 좋은 관계를 맺고 있다면 친구관계에 큰 문제는 없어 보여요.

다른 한편으로 발표와 선생님 심부름 같은 태도가 정말 문제가 되는지 알아보는 것도 도움이 되겠습니다. 아이의 행동이 과하지 않다면 다른 친구들의 부러움에서 비롯된 것일 수 있고, 만약 과하다면 아이가 그걸 통해 무엇을 얻고 싶어 하는지 이야기를 나누어 보세요. 만약 아이가 주변으로부터 인정받고자 하는 욕구가 강하다면 그 욕구를 집에서 부모님이 충족시켜주세요. 그러면 학교에서 그것을 충족하려고 과도한 행동을 하지 않게 될 것입니다.

학교 적응훈련

아무리 다양성을 추구한다고 해도 모두에게 만족하는 시스템을 만들 수는 없다. 개인적인 차이와 요구를 반영하는 한편 적응해야 한다. 어쩌면 학교는 적응훈련을 위한 곳이라고도 할 수 있다. 힘든 일을 겪을 때 스스로를 격려할 수 있어야 하고, 어려운 일을 당할 때 도와줄 사람을 찾아야 하고, 억울한 일이 있을 때는 자신의 의견을 제대로 전달할 수 있어야 한다. 이런 상황을 학교에서 연습할 수 있다.

이것은 불합리한 시스템을 개선해야 하는 것과는 별개이다. 그 순간은 스스로 겪어내야 하는 일이다. 우리 아이는 결코 이런 힘든 상황에서 살지 않을 것이기 때문에 왜 힘들고 싫어하는 일을 해야 할지 모르겠다고 장담할지도 모른다. 그러나 그것은 현실이 아니다. 아이가 만나게 되는 어려움을 슬기롭게 해결하고 스스로의 미래에 대한 희망을 키울 수 있도록 아이를 격려하며 곁에서 도와주어야 한다.

그리고 무엇보다도 아이가 스스로의 방식으로 힘든 일을 헤쳐나갈 수 있다는 믿음이 있어야 한다. 부모의 기준과 방법을 강요하며 적응훈련을 방해하지 않도록 학교생활 속에서 아이의 특성을 잘 아시는 선생님과도 긴밀히 협조가 필요하다. 또 필요할 경우 전문가들의 도움도 적극적으로 받아 아이가 힘든 부분을 보완해주고 건강하게 자라도록 도와줘야 한다.

Q 학교 가기 싫어하는 아이, 어떻게 설득해야 할까요?

저는 직장에 다니고 있고 6시에 땡 퇴근을 해도 집에 가면 거의 7시가 넘습니다. 가끔은 야근도 하고요. 아이는 친정엄마가 가까이 계셔서 돌봐주시긴 하는데 학교수업이 끝나면 방과후 수업 후 하나하고 돌봄교실에 있다가 피아노학원에 갑니다. 그리고 할머니 집에서 제가 올 때까지 있습니다.

어제는 퇴근하고 친정집에 갔는데 아이가 귓속말로 "엄마, 학교 가기 싫어." 하는 겁니다. 가슴이 철렁해서 "왜 학교 가기 싫어?" 하고 물었더니 "엄마가 보고 싶어서. 엄마가 너무 보고 싶어서 자꾸 눈물이 나." 하면서 울먹이는 거예요.

참고로 딸아이는 성격이 굉장히 온순하고 내성적입니다. 원래 기질이 그런지 누가 눈치를 주거나 제가 크게 혼내지도 않는데 그러네요. 겁도 많고 걱정도 많습니다. 모르는 애들하고는 처음부터 잘 어울리지 못하고 좀 친해지면 잘 노는데 먼저 다가가지는 못합니다. 그래서 학교를 잘 다닐까 걱정했었는데 처음 두 달 정도는 잘 다니는 것 같았어요. 그런데 언제부턴가 토요일, 일요일이 빨리 왔음 좋겠다고 하더니 어제는 급기야 울음을 터뜨리면서 학교에 가기 싫다고 그러네요. 그리고 학교에서 엄마가 보고 싶으면 어떡하냐고 자꾸 묻고요.

오늘은 교실까지 데려다주고 차를 타고 오는데, 전화해서 엄마 다시 오면 안 되냐고 그러는 거예요. 친정엄마께 가보시라고 했더니 친정엄마 손을 꽉 잡고 가지 말라고 했다네요.

유치원보다 엄격한 학교생활과 선생님에 아직 정을 붙이지 못하는 것은 이해하지만 다른 아이들은 아무 문제없이 학교생활을 하고 있는데 우리 아이만 유독 적응을 못하는 것 같아서 속상해요.

저도 교육관이 '아이를 존중해주는 엄마, 아이의 행복을 최우선으로 하는 엄마가 되자.'인데 내성적이고 소심한 아이를 보면 자꾸 다른 아이랑 비교되고 우리 아이만 아무것도 잘하는 게 없다고 생각되기까지 하네요. 정말 도움이 절실히 필요합니다.

Ⓐ 학교는 믿을 만한 곳이에요

온순하고 내성적이고, 겁도 많고, 걱정도 많은 아이에게 너무나 다양한 아이들이 모여 있는 학교란 곳이 얼마나 힘들었을까요? 무서운 선생님, 목소리가 큰 아이들, 책상에 앉아서 수업 듣기, 화장실

가기, 급식 먹기, 체육시간 달리기, 친구 사귀기, 못살게 구는 아이들, 놀이에 안 끼워주는 아이들 등 학교에는 정말 여러 가지 싫어할 만한 것들이 많습니다.

우선 아이 말을 잘 들어주고 담임선생님께 도움을 청하기 바랍니다. 우리 아이만 잘 봐달라는 것이 아니라, 담임선생님은 많은 아이들 속에서 그냥 말이 없고 얌전한 아이인 줄로만 아실지 모르니까요. 엄마가 보는 아이의 특성과 요즘의 마음 상태를 잘 설명해주세요. 선생님들은 많은 아이들을 접했기 때문에 도와줄 여러 가지 방법을 알고 계세요. 정말 진심으로 선생님을 전문가로 믿고 상의하면 대부분의 선생님들은 함께 고민해줍니다.

저는 아이를 키울 때, 학년 초마다 선생님을 찾아뵙고 아이들의 특성을 전했어요. 키가 작지만 욕심이 많다든가 나서기를 좋아하지만 한글을 잘 읽지 못한다는 등의 내용이었죠. 어떤 상황이 있을 때마다 우선 선생님과 상의했습니다. 물론 단 한 번도 촌지를 드려본 적은 없었고요. 그중에는 엄마들 사이에서 소문이 흉흉한 선생님, 성격적으로 어려운 선생님도 있었지만 믿을 사람이 선생님밖에 없어 도움을 청하니 나 몰라라 하는 선생님은 단 한 분도 없었어요. 정말 지금 상태에서 믿을 사람은 선생님뿐이에요. 선생님 없이 해결하려는 것은 마치 아이를 병원에 데려다놓고 의사의 말을 듣지 않는 것과 같아요.

또 하나는 의지할 친구가 없어서일 수도 있으니 주말에 친한 친구를 초대해서 함께 놀게 해주세요. 함께 체험학습을 하고, 엄마들끼리 즐겁게 어울리는 모습도 좋고요. 단, 너무 의도적으로 보이지 않게 주의하세요. 한 친구에게만 너무 의지하게 해서 또 다른 문제가 생기지 않도록 말이죠. 뭐 이렇게 선생님, 친구, 친구 엄마 등이 모두 힘을 모아 도와주면 아이는 대부분 언제 그랬냐는듯이 적응하더라고요. 오히려 어른이 적응이 안 될 정도로 빨리 말이죠.

하지만 정말 많이 심각하게 힘들어 한다면 상담치료를 받을 수도 있습니다. 부모가 생각 못한 여러 요인이 있을 수도 있고 전문가의 도움이 필요할 수도 있으니까요. 우리가 병을 스스로 고치는 데 한계가 있어서 병원을 찾듯이 아이를 키우는 일에 있어서도 부모는 겸손한 마음으로 전문가의 도움을 받을 수 있습니다. 이런 조치들을 해주는 일이 힘든 아이를 돕는 일이라면 부모로서 당연히 해야 할 일이겠죠.

옛 어른들은 '자식 키우는 사람은 겸손해야 한다.'고 말씀하곤 했어요. 주변의 많은 도움을 받아 아이의 어려움을 도와주는 현명한 부모가 되길 바랍니다.

공감이란 두 글자를 우습게
생각하는 동안

학부모 교육 전성시대라고나 할까요! 여기저기에서 경쟁적으로 학부모 교육을 하고 있습니다. 학부모 마음이 곧 권력이자 돈이라는 인식이 점점 강해지고 있지 않나요? 정말 걱정스럽습니다.

학부모들에게 정말 과도한 부담을 주면서도, 역할을 제대로 하도록 지원하는 사회적 시스템이 거의 전무한 상황이니, 학부모 교육이 붐인가 봅니다. 사회적 공론화의 과정을 거쳐 '대한민국 학부모 교육과정'이 하루빨리 개발, 보급되어야 한다고 생각합니다.

하지만 현실은……

개인적으로나마 열심히 노력하고 있는데 '새 발의 피'라는 생각이 떠나질 않네요. 얼마 전 한 언론사에서 주관한 학부모 교육에 다녀왔습니다. 강의가 끝나고 몇 시간 지나지 않았는데 한 어머님께서 강연 후기를 보내셨어요. 저도 많은 생각을 하게 한 내용이었습니다. 다시 평범한 학부모들의 마음이 잘 보였어요. 더욱 분발해야겠다는 각오를 다지며 학부모 여러분과 함께 나눕니다.

'○○일보 한번 확인해봐. 무슨 교육강좌가 있나 보던데.'

남편의 부담스런 문자를 받고 ○○일보 한 구석에서 강의 안내문을 찾아 읽었을 때 솔직히 맘이 내키지 않았습니다.

보나마나 또 뻔한 이야기.

'정신 차려라, 이 세상을 뚫고 나가려면. 서둘러라, 뒤처지지 않으려면. 상위 4% 세상은 그들을 위해 존재하고 행복한 미래는 그들의 몫이다. 아이의 미래는 엄마의 유전자 조합과 정보력, 판단력이 좌우한다. 현재를 파악하라, 정보를 수집하라, 달려라, 벌써 늦었다, 쉬지 마라, 절대 쉬지 마라.'

목소리와 장소는 달라도 강의의 끝은 늘 같았고, 들어올 때보다 더 무거워진 발걸음을 이끌고 집으로 돌아오는 길은 슬픔으로 가득하기만 했습니다. 그러고 나면 못난 엄마라는 자책감에 이 험한 세상을 살아가는 아이에게 아무것도 해주지 못하고 있는 제 모습이 실망스러워서 며칠 동안 심한 몸살을 앓았습니다.

저에게는 두 아들이 있습니다. '사탕이 5개 있습니다. 형하고 동생하고 어떻게 나눌 수 있을까요?' 초등학교 1학년 수학시험이었습니다. 큰아이는 2개, 2개라고 썼답니다. 너무 쉬운 시험문제를 틀린 아이가 이상해서 선생님이 물어보셨고 아이는 이렇게 대답했지요. "형이라고 3개 먹고 동생이라고 2개 줄 수 없잖아요."

유난히 우애가 깊은 두 아이들. 세월이 흘러 지금 큰아이는 고3이란 힘든 시간을 보내고 있고, 둘째 아이는 중학교 1학년이 되었습니다. 어려서부터 엉뚱하고 모험심 강하고 자기주장이 강해서 늘 엄마의 기대와는 다른 방향으로 생각하고 행동하는 두 아이들에게 사랑한다는 말보다는 "내가 못살겠다."는 말을 더 많이 해왔던 것 같습니다. '너는 아무쪼록 잘 커서 훌륭한 사람이 되어야 해. 그럼 너랑 비슷한 아이를 가진 엄마들에게 큰 희망이 될 거야.' 한바탕 소동을 겪고 나면 으레 이렇게 제 맘을 달래며 마무리를 짓곤 했습니다.

어리석게도 제가 말한 그 훌륭한 사람이라는 게 공부 잘하는 아이를 뜻한다는 걸 큰아이가 중학교에 들어가 사춘기를 겪으며 공부에서 손을 놓았을 때야 깨달았습니다. 저는 제 자신이 무슨 성인군자쯤 되는 줄 착각했었나 봅니다. 아니 처음엔 확신이 있었습니다. 믿고 기다리면 언젠가는 제자리로 돌아오리라. 그런데 그 제자리라는 것도 실은 제가 기대하고 있던 자리였지, 아이 자신의 제자리는 아니였다는 것도 깨달았습니다.

큰아이를 초등학교에 보내면서, 저와는 너무나 다른 아이를 이해하기 위해 부모교육, 심리상담, 대화법, MBTI, 애니어그램 등을 열심히 쫓아다니며 꾸역꾸역 머리에 담았습니다. 그런데 진짜 담았어야 할 것을 담지 못했다는 것은 5년 동안 방황하는 아이를 지켜보면서야 깨달았습니다.

공감이란 두 글자. 그저 같이 울어주고, 웃어주고, 맞장구쳐주고, 느껴주기만 하면 될 그 두 글자를 저는 너무 우습게 생각했던 것 같습니다. 그렇게 5년이라는 시간 동안 저와 아이 사이에 흐르던 시내는 결코 건너지 못할 바다가 되어버렸습니다.

고2 겨울방학이 끝날 무렵, 저는 아이에게서 한 통의 전화를 받았습니다. 학교에서 촬영한 '골든벨' 녹화분이 오늘 방송되는데 사정이 생겨서 못 보니까 대신 봐달라고요. 아이가 학교 자체 예선에서 떨어진 것을 알고 있어 안 볼까 하다가 혹시 지나가는 화면에라도 나오는지 봐달라는 아이의 말에 텔레비전을 켰습니다.

세상에서 형을 제일 좋아하는 둘째 아이도 빠짝 다가앉았지요. 한 시간 동안 아이의 모습은 화면에 비춰지지 않았고 괜히 쓸데없는 시간만 허비한다고 남편의 핀잔을 듣기도 했습니다.

그런데 갑자기 제 눈에서 눈물이 나오기 시작했습니다. 방송 녹화가 있던 날, 오전 9시부터 오후 5시까지 아이는 방송 제작팀이 지시한 대로 방청석의 한 자리를 지키며 앉아 있었다고 했습니다. 그 긴 시간 주인공도 아닌 배경이 되어 앉아 있었을 아이가 떠올랐습니다. 그 누구의 주목도 받지 못하고, 정답을 알고 있어도 말할 수 없는 순간들. 아이의 마음이 어땠을까. 성적에 따라 자신의 위치가 정해지는 그 시간들, 지난 5년 동안 아이는 얼마나 많은 상처를 입었을까. 그런 아이에게 나는 얼마나 모질게 비난하고 다그쳤던가. 얼마나 냉정하게 내몰았던가. 너무나 가슴이 아팠습니다. 왜 주인공이 못되냐고 야단치기보다. 언젠가는 네가 주인공이 되는 무대가, 시간이 올 거라고 말해주지 못했던 게 너무 미안했습니다.

그때의 뜨거운 가슴을 오늘 선생님의 강의를 들으며 다시 느꼈습니다. 아이는 미래에 대한 불안감과 자신의 정체성에 대한 고민으로, 저는 부모 역할에 대한 후회와 자책감으로 방향을 잃고 있었습니다. 오늘 선생님이 들려주신 소중한 말씀에서 저는 희망을 보았습니다. 그 뜨거움이 식을까 봐 서둘러 두서없이 메일을 보냅니다.

위로와 격려, 용기, 선택과 확신, 공감과 정성. 정말 고맙습니다. 이제는 진짜 부모가 되렵니다. 늘 건강하세요.

그 후 이야기

※편집자 주 : 《아깝다 학원비!》 단행본 출간 후 2011년 전국독후감대회에서
학생, 교사, 학부모 부문에서 우수상을 수상한 세 명의 경험담입니다.

사교육 걱정 없는
대한민국을 꿈꾸며

이희영(중학교 3학년)

　안녕하세요. 저는 서울에 살고 있으며 얼마 전까지만 해도 학원의 사슬에 묶여서 사교육을 받아온 중학교 3학년 남학생입니다. 거의 모든 학생들이 그렇듯이 저도 역시 공부를 잘하고 싶은 마음을 가슴속 깊이 품고만 있은 채, 학원의 테두리에 갇혀서 그저 숙제만 겨우 하며 될 대로 되라는 자세로 생활해왔습니다. 바로 얼마 전까지만 해도 말입니다.

　이렇게 평범하고, 잘난 것 하나 없는 제가 감히 '학원'이라는 조심스러운 문제에 대해서 중학생의 입장에서 경험한 것과 책을 통해 배운 것을 용기 내어 말해보려고 합니다. 제가 다녔던 학원의 생활은 아주 단순했습니다. 학교수업이 끝나면 학원에 가서 수업이 끝날 때까지 학원에서 준 문제집을 풉니다. 그 학원에서 제가 무엇을 배웠는지 이제는 가물가물하지만 학원의 엄청난 숙제만큼은 똑똑히 기억납니다. 학교수업 시간에도 학원 숙제를 해야 할 만큼 숙제의 양이 많았습니다. 하지 않으면 큰일이 나지요. 부모님께 문자로 연락이 가거든요. 단순하지만 숨도 쉴 수 없는 스케줄. 제가 다녔던 학원들은 대부분 다 그러한 공통점을 가지고 있었습니다.

그렇게 바쁘게, 열심히 하니 처음에는 점수라 부르기도 부끄러웠던 몇몇 과목의 성적이 그나마 점수라고 불릴 수 있는 정도까지 올라갔습니다. 하지만 거기까지였습니다. 분주하고 급하게 움직여도 다 끝낼 수 없는 학원생활은 그 이상의 도움을 주지는 않았습니다. 아무리 학원에서 더 많이 문제를 풀어도, 숙제를 더 많이 해도 성적은 어느 정도 이상 올라갈 생각을 하지 않았습니다. 성적에 예민할 수밖에 없는 입장에서 그러한 상황은 상당히 불안하고 힘들었습니다.

대체 무엇이 문제일까? 스스로에게 계속해서 물었습니다. 가끔 게임에 정신을 팔기도 했지만 항상 일정한 선을 지켰고, 학원에서 정말 열심히 했다고 생각했습니다. 결국 제가 도달한 답은 '자기주도학습'이었습니다. 실제로 제 주변의 일명 '공부를 잘하는 친구들'은 학원에 다니지 않거나, 다니더라도 한 과목 정도만 수강하는 경우가 많았습니다.

학원에 다녀도 오르지 않는 성적에 대한 불안 때문인지 아니면 스스로 공부하면서도 좋은 성적을 내는 친구들에 대한 막연한 동경심 때문인지 학원에 대한 불신이 커져만 갔고, 마침내 학원을 그만두게 되었습니다.

학원을 그만두고 혼자서 시작한 공부는 매우 힘들었습니다. 단순히 문제를 모르겠다는 차원이 아니라 혼자서 공부하는 상황 자체가 너무 낯설고 생소했기 때문이었습니다. 이 급격한 변화 속에서 우연찮게 선생님께서 읽어보라고 권하신 책이 바로 《아깝다 학원비!》였습니다.

제목부터가 범상치 않았고, 꼭 제게 하는 말처럼 느껴져서 꾸준히 읽었습니다. 이 책에서 말하는 사교육의 거짓말, 실제 사례들, 전직 학원강사들의 고백, 교육 평론가의 '학원에 의존하는 자세'에 대한 비판과 '자기주도학습'과 '독서'의 중요성, '선행' 아닌 '복습'의 중요성은 굉장히 필요했던, 누군가 말해주기 바라던 '진실'이었습니다. 이전에는 알지 못했던 내용들이었음에도 불구하고, 마치 제가 하고 싶었던 말들처럼 생각되었습니다. 정말 속이 후련했습니다. 덕분에 학원을 그만두고 혼자 공부하면서 느꼈던 불안감도 많이 사라졌고, 스스로 하는 공부에 자신감도 생겼습니다.

이런 책들과 방송의 영향인지 전에 비해 사교육을 그만두고 혼자 공부하는 친구들이 늘어나는 분위기이긴 하지만, 여전히 많은 중학생들이 학원에 갇혀서 고생하고 있습니다. 더 많은 친구들과 부모님들이 이 책 속에서 제가 만났던 등대를 만나길 바랍니다. 그리고 언젠가는 정말 '사교육 없는 대한민국'이 되기를…… 기대해 봅니다.

아이들의 삶에 영향력을
미치는 교사가 되기 위해

모희정(초등학교 교사)

초임교사로 발령받은 지 얼마 되지 않았을 때, "너희들은 선생님만 믿고 학교에서 공부 열심히 해. 보습학원에 다니는 건 어리석은 일이야."라고 당당히 말했었다. 처음 맡았던 아이들은 학원에 다니고 싶어도 그럴 수 없었던 시골학교 아이들이라 그나마 그 말이 통했지만 학급 인원수가 30명이 넘는 큰 학교에 근무하면서는 점점 내 말에 책임지기가 힘들어졌다. 수업과 업무에 허덕이다 잠깐 짬을 내어 뒤처지는 아이의 공부를 봐주기는 했지만 체계적인 지도는 되지 않았다. 아이의 성적에 별다른 진보가 보이지 않는 몇 개월간의 노력에 점점 자신이 없어졌다. 그러다 아이가 "선생님, 저 이제 학원 다녀요." 하며 점점 올라가는 성적을 보여주면 나도 몰래 쓸쓸한 웃음을 지으며 "그래. 열심히 해."라는 한마디를 던질 수밖에 없었다.

학원 숙제 때문에 쉬는 시간에도 문제집을 부여잡고 있는 아이들이나, 수업시간에 생각하려고 노력하기보다는 학원에서 배웠던 방법대로 빠른 답을 찾기를 원하는 아이들을 보고 있노라면 속이 상하지만 사교육에 대해 어떤 입장을 취해야 옳은 건지 혼란스럽기만 했다.

그러던 차에 근무하는 학교에서 '사교육 없는 학교'라는 사업을 시범적으로 운영한다는 계획을 발표했다. 학교에서 저렴한 비용으로 학원식의 교육을 제공하여 공교육의 신뢰를 회복하고 학부모님들의 사교육비 지출을 경감시키는 것이 목적이었다. 하지만 늘어난 수업의 부담은 고스란히 교사 중 누군가가 떠맡아야 했다. 이 사업에서 말하는 사교육이란 '학교 밖에서 일어나는 교육'을 지칭하며 학교라는 공간 안에서 이루어지는 교육은 공교육이라고 정의하고 있었다. 사교육이 단지 공간의 차이는 아닐 텐데, 보습학원의 수업 방식을 그대로 학교로 옮겨와 저렴한 비용으로 운영하니 많이 참여해 달라는 내용이었다.

나는 열 명 남짓한 아이들을 하루에 한 시간씩 일주일에 두 번 가르치게 되었다. 하지만 어떤 방식으로 수업을 해야 하는지 감이 오지 않아 아이들에게 학원의 수업방식을 물어보았다. "그냥 문제집 다섯 장 풀고 틀린 것 오답노트 정리하고 마치면 돼요." 학교 근처 대부분의 보습학원에서 그렇게 한다고 했다. 문제집 다섯 장? 그걸 왜 애들이 풀고 있어야 하는지 이해가 가지 않았다. 그리고 문제집의 내용은 학교진도보다 훨씬 빨랐다.

학교수업보다 앞선 내용을 수업한다는 게 양심이 허락하지 않아 복습을 위주로 아이들의 이해 정도를 확인, 반복하는 수업을 했는 데 결국 학원의 눈에 보이는 개인관리시스템과 빠른 진도를 선호하는 몇몇 학부모들은 몇 달 안 되어 다시 학원으로 아이들을 복귀시 키기도 하였다. 이런 상황 속에서, 여전히 사교육에 대한 입장 정리 가 명확하지 않아 혼란스럽던 차에 이 책을 만났다.

이 책대로라면 우리 학교 아이들은 대부분 영양가 없는 전 과목 보습학원에서 시간과 돈과 에너지를 낭비하고 있는 셈이었다. 맞벌 이 부부가 많은 지역이라 학원에 보내는 것은 어쩔 수 없는 선택이 라고 생각하는 학부모가 많다. 그나마 학원에라도 보내지 않으면 성적이 떨어진다고 생각하는 것 같기도 했다. 사실, 공교육에 종사 하는 입장에서 사교육을 논한다는 자체가 불편하기만 했었다. 하지 만 이 책을 읽고 사교육에 대한 입장이 명확해지기 시작했다. 내 영 역 밖의 문제라고 치부했던 것에 대해 책임의식까지 느껴졌다.

《아깝다 학원비!》는 사교육 시장이 커지면서 공교육이 무너지고 있다는 식의 접근으로 사교육을 폄하하자는 게 아니다. 좀 더 거시 적인 관점에서 대한민국 교육의 방향과 아이들의 미래에 대한 화두 를 던진다. 눈앞의 현실만 바라보며 아웅다웅 옳고 그름을 따질 것 이 아니라 대한민국 교육의 현실을 한 발 뒤에서 바라보며 교육의 본질을 다시 한 번 고민해보자는 것이다. 이 책을 읽는 시간은 나에 게 아이들의 상황을 분석하고, 어떤 목적으로 어떻게, 얼마만큼 기회를 제공해야 할지에 대해 고민하는 기회였다.

공교육에 종사하면서도 사교육의 선행학습, 서비스 정신, 수업기술이 필요할지도 모르겠다는 어리석은 생각을 한 적이 있다. 실제 공교육에서 사교육의 시스템을 적용하려는 움직임도 있다. 하지만 이 책을 읽고 나서 이젠 확신한다. 정말 중요한 것은 일사분란한 시스템과 화려한 기술이 아니라 아이들의 내면을 변화시켜 살아 있게 하는 교육이라는 것을 말이다.

우리나라 교육문제 중 가장 골칫거리인 입시 경쟁, 명문대에 진학해 사회의 기득권층이 되기를 바라는 부모의 간절한 소망이 아이들을 사교육 현장으로 내몰고 있다. 그리고 사교육은 또 지치고 지쳐버린 아이들을 극단적인 선택으로 내몰고 있다. 그럼에도 불구하고 사교육을 쉽사리 포기하지 못하는 학부모들에게 사교육이 아이들을 얼마나 무너뜨리고 있는지 단언할 수 있는 용기를 얻게 되었다.

이제 교사로서, 학교가 아이들의 진정한 배움이 일어나는 교육의 현장이 될 수 있도록 부단히 노력할 것이다. 당장에 눈에 띄는 성적 상승 효과가 없더라도 낙담하거나 포기하지 않을 것이다. 진정한 배움이란 서서히, 그리고 잔잔히 녹아들어 아이들의 삶에 영향을 미치는 법이다. 아이들이 꿈꾸는 공동체, 배움이 있는 공동체가 바로 학교가 되도록 최선을 다해야겠다.

'베포'처럼 시간을 즐기자

강미순(중학생 학부모)

　아들은 초등학교 5학년 때부터 일주일에 한 번 사고력 수학학원을 다니는 것 외에는 집에서 공부했다. 초등학교 입학 전, 조기교육과 초등 선행학습에 투자했던 시간들이 지나고 나니까 너무도 아까웠다. 더 많이 경험하고, 한 가지에 푹 빠져볼 시간이 필요했는데, 이것저것 얕게 '다재다능'한 것에 우쭐했던 어리석은 엄마였음을 반성했다.

　그래서 그림 그리고, 악기 연주하고, 글 쓰고, 책도 마음껏 읽으면서 시간을 보내도록 했다. 학교수업에 집중한 덕분에 괜찮은 성적을 유지하는 편이었다. 자부심과 여유, 긍정이 우리 아이의 마음에 뿌리내리는 것을 보면서 공부보다 더 많은 것을 얻었다고 생각했다. 그래서 학원을 보내지 않아도 잘해내리라는 믿음이 있었다.

그사이 교육열이 치열하다고 소문난 지역으로 이사를 했다. 학원 프리미엄을 누리는 게 당연한 그런 분위기의 동네였다. 이사 후 얼마 안 돼 아이와 함께 저녁 운동을 할 생각으로 체육센터에 등록하면서 또래 친구들이 등록되어 있는지 궁금해했더니 상담원은 그 시간에 아이의 또래들은 학원에 가기 때문에 등록자는 없다고 말했다. 순간 마음이 서늘해졌다. 또 선행학습을 하고 고등학교 입학해야 아이가 힘들지 않다는 주변의 권유에도 전에 없이 귀가 솔깃해졌다.

아이를 설득해서 친구도 사귈 겸 학원에 보냈다. 일주일을 열심히 다닌 아이는 6학년 초반부터 이미 선행학습을 한 친구들의 수학 진도 따라잡는 것을 힘들어 했다. 어느 날 심각하게 "엄마, 나 '정수'가 안 돼."라고 말했다. 이미 아이들은 '문자와 식' 단원을 풀고 있었고 정수, 유리수 개념도 알지 못하는 아이는 학원 수업시간에 앉아 있는 것 자체가 고역인 것 같았다. 집에서 보충이 필요하겠다는 생각이 들어 "중학수학 개념 별거 아니야." 하며 개념서를 한 권 사서 아이와 함께 풀었다. 그렇게 우리가 '정수'에 매달릴 때, 학원의 다른 아이들은 '문자와 식' 단원을 끝내가고 있었다. 그때 이미 중2 수학을 하는 애들도 있었다.

학원이 지금 아이의 상황에 맞지 않다는 것을 느꼈다. 그러는 사이 중학교 입학 배치고사를 대비한다며 학원에서는 보름 동안 전 과목 학습을 시작했다. 학원은 미리 진도를 나가놓고 시험기간에는 내내 전 과목 내신 준비를 시킨다는 것을 알았다. 달달 외울 정도로 학원수업을 받아 좋은 성적을 유지하는 아이들이 많았다. 아이도 그렇지만 나도 회의감이 왔다. 다 준비해서 먹여주는 그런 공부가 진정한 공부는 아니라고 생각했다. 스스로 정리공책도 만들어보고 개념을 찾아보고 하면서 당장에 좋은 성적이 아니더라도 자생적으로 터득하는 공부법을 아이가 갖길 바랐다. 아이 역시 여태껏 자기가 알아서 시험 준비를 해왔기 때문에 학원의 시험대비 수업을 낮설어했다. 물론 반복학습으로 기존 지식이 더 단단해지는 면은 있었지만 스스로 부족하다고 생각되는 부분의 반복학습은 시간이 부족하여 할 수 없었다. 그래서 우리는 한 달 만에 학원을 그만두고 말았다.

　다시 집에서 스스로 하는 공부를 시작했다. 학습이랄 것도 없었다. 책 읽고, 놀고, 수학과 영어 문제집을 조금씩 풀어갔다. 수학은 인강의 도움을 받았는데 생각보다 집중하지 못해서 결국 내가 도와주어야 했다. 그래도 말로 서로 주고받다보면 개념과 원리가 이해되어 어느 순간 '유레카'를 외치는 순간이 오곤 했다. 수학의 심화문제는 여전히 아이에게도 내게도 어려웠지만 함께 탐구하는 마음으로 헤쳐나갔다. 엄마들은 나이가 들어 경험지능이 높아져서인지 확실히 문장이해력이 높다. 오래전에 했고, 정말 싫어했던 수학이지만 그래도 다시 들여다보니 이해가 되었고, 아이에게 도움이 될 수 있었다. 하지만 내심은 몹시 불안했다. 아이가 학원에 안 가도 학교수업이야 따라가겠지만 수학의 심화학습은 부족하여 나중에 결국 대학입시 경쟁에서 밀리게 되는 것은 아닐까 하는 생각이 드는 것은 어쩔 수 없었다.

《아깝다 학원비!》는 바로 그 고민의 시간에 구입하게 되었다. '사교육 진실의 10가지, 그 명쾌한 해답'이라는 책의 부제가 결코 과장된 것이 아니었다. '게임 중독 못지않은 학원 중독'이라는 표현이 나오는데, 정신이 번쩍 드는 경고였다. 이 책에서 밝힌 바와 같이 '학원 키즈'들은 불안감 때문에 학원에 가고 ―내 경우처럼 학부모가 불안한 경우가 더 많은 듯하지만― 그 덕분에 학교수업은 지루해한다. 완전히 알기 때문이 아니라, 무한반복의 학원수업 때문에 배움에 대한 호기심을 상실했기 때문이다. 수업이 지루하니 교사의 말에 경청하지 않음은 당연하다. 앞으로 수많은 사람들과의 관계 속에서 경청해야 할 일이 많은 아이들에게 이런 태도는 엄청난 독이 될 것이다. 더구나 스스로 알려고 노력하지 않는 학습태도가 몸에 배면 대학에 가서 광범위한 전공 공부를 어떻게 할 수 있을까.

사교육비가 가장 많이 지출됨에도 불구하고 수능에서 수학의 평균이 가장 낮다는 내용 또한 매우 충격적이었다. 아이와 함께 수학을 공부할 때 개념과 원리를 슬쩍 넘기고 문제풀기에 열중했던 것, 아이가 틀린 문제의 모르는 개념을 곰곰이 따져볼 생각을 하지 않았던 것이 떠오르며 아차 싶었다. 개념을 스스로 이해하려는 노력이 부족했던 것이다. 왜 그랬을까? 스스로 탐구하기 전에 누군가가 설명과 풀이를 해주었기 때문은 아닐까? 학원에 다닌 경험이 얼마 되지 않는 우리 아이도 이런데, 충분히 생각하는 시간을 주지 않는 학원수업에 익숙해진 아이들은 더욱 심각할 것이다. 이렇게 학습하면 '누군가 해주지 않으면 아무것도 할 수 없게 한다.'는 이 책의 경고를 명심해야 할 것이다. 수학은 문제해결학습이며 선행학습으로는 이러한 사고력을 발달시킬 수 없으며 어렵더라도 스스로 해결하려는 태도를 가져야 한다는 이 책의 조언에 귀 기울여야 하겠다.

우리 아이도 아직은 자기주도적으로 공부하는 것에 익숙하지 않다. 공부를 해야 하는 동기와 목표가 부족하다. 스스로 "많은 것을 배우며 천천히 가겠다."는 각오를 하지만 '천천히'는 있는데 여전히 배우는 자세는 인색하다. 특히 문제를 확장하며 연관시키는 폭넓은 학습이 많이 부족하다. 직접 백과사전을 뒤져 지식을 찾기보다 인터넷에서 간편하게 검색하는 것에 익숙해져서인지 아이들이 점점 단순해지는 것 같다.

솔직히 학원을 그만두게 한 뒤에도 아이의 학습량과 학습태도 때문에 학원에 보내야겠다는 생각을 가끔 했다. 불안했기 때문이다. 그런데 이 책을 읽고 나니까 지금 "잘할 수 있어요."라고 큰소리치는 우리 아이의 자존감이 무엇보다도 소중하게 느껴진다. 곧 중학교 첫 시험으로 중간고사를 치른다. 부족하지만 스스로 공부한 아이의 결과가 어떨지 기대된다. 만약 성적이 원하는 것만큼 나오지 않아도 자기반성을 충분히 하리라. 그리고 더 단단한 사람이 될 것이다. 내 마음을 편안하게 해준 《아깝다 학원비!》에 감사한다.

미하엘 엔데의 소설 《모모》에 '베포'라는 청소부가 나온다. 사람들이 자존감을 잃으며 "시간을 아껴라! 시간은 금이다!"라고 외치는 회색 신사에게 자신들의 시간을 저당잡힌다. 하지만 청소부 '베포'는 말한다. "때론 우리 앞에 아주 긴 도로가 있어. 너무 길어. 도저히 해낼 수가 없을 것 같아. 그러면 서두르게 되지. 점점 더 서두르는 거야. 허리를 펴고 앞을 보면 조금도 줄어들지 않은 것 같지. 그러면 더 긴장되고 불안할 거야. 한꺼번에 도로 전체를 생각해서는 안 돼. 알겠니? 다음에 딛게 될 걸음, 다음에 쉬게 될 호흡, 다음에 하게 될 비질만을 생각하는 거야. 그러면 일을 하는 게 즐겁지. 그러면 일을 잘 해낼 수 있어. 한 걸음 한 걸음 나가다보면 어느새 그 긴 길을 다 쓸었다는 것을 깨닫게 되지." 우리 아이들에게 중요한 것은 청소부 '베포'처럼 시간을, 공부를 즐기는 게 아닐까. 우리 부모들은 바쁘게 살아왔지만 늘 사는 것이 힘들다고 생각하지는 않았는지 되돌아볼 필요를 느낀다. 먼저 '베포' 같은 부모가 되어 '행복한' 아이들을 격려하자.

학원 없이 살기

지은이 | 사교육걱정없는세상 노워리 상담넷

초판 1쇄 발행일 2013년 4월 12일
초판 3쇄 발행일 2016년 3월 31일

발행인 | 한상준
기획 | 임병희
편집 | 허효임 · 박민지 · 김민정
디자인 | 김경년
마케팅 | 박신용
종이 | 화인페이퍼
제작 | 第二톰

발행처 | 비아북(ViaBook Publisher)
출판등록 | 제313-2007-218호(2007년 11월 2일)
주소 | 서울시 마포구 월드컵북로6길 97 2층 (연남동 567-40)
전화 | 02-334-6123 팩스 | 02-334-6126 전자우편 | crm@viabook.kr
홈페이지 | viabook.kr